U0142833

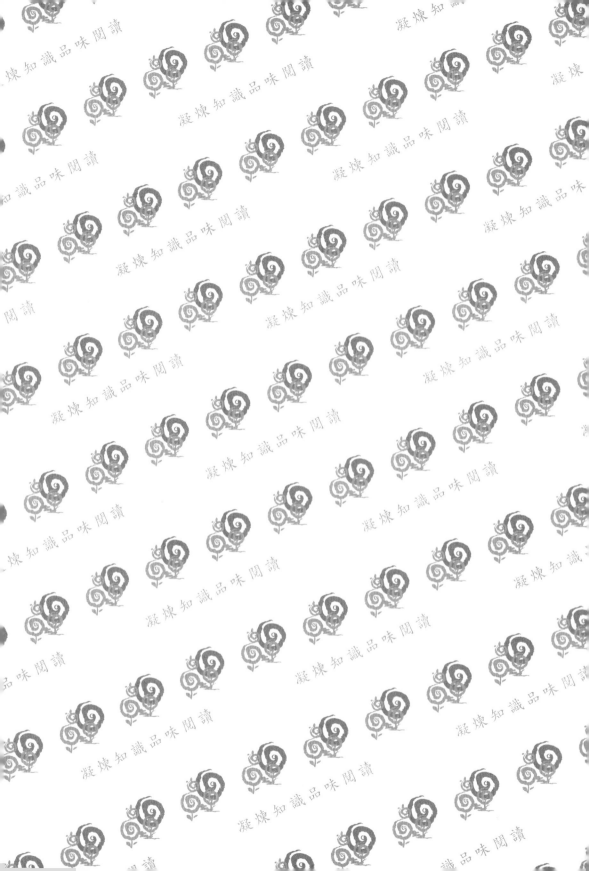

兒童
輔導與諮商
了解兒童・諮商服務・技巧訓練

五南圖書出版公司 印行

序 言

　　兒童是世上最珍貴的資源，也是人類未來的希望。我們都期待今日的兒童不但身體健康，有高深的學識，且是一個均衡發展、具備各種心理技巧，以因應日趨複雜社會的人。

　　兒童輔導是大家的責任。從「兒童保護法」立法通過，父母、教師、社區和諮商員的輔導角色更形重要。首先，家庭與學校要提供，能促進兒童心理健康的環境。即父母與班級教師對困擾兒童多加了解、支持與輔導。而基本諮商技巧，對於成人與兒童和家人的互動越來越重要。另外利用社區資源、專業諮商員實施系列的諮商活動，以促進兒童均衡發展、教導心理技巧並修正其不良行為，透過這些系統的統整協助才能達到兒童的輔導目標。

　　為達到有效的諮商與輔導，本書包括三大篇：「成人對困擾兒童的了解、支持與輔導」、「兒童諮商服務」、「輔導與諮商活動──技巧訓練」。每篇的重要性與內容，請參閱該篇的前言，在此不做詳述。

　　第一篇「成人對困擾兒童的了解、支持與輔導」包括六章：即「緒論」、「了解兒童不適行為」、「兒童經常性不端行為型態」、「兒童與壓力」、「兒童與憂傷」和「兒童與分裂、攻擊行為」。本篇主要目標是為幫助父母與班級教師，對兒童輔導目標、不適行為成因的了解，以及對兒童遭遇困擾（壓力、憂傷與攻擊）

時的支持與做第一線的輔導。

第二篇是「兒童諮商服務」，分成兩部分：(Ⅰ)兒童諮商——理論與技術，及(Ⅱ)心理衛生諮商。(Ⅰ)兒童諮商——理論與技術包括七章：即「國小輔導與諮商工作」、「兒童個別諮商」、「諮商理論與技術」、「團體輔導與諮商」、「諮詢」、「遊戲治療」、「圖書治療」。這部分是探討諮商員的基本服務項目，以及應用的理論與技術，同時包括「圖書治療」與「遊戲治療」。

第二篇的(Ⅱ)心理衛生諮商包括兩章：即「外向性行為偏差」與「內向性行為偏差」。近來學校教育強調回歸主流，因此學校諮商員要扮演心理衛生問題的矯治與預防角色。國小諮商員輔導工作重點不但在發展性，同時也要了解、評估與調適有關憂鬱、焦慮、攻擊與過動的兒童。

第三篇「輔導與諮商活動——技巧訓練」，包括八章：即「情感教育」、「情緒管理」、「社會技巧」、「人際關係」、「做決定／解決問題」與「自尊」諮商聚會活動等六種主題的理論與訓練計畫，以及「攻擊兒童」與「單親兒童」兩種特殊母群的諮商聚會活動課程。前六章適合全體兒童的學習。因為透過輔導活動，每個兒童可學到下列技巧：情緒管理、交朋友、有效的人際互動、做決定與解決問題等技巧，與提升自尊。這些技巧的學習與自尊的提升，能改善他們的人際關係、增進心理健康與潛能的發揮。最後，攻擊與單親兒童的「結構性諮商活動」課程，對諮商員或父母與教師，做攻擊行為、憂傷與單親兒童的諮商提供實際的幫助。

筆者認為，本書的特色如下：1.它是一本較為完整的兒童輔導、諮商與治療的書，包括發展性、預防與矯治性的諮商與輔導；2.它提供所有兒童工作者參考——包括父母、班級教師、專業諮商員、半專業助人者、社工與社區心理衛生工作者；3.提供兒童重要

的技巧訓練計畫；4.提供「攻擊」與「單親兒童」諮商聚會活動課程，此課程設計包含情感、認知與行為三元素；5.第三篇的技巧訓練與聚會活動，皆適用於個別與團體諮商以及小團輔或班級輔導；及6.它是一本大學教科書。

　　本書的完成雖然耗費筆者很多時間，但是錯誤還是難免，尚祈學者、先進不吝指正。

　　　　　　　　　　　　　　黃月霞　謹識
　　　　　　　　　　　　　於輔仁大學心理系
　　　　　　　　　　　　　民國 91 年 6 月

目　次

第一篇 成人對困擾兒童的

了解、支持與輔導

前 言

　　教師與父母是輔導的第一線。他們是輔導的主要實施者，尤其在建立良好的成長與學習環境、對全體兒童問題的初級預防工作，以及對困擾兒童的支持與輔導上，應該由了解最深和接觸最多的班級教師，與兒童的父母來做。

　　當兒童和青少年有情緒困擾時，父母和教師的照顧與支持，扮演重要的角色。我們對年輕人的情緒健康都有責任。尤其兒童遭遇不快樂或問題時，會先求助於父母，我們可以減輕他們的困擾。的確，要兒童接觸新的、不認識的成人治療，有時不會有幫助的。專家的治療工作必須在知識、能力和倫理上有清楚的架構。然而，還有很多方法，成人可以幫助和支持受困擾的年輕人。因此，本書的第一部分強調，在創造有利於兒童心理健康的環境上，教師、父母和其他成人的角色是重要的。

　　MacGregor 等（1970）為創造正向的學習環境，提出全校性學生管理計畫（SSMP）。雖然此計畫是以團隊在運作，包括：校長、諮商員、教師、家長

等，但是教師與父母扮演最重要的角色。教師除了負責全校的社會技巧訓練外，就是班級經營（管理）。班級教師常花很多時間做教室管理——處理上課時學生的分裂行為。他們發現處理分裂行為是最大的挑戰之一。教師不當的使用教室管理系統或策略，如：一直對分裂行為採用「忽視」策略，到不能忍受時改變以警告系統，如，叫名字、做記號等。對分裂行為的不適的反應，不僅導致經常性不端行為，且有時導致更嚴重、更挑戰的問題行為。甚至學校裡各教職員對分裂行為不一致的反應，對高危險群的學生會導致問題。

　　本書的第一篇共分六章「緒論」、「了解兒童不適行為」、「兒童經常性不端行為型態」、「兒童與壓力」、「兒童與憂傷」、「兒童與分裂、攻擊行為」。第一章，敘述兒童輔導的新角色和責任、兒童輔導的短期與長程目標，以及如何提供正確的早期經驗以促進兒童的長程發展。第二、第三章，介紹對親職教育與班級經營最有貢獻的學者：Adler、Dreikurs & Maslow，他們對不適、不端行為的原因和輔導原則的描述，對教師和父母的輔導有很大的幫助，尤其Adler 的理論建構對強化紀律、自尊和學生的成績很有幫助；他的行為理論常是教師與父母團體諮詢的重要內容。Adler 的技術應用效果涉及到教室環境、學生行為、學生成就、出席率和自控等（Otwell & Mullis, 1997）。

　　Adler 鼓勵教師去創造教室的民主氣氛，在此，

學生被了解、被鼓勵、被尊重並提供機會發展自尊。Dreikurs 提出的四種錯誤行為目標，對於教師處理教室分裂行為的兒童有很大的幫助。Maslow 的需求階層，提醒教師敏感兒童的情緒需求的重要，如，安全感、愛、歸屬感、自尊等。他認為情緒需求未能滿足，和兒童不端行為有關。

另外，成人（教師與父母）對於兒童的壓力、憂傷經驗與兒童的分裂和攻擊行為，需要了解、支持，同時先作第一線的輔導。兒童受到壓力的影響產生的生理、心理或行為反應，以及如何因應以化解危機，是成人必須了解與幫助的。兒童經驗親人、朋友的死亡導致哀傷，成人可以幫助他們發洩與經歷哀傷過程。兒童的分裂、衝突與攻擊行為日益嚴重。如何預防與矯治對成人是一大挑戰。有關學校如何實施全校性行為管理、衝突解決與調停，以及個別行為改變策略，對預防與矯治是有幫助的。這些在第四、五、六章皆有詳細的描述。

總之，成人有效的對困擾兒童的了解、支持和輔導，不但對成人本身，且對學生都有助益。它能建立健康的教室與家庭氣氛、提升自尊、預防嚴重問題的產生。

第 1 章
緒 論

　　兒童是世界上最有價值的資源，是人類未來的希望。一般而言，有了健康的兒童才會有健康的成人。因此，輔導和諮商工作，尤其是預防性、教育性及心理健康的加強，需要從兒童階段做起。

　　今日的社會日趨複雜，生活在今日的兒童有更多的選擇機會。然而作抉擇和正向基本態度的培養，應從兒童期開始。因為兒童的可塑性最強，技巧和態度的學習較容易。他們也較易接受各種概念和經驗。

　　近來青少年犯罪占總犯罪人口的比例逐漸增加，其年齡也有下降的趨勢。若無法從兒童期適當的處理（treatment），到國中階段可能已太遲。抱負低、負向的社會態度，和自我概念與低自尊等觀點在生命的早期已漸形成。因此在問題還未惡化時加以輔導較易解決。輔導應從生命的早期開始，並依發展階段持續的加以輔導。

　　我們已察覺到家庭生活、學校和社會都會影響到兒童的自我

知覺、自我價值、抱負和價值觀。然而,近來單親、雙生涯家庭逐漸增加。有更多的兒童生活在失功能的家庭。Whitfield(1987)研究發現:在失功能家庭中的兒童,有80%未能得到所需的愛、輔導和養育,造成兒童未能發展健康的人際關係、正向的自我概念。最後導致很多的行為問題。因此親職教育的推廣是教師和諮商員重要的工作。換言之,為達到兒童輔導的目標,需要父母、教師和諮商員的合作。

2 輔導兒童的新角色和責任

從聯合國和各國「兒童與青少年法案」的相繼通過,說明政府機構對兒童需求的滿足,與兒童權利的保障的關切與重視。兒童已不是父母的財產,而是具有不被剝奪權利的人類。成人不合法的對待兒童,或侵犯與剝奪其基本權利皆會受到法律的制裁。兒童是未來國家的公民。因此,政府機構要為他們的福祉負責,和輔導他們。忽視早期的輔導,可能將來需要花更多的人力與財力作教育與矯治工作。

兒童輔導是一種挑戰,不管對專職的父母,對雙生涯的父母更是一種挑戰。尤其今日的家庭結構的改變,家庭失功能日益嚴重,而研究顯示,早期經驗對兒童的人格特質、價值和社會能力的獲得是重要的(Adler, 1977; Anyon, 1983; Bandula, 1977; Cook & Gumperz, 1973)。因此,父母需要專家協助,以促進兒童的情緒與社會發展。也就是說,今日新生代的輔導不僅需要父母,還需要專家和教師的共同負責。

總之,父母、教師、兒童輔導專家和其他成人所扮演的角

色，是要創造有益於兒童心理健康的環境。換言之，兒童輔導是社區、教會、學校和每一個人的責任。因為好公民有義務要關心我們國家未來主人翁的福祉，而非只是自己的利益。

2 兒童輔導的短期目標

Miller等（1990）認為兒童輔導目標就是要幫助兒童達到二個基本原則——禮貌（decent）和負責的行為。應用到每天的生活，就是要兒童遵守下面三個行為標準。

1. 不侵犯到他人的權利——要仁慈。

2. 不傷害到自己和他人——要安全。

3. 不損壞環境或侵害環境中的動物，物件或用具——要整齊。

教師依此原則來監視兒童每日行為的適當性。教師在溝通這三大行為目標時，還要注意兒童的了解程度，即使用兒童能了解的語言，儘量能以簡單明瞭的語句陳述。如：

- 要慈愛！如，等待輪到你，不插隊。
- 要安全！如，腳先滑下去，以免發生危險。
- 要整齊！如，將東西放回原位，不亂丟。

兒童有權利不被傷害——打、踢或擠等的權利。成人應該小心和一致的監視兒童，以避免攻擊，或發生時立即打斷。顯然，兒童是自我中心的，成人可以幫助他們開始認識——每人都有感覺。使兒童知覺到，站在他人立場的感覺像什麼。另外兒童對他們的所有物有權利去擁有，除非被允許否則不能拿走他人的東

西。公平也是一種權利，這個概念在學前期和國小低年級會出現。甚至更早期，兒童應得到公平的對待。

成人必須小心注意兒童的安全。冒險的可接受性應加以衡量，不能導致嚴重的後果。因此兒童玩的地方要定期加以檢查，查看是否有危險的設備、有毒的植物等。

我們從小要教導兒童重視整齊和保護他的周遭環境。在此，成人對環境的照顧應以身作則，並協助兒童不斷的學習，例如，將東西放回原位，則以後容易找到該東西。當行為對環境有破壞時，成人應該以堅定而慈愛的態度阻止。例如，兒童拆開玩具或將面紙塞進洗手槽看看會發生什麼事等。此外，成人應立即以可了解的，但以平常心的態度打斷他們的行動，告訴兒童桌子如何建造、磨平和油漆，以及水管如何引來自來水，如此，他們將更了解和照顧他的環境。

評估兒童的真實行為很難。例如一個五歲的兒童將身體斜靠在椅子上。教師要評估這種行為侵犯到他人的權利嗎？這個行為有意外的危險嗎？成人本身的判斷評估，實際的經驗，和對兒童的了解和兒童本身的能力，將決定成人不同的反應，以及如何設定規則並加強紀律訓練。

具體而言，根據短期的輔導目標，幼稚園兒童需要學習什麼？以下是他們真正需要學習的項目：

・分享各種東西。
・公平的玩耍。
・不可打人。
・收拾東西。
・清潔乾淨（自己弄亂的）。

- 不拿別人的東西。
- 傷到人要說抱歉。
- 吃飯前要洗手。
- 刷牙（用牙線）。
- 牛乳和餅乾對你有好處。
- 過著平衡的生活——每天學習、思想、畫圖、唱歌、
  跳舞、遊戲和工作。
- 中午睡午覺。
- 出外小心交通，牽手並一起走。
- 察覺驚嘆的事物。

2　兒童輔導的長期目標

　　兒童不是全然被動的被塑造，他們也主動涉入對其發展有影響的經驗，兒童也影響與其互動的人的行為。成人對不同特徵的兒童有不同的對待，如，不同外表和氣質（如安靜、可愛、較不吸引人）的兒童會引發成人不同的情緒和因應策略。兒童出生時，似乎很個別化且有獨特的行為類型（Thomas, Chess & Girch, 1970; Chess, 1977; Thomas & Chess 1977; & Rotter, 1976）。這一連串的人格特質稱之為氣質。這些氣質影響成人如何照顧他們。然而，成人提供照顧的品質和格調對兒童氣質的發展也有強烈的影響。成人與兒童彼此影響並彼此改變，往往開始時是一種偶然的行動和互動，最後變成一種習慣、態度和性格。

　　假如成人在塑造兒童未來生活扮演重要角色時，則輔導的長程目標應該是為他們準備「技巧」和「態度」——做一個快樂、

負責和生產性成人生活所必須的（生活技巧是有效生活必備的）。技巧包括人際關係、處理感覺和情緒、溝通和問題解決等因應技巧。兒童不斷練習技巧，在此基礎上，他們建立社會關係、課業學習和個人發展。輔導使一個兒童轉變成發育完全，在社會上發揮功能的成員。

2 早期經驗：強化兒童的長程發展

何種早期的經驗能強化兒童的長期發展呢？最好的學習環境應是好玩的，和柔美的。在此環境中，兒童能隨意的探索，玩玩具，但不許破壞物件等。兒童能到處走動、講話、大笑和與他人互動，但要遵守合理的限制。避免一些不適當的要求，如，強求留在成人的視線範圍內，不准吵鬧、要坐正、保持沈默、長時間持續的傾聽與接受教導。

對於學習內容要注意的重點是，機械式的背誦對幼兒毫無意義，因為幼小兒童不了解他們所背誦的或重複念的詩詞的意義。最重要的是提供一些健康的經驗，以促進他們的社會、情緒和身體發展。同時練習思考和解決問題。總之，成人要依兒童的發展階段——嬰兒期、幼兒期、學前期，而提供適當的學習環境是重要的。

另外對師資方面的選擇。要求照顧者能敏感兒童的需求，尤其當他們哭泣，和有情感依附需求時。同時，教師要能對兒童表達溫暖。兒童的學習常透過成人的示範，而非教導。因此他們易吸收保母的人格特質、溝通格調和解決問題的行為方式等。

早期經驗對兒童長期發展是那麼重要，過去只強調愛心與監

視是不夠的。對兒童照顧者的培訓，是初級教育專家和政府單位要重視的。

🌸 摘要

世界在改變，不管如何改變，兒童有「輔導」和「教育」同等的重要需求。兒童輔導需要父母、教師和專業照顧者共同負責。父母和成人照顧者需要接受訓練，使他們具備從事兒童輔導時所需的技巧。今日的兒童是否學到尊重他人，做個合作、負責的、有能力的公民，將會影響我們未來的世界。

負責任行為的基本原則是要仁慈（尊重他人的權利），要安全（做合理的冒險）和要整齊（保護和維持環境整齊）。兒童有權利不被攻擊，避免不需要的不舒服，東西不被剝奪，並確保公平的對待。

冒險是人類生活的一部分。但可接受的冒險程度──禁止導致嚴重或永久傷害的活動，因應和克服困難的挑戰能增進個人的自尊。負責任的公民被要求去尊重和對環境的周遭事物的照顧。兒童必須敏感和保護使用的東西，取他們所需的，適當的使用並用完放回原處。

兒童輔導的長期目標是培養生活「技巧」和「態度」。技巧包括：情緒的處理、溝通技巧、解決問題等，態度是對自我、他人和世界的正向觀點。

兒童往往透過模仿他人的行為和態度而學習。兒童會吸收成人的特質，雖然他們絕非是一塊黏土，被動的被塑造，但是他們會受到成人深深的影響。

　　兒童最能在放鬆的環境中學習，尤其在這種環境中遊戲；並鼓勵其好奇心。總之，在適度的安全限制和有趣的環境中最能助長兒童的早期發展。

第2章
了解兒童不適行為

　　了解是輔導的基礎。輔導兒童先要了解何謂不適行為、問題行為、不端行為（misbehavior）和失功能的行為。了解這些行為的原因，然後才能加以適當的輔導。

界定「問題行為」、「不端行為」、「不適行為」、「失功能行為」

　　兒童處在學習正向社會行為的開始階段。也就是學習可為社會接受的行為的「社會化過程」。由於他們有限的經驗和發展，他們缺少能力去控制衝動，或未學到強烈情緒的表達技巧和與社交技巧。因此在這些最複雜的學習活動中，兒童（有的成人）會犯錯。Gartrell（1994）認為成人應將傳統的不端行為（misbehavior）當作犯錯行為（mistaken behavior）。他認為頑皮、任性、吵

鬧、攻擊、敵視、破壞或沒有禮貌的行為皆可能為「錯誤行為」，而不是成人所謂的問題行為。

Miller（1990）認為不端行為（misbehavior）、問題行為和不適行為等三種名稱是可互換的，但是不端行為這名詞似乎隱含搗蛋、賴皮、胡鬧之意。而「不適行為」並不一定有此含意。所以「不適行為」應包括misbehavior。他認為「不適行為」是指任何行為——對兒童、他人或環境中事物不利的。這個廣泛的行為包括每日的小行為——非生產性行為，同時包括那些公然的不尊重、危險的或傷害性的行為。「不適」並不表示錯誤或是要被責罵，相反的，僅指在某一情境下不被視為有價值或被期望的行為。比較之下，misbehavior表示一種不適行為，一種兒童需要負直接的責任。因為它隱含兒童故意的不順從合理的指引。

當兒童表現出衝動的，且經常性非常不適行為型態；或自我毀滅行為，此時這個行為可謂之「失功能行為」。而「功能性行為」是指各種適當行為，是生產性的，對兒童有正向功能。失功能行為常帶給兒童負向的後果。兒童為因應這個後果，他們使用不適的策略與他人互動而未能成功時，會引發更大的壓力和不愉快並造成惡性循環。一個孤單，且缺少社會技巧的兒童，可能會冷酷的捉弄其他兒童以獲得他們的注意。但是捉弄是失功能行為，因為他不會吸引朋友，反而使他人更不喜歡他，結果，這個兒童變得愈加孤獨和寂寞，甚至更陷入失功能行為的惡性循環中。

總之，Gartrell（1994）以輔導的觀點，將所有的不適行為視為錯誤行為。然而，對 Miller 而言，不適行為指違反「仁慈」、「安全」和「整齊」是一非生產性的問題行為。不端行為（Misbehavior）被包括在不適行為中，特別是指有意的不遵守合理規則。失功能行為是指，非常不適且經常出現的行為型態。因此，

不適行為、問題行為和不端行為通常是可以互換使用。這些行為需要成人去輔導、阻止或修正。

不適行為的評估標準

一般的評估標準

成人如何判斷兒童的行為是否不適。其評估標準除了兒童違反仁慈、安全和整齊基本原則外，成人要考慮三點做為判斷的準則：1.兒童的了解程度，2.行為的嚴重性與意向，和3.行為的理由。例如：一個一歲大的兒童爬到咖啡桌子上面，和一個五歲兒童在沙發上跳躍，應該有不同的處理。兩種行為都需要指正，因為這對兒童有傷害性並涉及對環境物體的破壞。為得到正向的結果，成人需要在不同的階段對兒童行為有不同的期待，並認識兒童是否能控制誘惑。在此例子，對嬰兒而言，處理方法是改變情境比阻止更有效。對五歲兒童而言，必須讓他了解一些事實，讓他選擇和了解行為的後果。例如我們可以對他說：沙發不是讓人跳的，要跳可以到外面草地上去跳。若是他還繼續跳，成人可以專注的眼神、果斷但真誠的語氣說：我知道在沙發上跳躍是有趣的，但是會破壞沙發，或可能跌落在硬的或尖銳的地板上。但若他還是不聽，則不准他去客廳玩。

另外在評估兒童行為的適當性時要站在兒童的立場，從他們的世界看事情。在此，要求正確的了解和明智的判斷。同時不要隨便標籤兒童，並忽略其行為原因。兒童常會感到混淆，為何在

不同情境要表現不同的行為。例如在某環境一種行為被認可,但在另一環境則被責罵。例如兒童在學校學了營養知識,學到胖子要避免吃甜食,某兒童就在公共場合─餐廳,大聲的對胖子說你不該吃甜點心。另一例子,一個三歲的女孩將一大堆髒衣服塞到洗碗機內。她的意向是要幫助母親,但無法區分洗碗機是洗髒碗,洗衣機是洗髒衣服的。小女兒的行為是不適當的,但那決不是 misbehavior。母親不應責備他,而適當的反應是:「謝謝你的幫忙,跟我來,我告訴你髒衣服應該放在哪裡?」

成人中心的評估

成人中心的評估,強調兒童行為對成人的影響。行為的評估常依據對成人影響的嚴重性,以及依成人的情緒或心情狀態而定。例如,兒童將果汁倒在草地上,或地面上,或全新的沙發上,成人的反應可能從不注意到生氣和處罰或打兒童。另外成人的心情好,放鬆氣氛下能忍受他們的不適行為。而在壞心情下,無論做什麼都會得到負面的反應。兒童相信,無論做什麼都會惹麻煩。

總之,成人中心的評估重點在於成人的需求、願望和以成人的方便為主。安靜、不擋路、和表現逗人喜愛的行為,常被視為「好兒童」。好哭、大聲喊叫、害怕、好講話經常被視為頑皮的不端行為。因為這些令成人困擾、窘困或不方便。

兒童中心的評估

相反的,兒童中心不端行為的界定,強調兒童的能力層次、

動機和長程的健康。兒童的行為被評估是錯的、不適的，是因為他侵犯他人的權利，是不安全的，或對環境造成不便，而非行為是困擾人的，或成人正處在心情不好之下。這樣的界定，兒童才會得到一致和公平對待，即某種行為會得到一致的成人反應。成人應該留意自己是以「成人」或以「兒童」中心觀點作行為評估。

讓兒童們主動涉入每天的活動經驗，可能比讓他們站在一旁，由成人替他做事犯的錯多些。但是兒童從經驗中獲得的自信和技巧必定對他們有利。例如讓兒童學做蛋糕，可能不小心讓雞蛋掉下來，或麵粉撒滿地，這些不是不端行為，而是學習責任和獨立的好機會。弄得一團糟不要去罵他，而是去教導兒童如何完成一個任務，和做完後要收拾乾淨的好習慣。

以輔導觀點看不適（犯錯）行為

不適行為的三個層次與輔導

犯錯或不適行為是自然發生的，因為兒童缺少經驗，在發展上，較小兒童企圖去與複雜世界互動的結果。當不適行為發生時，從輔導觀點而言，成人應鼓勵兒童繼續嘗試並繼續學習，以加強正向的自我概念和個體的安全感，懲罰會導致兒童放棄經驗和採取防衛行為，以符合老師的期望。成人要幫助兒童導向健康的發展，兒童犯錯要視為是教導和學習的機會。

Gartrell 和 Harlow（1975）提出犯錯（不適）行為分成三個層次。層次 I 是試驗性的犯錯行為。其動機是好奇心和過度的涉入

（involvement），即兒童要看看會導致什麼結果，或由於整個人過度的涉入而發生錯誤行為。

層次Ⅱ的錯誤行為是由於社會影響導致的。由於一種動作被增強所致，有時是成人無意的，或其他重要他人的示範，其動機是為取悅和認同他人。例如，兒童學到一個新詞彙，或被同學的影響——說他人壞話或講髒話等。

層次Ⅲ的錯誤行為是最嚴重的一種，它是一種強烈需求未能滿足所導致。兒童做出此層次的錯誤行為，是由於對困難情境和病痛的反應，因為此情境超出其因應能力和對情境的不了解。例如對健康情況，或痛苦的生活經驗。換言之，在課堂上的不適行為，可能反應出未滿足的需求，或對他所知覺到的敵視世界做反抗。

總之，試驗性的錯誤行為的動機，是兒童有意探討某環境和滿足其好奇心。社會影響的錯誤行為動機是有意去取悅和認同重要他人。強烈需求的錯誤行為層次的動機是，由於健康情況和對生活經驗缺乏能力去因應。

層次Ⅰ的輔導原則

層次Ⅰ的錯誤行為的重要輔導技術是，幽默感和避免過度反應。一些錯誤行為，如講髒話也是三個層次常犯的。教師要先確認屬於哪個層次，依錯誤行為的強度和頻數而定。以「不恭的話」為例說明：

實例：由於好奇導致層次Ⅰ的犯錯行為

玉華是一位很得到老師喜愛的幼稚園學童，因為他平時很熱忱和自然。有一天，玉華走向老師並笑著說：「老師，狗屎。」老師看看他，微笑並說：「一些話讓人不舒服，玉華，你說的就

是其中一個。雖然你每天都在學習新的詞彙，我喜歡你在幼稚園學習使用其他的話」。

在此例子，教師沒有提到道德問題，兒童也未被處罰。相反的，教師以平常心加強限制，也沒制止其「字彙的發展」。假如教師將此看成嚴重問題，將會強化此字彙的力量，同時玉華也許會使用到第 I、第 III 層次的情境上。這個可能性是存在的，但由於老師正確反應而削弱。為符合輔導原則，老師讓玉華知道，他在團體內的地位是毫無疑問的。

層次 II 錯誤行為的輔導原則

此層次的犯錯行為是學習來的。它們是被示範、被教導或建議的錯誤行為，尤其是生活中重要或權威人物的影響，如父母、家人、朋友或鄰居、教師或學校的其他人等。例如某孩子的父親生氣時常說些難聽的話，兒童容易模仿而說同樣的話——去死好了，或要死了等。教師聽了以後不要責怪他，告訴他下次有困難時，可以使用其他的話，或求老師幫忙。假如兒童繼續使用不可接受的語言則需要額外的調適。就如 Ginott 在其書 "Teacher & Child（1972）" 所說的，堅定而不嚴屬在輔導上是重要的。即要友善和堅定的語氣告訴對方。

社會影響層次，有一點要承認的是，學習已經發生，因此學習的過程需要改變。就如成人一樣，假如他們知道他們被接納，他們的努力被認可，同時，他們的行為有明確的期待時，則他們較能改變。另方面改變此類行為還包括提醒其限制和要求做另種反應。即視情境而改變策略——需要時要堅定限制、教導其他可行方法等。

層次 III 無法滿足強烈需求的錯誤行為及其輔導

Gartrell（1994）同意 Stone（1973）、Warren（1977）和 Erik-son & Pianta（1989）的觀點，即認為嚴重的錯誤行為是由於兒童無法因應和了解其生活中的困擾，在層次 I，一個兒童可能試驗一句髒話，看看成人的反應，在層次 II 的兒童使用一個從他人學來的咒語，以表達自然的感覺（很快流行開來，老師要避免過度反應）。在層次 III，由於強烈需求而作反應，兒童在挫折中可能使用一連串的附加字，完全失去控制。強烈需求未能滿足常會表現出失功能行為，而且會一再的重複，總之是極端行為一再的重複。例如，其典型的表現方式是，兒童失去控制，對輕微挫折就表現出大發脾氣；明顯的改變其平時的社會行為類型；表現社會性的退縮；不專心，不參與活動、沮喪與對成人或某兒童敵視；明顯的競爭──表現出完美、或支配同輩等。有關這些問題，教師要留意這些行為是否持續很久。教師應敏感是否兒童的需求被滿足。

層次 III 的行為常和生理健康因素和情緒因素有關。成人要了解兒童的身體狀況，如視覺、聽覺、講話問題、知覺──動作協調問題，近來也要能敏感兒童是否被虐待和被長期的疏忽；父母的藥物、酒精濫用等問題。這些生理原因和情緒困擾，影響兒童的在校行為。情緒因素，如失去父母、或父母分居或離婚、兒童在家中受到嚴厲的處罰，他們也會使用暴力於同輩，好像那是唯一的反應方式。兒童和成人一樣，當經歷這些困擾時，大部分會顯露在生活上。

層次 III 的犯錯行為輔導的一般方式如下：

1.施以非懲罰的調適（在危機時刻）。

2.對兒童和情境作深入了解。

3.父母、兒童和有關人員發展行動計畫。

4.與兒童建立助人關係。

5.實施和檢討計畫。

總之，強烈需求未滿足所導致的錯誤行為的輔導，要求一步步的問題解決策略——清楚的、彈性的計畫。它包括蒐集資料、建立助人關係、預防問題情境以非懲罰方式做調適。

實 例

一個二年級的老師在開學五週後，注意到一個兒童的行為型態改變。文蒂在週三時，對活動很有興趣，也表現相當合作。但在週五後，變得不專心，十分退縮、易怒。直到隔週的週二才恢復原來的樣子。

老師與其母親聯絡才知道他的父母分居。最後離婚，文蒂平常日與母親同住，週末與父親住。父母親分居，使文蒂不得不從一家到另一家居住而受影響。教師鼓勵父母幫助文蒂了解情況，並在此過度期協助他。教師方面，對文蒂的行為少做判斷並盡可能支持（在此需求最強時期）。八週過後，文蒂開始適應，且不適行為減少了。

三個層次錯誤行為的摘要說明

錯誤行為有三個不同的動機來源。但是一種錯誤行為也可能包含三種動機來源。教師必須經過小心觀察其引發的動機和錯誤行為的層次，才能做有效的回應。下面說明錯誤行為可能表現出不同的層次和動機來源。

表 2-1　一種錯誤行為分屬不同的動機和層次

錯誤行為事件	動機來源	錯誤行為層次
兒童講髒話	要看教師的反應。	1
	模仿重要他人或同輩。	2
	表達深度的敵視。	3
兒童推撞騎著車的人	未學到如何使用語言提出要求。	1
	模仿其他兒童誇大練習。	2
	感到需要表達反抗世界以聲明其權力。	3
兒童拒絕參加團體	不了解教師的期望。	1
	已經習慣不參加。	2
	感到不舒服或參加會感到焦慮。	3

❀ 不適（問題）行為其他可能的原因

　　除了上面討論的兒童三種錯誤或不適行為層次、動機來源以及重要的輔導原則外。本節要求成人考慮不適行為的其他可能原因，尤其強調改變環境的預防。在兒童輔導上，就如身體健康的照顧一樣，最好的方法是預防。例如，一個在沙發上看卡通達幾個小時之久的兒童，不是我們想要的消磨時間的方式。此時成人可能要思考，為何兒童不做較健康的休閒。兒童是否被強化做個安靜和被動的人？是否成人對活動性的遊戲做過負面反應——太吵、弄得亂七八糟的責罵？是否有玩伴？和是否有玩具和挑戰性的遊戲設備供兒童使用。因此兒童不適行為的發生，還要考慮下面的因素。

成人不適當的期望

　　有時成人不適當的期望導致兒童不適的行為，其中可能要求孩做出超出其能力的事，如要求一歲半的孩子靜坐三十分鐘至一個小時之事。父母要了解兒童的發展性特徵。

兒童對期待的誤解

　　有時候兒童誤解成人的期望。例如，一位老師很失望的發現，他的幼稚園學生將擦手紙巾弄得滿地都是。洗手間到處是水，一切都很亂。他向一個二歲的兒童說：「我去拿拖把，請你將紙巾放入垃圾桶。」結果兒童將乾淨的擦手紙巾放入垃圾桶。她可憐兮兮的說：「紙巾太多了！」兒童誤解老師的意思，但是他的意向是好的。由於老師未具體的說明：「地面上的濕紙巾」。

　　老師很溫和的，同時並謝謝兒童的幫助行為，並說：「我們一起將濕的、髒的紙巾放入垃圾桶。」若是兒童被嚴厲的指責，下次他就不會想去合作。

兒童不成熟的自我控制

　　成人要了解，兒童缺乏自我控制，以致無法完成成人的期望。責備或處罰兒童缺少自我控制是沒有幫助的。不適行為是因為兒童僅是無能力以較成熟的方式控制其舉止。例如，兒童追逐、捉弄小動物，並非是要傷害，因為他們太興奮，無法自我控制而成功的處理情境。教師要幫助他們認識動物的感覺和需求。

有時改變環境，而非努力的去要求他們依教師的期望而停止。

兒童高興的狂歡，團體感染

有時兒童的胡鬧行為並非對老師個人的侮辱。他們並非頑皮而只是太興奮。尤其當有外來的兒童或團體加入，由於太快樂而不喜歡安靜上課。此刻可能一起唱歌、跳舞而非聽故事更能滿足他們的需求。

兒童感到無聊

無聊和疲倦對兒童的行為有一定的影響。例如，兒童無所事事時，將會捉弄東西，到處跑或擾亂他人行為，而導致不適行為，尤其在無人監視時。

兒童感到疲倦，不舒服

疲倦，或任何不舒服將更會使兒童失去控制並導致攻擊行為，反抗遵守規則，或感到不適時。如飢餓、太熱、太冷或疼痛都是兒童發脾氣和不合作的原因。

兒童需要被認可

兒童被忽視會感覺痛苦。所有的人皆需要有歸屬感—被需要、被愛。不被需要或被冷落時，兒童不會去合作和遵守規則。例如，兒童突然開始尿床，不尿在馬桶或開始吸奶嘴，可能小弟

奪去所有的愛。此時若父母表示對他的愛，並且要他坐在大腿並向他說：「兒子，我們很愛你。你是我們所愛的兒子，沒有人可以取代你，你是特別的，小弟也是。你能唱歌而小弟不會，你是唯一能做這些事的孩子。」聽了這些話後，兒童會覺得受到重視。

洩　氣

洩氣的兒童可能會裝病、學習遲頓，產生其他的問題。自尊低落，使他更易受到傷害和感到混亂，無法做好功課、交朋友、或達到老師所期望的。

挫　折

有時兒童的攻擊行為可能來自家庭的壓力。父母，尤其單親家庭的壓力會傳染給其子女。兒童在不自覺下，感染了父母的壓力，變得緊張和頑固，同時他不知如何去紓解這些感覺。

教師如何與父母溝通兒童的不適行為

教師常與父母溝通兒童在校的行為是重要的，尤其兒童有不適行為發生時。但要如何溝通才能讓父母接受呢？以下幾個要點可供參考：

首先教師先傾聽並了解父母對孩子的觀點，依此決定使用何種詞句溝通。第二，教師要知道，父母是了解他們的孩子的，他們要給孩子最好的。

　　一般對孩子有正向觀點的父母，較能接受錯誤行為的概念和其三個層次。解釋犯錯行為時，教師要強調，兒童正處在學習可接受行為階段，錯誤是難免的，教師會幫助他們。教師同時要表達，對於輕微的層次Ⅰ與Ⅱ的錯誤行為，學生難免會再犯，但會繼續觀察。

　　父母、孩子和成人一樣會犯錯，同時從錯誤中學習是重要的。但是孩子傷人或分裂行為是不被容許的、需要改正的。教師會幫助學生改正。

　　教師與父母溝通要傳遞他們接納兒童以及輔導兒童的堅定立場外，還要溝通兒童的成就和進步情況。當父母與兒童的努力被認可時，他們較能接受建議。有時父母對孩子極端批評，或對其嚴重錯誤行為有不合實際的反應，而產生溝通上的困難時，建議邀請父母、教師與諮商員共同建立解決問題的方案，或以個案研討方式輔導兒童。

摘要

　　兒童學習可接受行為的過程稱為社會化。生命過程的前幾年，兒童逐漸發展自我控制及學習如何與他人相處，同時，如何遵守家庭、學校和社會的規則。

　　以輔導而言，要求成人以兒童的能力層次、行為的嚴重性和意向，與行為原因，作為評估兒童不適行為的標準。

　　不適行為的界定是廣泛的，它指任何對兒童、他人和環境不利的行為。「不適」當這個名詞並非指錯誤或應受責備，而是意含此行為沒有價值或在某特殊情境不被期待的行為。Gartrell以錯

誤行為（mistaken behavior）代表傳統的 misbehavior，同時，他同意 Harlow 的觀點將錯誤行為分成三個層次。

當兒童表現衝動和經常相當不適或自毀的行為時，這個行為稱為「失功能」行為。失功能行為與第三層次錯誤行為相類似——強調經常性、嚴重性，具有情緒內容的不適行為。

成人中心所界定的不適行為，強調兒童行為對成人的影響；相反的，兒童中心對不適行為的界定——強調兒童的能力層次、動機和長程影響兒童的健康，成人依此評估行為的適當性。

錯誤行為三個層次為：層次 I 屬於實驗性的，其動機是好奇和過度涉入（involvement），輔導原則是避免過度反應和幽默感；層次 II 的錯誤行為來自學習重要他人的示範——社會影響。其動機是認同他人、取悅他人。輔導原則是要堅定和不嚴厲的態度，改變學習過程。層次 III 錯誤行為是一種未滿足強烈需求的表現，是對困難的和病痛的反應。情境超出其了解和因應能力。輔導原則強調廣泛蒐集資料，和兒童建立助人關係，與有關的成人共同做調適計畫。改變情境和預防性是其重點。

有時，兒童的不適行為是由於成人的不適當期待所導致的直接結果。有時是兒童對成人的期望有所誤解。有時是兒童有心要遵守成人的要求，但由於缺少自控能力用以完成被期待的行為。在團體內的興奮使兒童難以專心聽成人講故事。

無聊，尤其當監視鬆散時，兒童易有不適行為。疲倦，或任何不舒服時，兒童易失去控制並有攻擊的行動。反抗規則，或不適的舉止。飢餓、太冷、太熱、生病或疼痛都易使兒童發脾氣和不合作。

人類需要有歸屬感，兒童感到被忽視，會感到痛苦和驚嚇，兒童感到不被需要或被漠視，他們可能不會合作和遵守規則。當

兒童的自尊被嚴重的洩氣所侵蝕，他們就不會有生產性的行為，不交朋友，或達到成人的願望。若嚴厲的批評和輕視則更難完成困難的任務。

壓力是大部分兒童和家庭的問題根源。兒童可能從任何的生活型態發展壓力徵候，或無意中吸收父母或保母的壓力。壓力的徵候包括：不快樂、健康不良和不適行為。

反抗的發展階段有：首先在某情境中，兒童難以接受成人的期望，第二，兒童的不滿達到某一程度──無論做什麼都不會比反抗更糟了。

第 3 章
兒童經常性不端行為型態

　　學者在討論兒童不適行為，尤其是經常性、較嚴重的不適行為時，常會提及馬斯洛（Maslow）的動機階層論，做為解釋或處理這些行為型態（Gumaer, 1984; Harlow, 1974; Miller, 1990; Gartrell, 1994）。另外，Adler 和 Dreikurs 的理論和概念，尤其 Dreikurs 的四種錯誤的行為目標，常被應用來解釋和分類兒童的不端行為。這兩種理論對於教師和父母在兒童輔導上會有很大的幫助。

需求的滿足與兒童的發展

　　兒童有某些需求，假如這些需求未能滿足，則他們的社會、情緒與認知的發展過程會受到影響（Sharp & Cowie, 1998）。兒童發展落後，尤其社會與情緒兩領域與不端行為有密切關係。首先看看兒童有哪些需求。專家們（Adcock and White, 1985; Coleman and Warren-Adamson, 1992; Dalrymple and Hough, 1995）提出如下的兒童需

求摘要。

- 基本的身體照顧：兒童需要成人提供溫暖、住所、食物、和休息的保證。
- 保護：他們需要安全的保護。免於性虐待或身體的暴力。
- 安全、輔導、支持和控制：兒童需要有持續被照顧的感覺，以及安穩的家庭保護；他們需要合理、一致性的家庭管教態度，以及成人好的楷模。
- 愛、情感和尊重：兒童需要愛的、尊重的觸摸；被傾聽；傷心時有人安慰；有機會接受挑戰與探索，並有能力感；被鼓勵分享感覺，包括生氣、困惑和傷心的表達。
- 學習的刺激和接受學校教育：學前期，兒童需要以自己的速度探索世界；需要具激勵性的素材、玩具和書籍；他們的問題需要被回答；在學校時，需要有資源以利於學習，和實現他們的潛能。
- 自主和責任：兒童和年輕人，需要為自己和他人負責的經驗，例如，收拾玩具、幫忙做家事、管理零用錢。他們需要資訊，如，有關性、藥物、合理的決定理由等。他們需要有機會學習處理兩難的倫理和人際衝突問題。

以上這些學者所列舉的兒童需求，與馬司洛的需求階層論相類似。下面一節將詳細討論馬斯洛的階層論與不端行為的關連性。

🌿 馬斯洛的需求階層論與不端行為

　　人類——兒童和成人，以很多複雜的行為方式來滿足他們的
情緒需求。幾乎所有的行為皆為了獲得某些東西，這些可能是物
質的，一種經驗的，或僅是一種感覺的。Maslow 認為人類很多行
為都為了需求的滿足。在他的需求階層論中，他主張人類基本需
求是一種階層式，金字塔式的排列。低層需求滿足了，較高層的
需求才會變得較優勢，有力量或顯得重要。圖 3-1 是階層需求的
圖式。

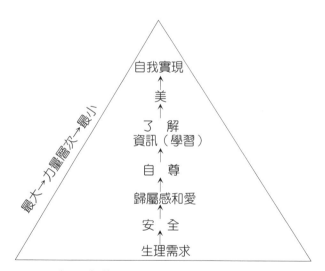

資料來源：Gumaer（1984）的 Counseling & Therapy for Children。
注意：學習是由 Gumaer（1984）所加上的，非 Maslow 的範例。

圖 3-1　階層需求

　　階層 I 是最有力的需求——生理需求，如飢餓、渴，在青春

期是性。成人易於了解到，每天兒童吃不飽，就難以專心上課與學習，第 II 階層是安全需求，包括提供適當的居住和環境的安全。當兒童擔心屋中的老鼠和被小偷侵入、他人的傷害，或父母的虐待：另外心理上的威脅，如搬家對環境的重新適應、父母死亡、離婚、失去單親父母的心理威脅等。

一旦生理和安全的需求適當的滿足了，歸屬和愛就變得很重要。就如 Erikson 在其發展階段中所強調的，兒童需要家庭和安全，以及感到自己是家中的一份子並對家庭有貢獻。

兒童也需要被愛，同時自由表達愛。兒童有時也會表達照顧小弟，如抱抱、幫助餵奶、換尿布的工作意願。稍大後，歸屬和愛的需求會改變。為了安全、歸屬和愛的理由，幼稚園到小學低年級的兒童常會認同他們的老師，有時不難聽到稱老師為媽媽。再稍大，他會轉移這些需求到同性的同輩身上，當他們進入青春期，開始集中在異性同輩。

愛和歸屬以後接著是自尊。自尊可界定為對自我的感覺或觀點的評價，它與自己對環境的因應能力有關。兒童認識自己，發展自我形象和自尊，是透過重要他人對他們行為的評價（說什麼和做什麼），兒童若成功的因應其環境，且他們的行為得到成人正向的回饋或增強，就會依序的發展高自尊。相反的，兒童從重要他人得到的皆是負面回饋，他們可能感到不適，被拒絕和不被愛，會發展低自尊。因為行為受到他們對環境的知覺所影響，而對環境的知覺又受到他們自我的知覺所影響，高自尊的人努力維護自己的這個正面的自我形象。另方面，低自尊的兒童，認為環境是傷害性的，而對其採取對抗的行為（因為環境被他視為是有害於他的）。

一旦 Maslow 的前四項需求滿足了，然後，兒童已準備好認

知的發展：資訊的獲得和了解。Maslow（1968）指出健康兒童具有下面的行為表現。

1. 健康的兒童是自然的，並竭力想與環境互動並表達出他們所具有的技巧。
2. 健康的兒童身體夠營養、不懼怕，會感到安全而去冒險。
3. 這些環境經驗的遭遇或是偶然的，或受到重要他人的協助。
4. 健康的兒童需足夠的安全和自信去感受這些人際互動和結果，而非因害怕而逃脫。
5. 假如這些經驗證明是成功的，那麼他們將重複去做。
6. 兒童將向前成長，導向較複雜的經驗。
7. 成功的因應環境會增強自尊和感到有能力、權力和控制。
8. 兒童通常選擇往前進和成長，他們不是跛腳。

Maslow 和 Faust（1968）指出，當兒童的存活受到嚴重的威脅時，他們會為了過度的害怕、焦慮、罪惡感或防衛性態度而變成跛腳。

總之，為了滿足情緒需求，人們必須：
1. 免於不舒服——有食物、飲水、居住等。
2. 身體安全——免於危險，感到心理的安全。
3. 歸屬感——感到被愛。
4. 自尊——感到有價值和有能力。
5. 智能的發展——認識和了解。

換言之，一個飢餓的兒童，將不會關心任何事，只為存活。一個害怕，沒有安全感的兒童少有興趣於交朋友，或以積木建立城堡，一個不被愛的兒童無法生存和有信心做事。事實上，幼童傾向於做任何事只為滿足需求。有時那些行為，對成人而言是不文明，或令人討厭的事，因為他們還未發展出控制衝動的能力。只有在他們的基本需求被滿足了，我們才能期望他們保持安靜、合作，和做一個好奇的學習者。因此，Miller（1990）認為成人應敏感兒童的需求是否滿足了。

🎵 自尊在經常性不適行為中的角色

需求未能滿足是經常性失功能行為型態的潛在原因。為了要有良好的行為表現，兒童必須有高自尊。自尊是個體對自我總體知覺的正面評價，包括能力和價值兩種重要元素。自尊越來越受到重視。它似乎與學習成就和社會適應有關（Kokenes, 1974）。同時低自尊較會有心理問題——焦慮、不快樂和生理徵狀（Fitts, 1972; Rosenberg, 1962）。但是這些如社會互動、學習（O'Malley & Backman, 1979），心理健康問題和自尊的因果關係需要進一步的探討。也許兩者間存在著第三個變項，尤其是與學習有關的低能力。

無論如何，初級教育學者強調，設計提高自尊的輔導活動的重要性，但是不幸的，兒童不會突然有其自我價值。一些活動，諸如：唱唱自己多麼可愛的歌，以及畫自己的像並說：我是獨特的。這些活動對於提高自尊是不夠的。

自尊的發展從上面的討論和表 3-1 看出，自尊影響個體的人際互動、學業成績、情緒的處理和自我身體形象的感覺，同樣

的，這些具體的行為和經驗也反過來影響自尊（Slavelsoon et al, 1976）。

表 3-1　自尊的結構

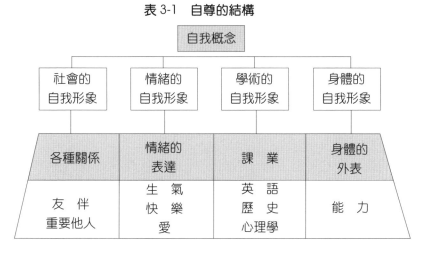

資料來源：Shavelson, 1976。

註：我們的自尊，或自我總體的評估，加上四種自我形象，它們是由很多具體的行為和經驗所建立起來的。當然，它們是雙向互相影響：自尊影響自我形象和我們的行為，反之亦然。

　　兒童的自尊發展有一定的順序，牙牙學語和學前期（3～5歲）兒童的自我評估是整體的。他們不會區分生活中哪些領域是成功或失敗的。他們的自我概念是以「此時此地」為基礎，他們想自己是完全的好或完全的壞。這些評估會隨情境改變而完全改變。繼而由於經驗的擴展，兒童對其社會遭遇了解到大部分是正面或大部分是負面。

　　學齡兒童（5～12 歲）對自我不同的領域──社會、身體和智能做各別評估以確定自己的價值（Harter, 1982）。因此，兒童對身體領域──善於運動，而有正面的感覺。學術方面有不適的感覺。在這些領域正面和負面的自我評價比較權衡之下產生一般的

自尊，直到小學低年級（8、9歲），兒童發展他們對價值的指標最明顯想要的或不想要的，如各種領域中特別重視某方面（外表或學術成就）（Favorable 或 unfavorable）。從此以後，這種觀點可能會保持相當固定而終其一生（Coopersmith, 1967）。

💕 成人如何影響兒童自尊或自我概念

成人，尤其是父母或教師是兒童的自尊或自我概念的重要決定因素。成人往往是兒童的一面鏡子，兒童由此評估他們的價值和能力。兒童對價值的知覺建立在重要他人對他的重視與否。假如父母、保母和老師對兒童的回饋是正面的，即視兒童為可愛的、有能力的和有價值的，兒童將可能有高自尊，即正面的自我評價。成人對兒童表示溫暖、尊重、接納和同理（敏感兒童的情緒反應），最能孕育兒童的高自尊（Gecarr, 1971; Gecar, Colonico & Thomas, 1974）。反之，若父母和教師的態度是拒絕的、冷漠的和不敏感的，很難讓兒童感到自己好（Coopersmith, 1967; Resenberg, 1965），最壞的情況是，兒童會因為重要他人認為他們不好——無價值和無能力，而認為事實也應該如此——自我預言。

因此，父母或老師對兒童說什麼？做什麼？怎麼說？對兒童的自尊是重要的。也就是，成人的「語言」常是決定高或低自尊的關鍵因素。

在輔導上要注意的一點是，兒童獲得自尊僅在他們的需求滿足之後，即先要讓他們感到安全和愛，並不斷的被尊重，甚至當他們被處罰時。雖然重建受傷的自尊是可能的，但是先開始發展正向的自我概念較容易。

假如一個兒童的早期經驗對其自我知覺是有傷害的，那麼很重要的要去孕育自尊，和教導他們以功能性的方法去獲得需求的滿足。筆者認為，除了平時對待兒童要敏感於他們的需求外，更要從四個領域著手，具體而言，要教導兒童的「社會技巧」——如何溝通，交朋友與「情緒處理」——敏感和尊重他人和自己的感覺，繼而學習處理感覺的方法：發覺自己的「各種能力、資產」等達到接納自己、在功課上教導「讀書技巧」等。兒童往往缺少技巧而使用失功能的方法滿足需求，尤其在混亂，或不受支持的環境中，認為失功能行為是唯一的方法。經常性失功能的行為很難處理，成人也很容易陷於如同兒童的失功能行為。

處理兒童習慣性失功能行為的成功關鍵是，成人持續的將行為拉上來到功能性行為的層面，而非讓兒童將你拉下，變成和他一樣，表現不成熟和不適行為與兒童互動。這個勸言說得容易，做起來卻很難。例如，一個兩歲的脾氣暴躁的兒童易使一向沈著和成熟的成人變成尖叫跟不合理的兒童一樣。

衝突解決的雙贏方法

兒童和成人常常陷入一種誰控制誰的爭執中，這些權力爭執變成一種輸贏情境。在此，成人要求孩子屈服於他的控制，而孩子也要求成人屈服於他的控制，這種決戰使成人與兒童產生對抗與對立。成人慢慢的討厭兒童，而兒童會愈來愈反抗和不順從。

我們每天往往浪費很多時間在爭吵上，假如知道有很多策略可用來處理衝突，這些爭吵是可避免的。兒童缺少良好的楷模去學習處理衝突——例如在電視上、家庭中，常看到以身體和語言

的攻擊、報復或暴力行為等方式去處理衝突。兒童早期就應該學習建設性的方法和衝突處理技巧，這些對於他們的生活是有很大的幫助。而且會減少成人階段作決擇和解決問題時的焦慮。

衝突可能有兩種情況——成人與兒童及兒童間的衝突。首先，成人與兒童間的權力爭執，Dreikurs 建議成人暫時退出衝突情境——浴室技術（bathroom technique）。

兒童間的衝突可以個別輔導，或以團體的活動教導衝突處理技巧，例如以玩偶表演一種衝突情境，示範正確的衝突處理技術，並加以討論。

下面提出一種「解決問題模式」幫助兒童解決他們之間所發生的衝突情境。雙贏的衝突解決方法是一種策略以避免兒童間的爭執。它是成人和兒童共同以正向的、合作的解決衝突。下面是專家用來解決問題的步驟（Gorden, 1974; Dilnkmeyer & McMay, 1982）。

步驟 1——使用反應傾聽以澄清感覺

成人：小華，你好像很生氣，因為小明一直要搶你的書。

步驟 2——使用腦力激盪產生可行的解決方法

成人：除了尖叫外，有什麼方法可以讓小明知道他困擾你？你能用語言告訴他你生氣，或者遠離他。

步驟 3——評估可行方法的可能後果

兒童：假如我逃離，小明仍會抓住我，搶我的書。

步驟 4——選擇最好的可行方法

成人：「我了解」，可能最好的方法是，他拿走你的書會使你生氣，假如他不聽，那麼你可以請求我幫助。

步驟 5——決定如何去實施解決方法：承諾採取行動

成人：你要我和你去，而你現在就告訴小明嗎？

步驟 6——評估實施解決方法的成效

成人：小華你現在是否感覺好些？你要記得，以後不要尖叫，
　　　要使用語言。

在這個互動後，小華應該感到成人是站在他這一邊，成人是
真正想要幫助他，而非控制他。這種輔導是正向的，因為它孕育
自尊，並使兒童感到更有自信，有能力和自我依賴，小華有機會
積極參與作決定並再三考慮問題解決的過程。

有時成人對於兒童間的衝突並不一定干涉，先作觀察讓他們
自行解決，當衝突太嚴重時，會導致危險時才干涉。在提出可行
方法時，可建議使用協議、妥協、輪流、傾聽對方、道歉、諮
詢、遲延、分散注意、放棄（離開情境）、誇大（用角色扮演誇
大）、幽默（減少氣憤）機率、分享（分享益處）、避免使用暴
力、逃避。

不端行為與 Dreikurs 的錯誤行為目標

採取步驟去解決孩子的衝突是重要的，但是為了打斷不端行
為的惡性循環，成人必須同時去了解孩子的情緒需求是否滿足
了。Adler 是 Freud 的同事，提出一個理論，即不端或失功能行為
源自不適當的早期輔導。他相信一些兒童常被過度溺愛，或支配
性的父母加重孩子的自卑情緒，教師或父母使用不適的方法加以
控制，使兒童無法發展自我能力和自我價值感——形成低自尊。

Adler 和 Dreikurs 的行為理論

基本上 Adler 和 Dreikurs 相信兒童是社會性動物，因此有歸屬的需求。即希望被團體接納，有安全感，希望對團體有貢獻，爭得團體內的一席之地，而感到自己是重要的、有能力的。而任何不適行為的發生，皆由於對「歸屬」有錯誤的概念。從檢視行為的結果，可明顯的看出兒童的經常性失功能行為是有目的的。即長期性、習慣性失功能行為型態的根源是四種錯誤的目標。其理論強調，兒童不端行為的原因如下：

1. 需要注意：尋求他人的注意。
2. 需要權力：獲得控制感。
3. 尋找報復：覺得自己受到傷害而報復。
4. 自暴自棄而選擇不適當的表現：使自己逃離害怕或痛苦的情境。

兒童的每一個行動皆有其目的。基本目的是尋求在團體內的地位。舉止良好及適應良好的兒童藉著順應團體的要求，並對團體做有用的貢獻以得到社會的接納。不適行為者嘗試用錯誤的方式去獲得社會地位。

兒童通常不知道自己的目標，但對他人來說是不合理的，他們的行為有一致的導向。

1. 尋求注意──要求他人的注意及服務。
2. 權力──要求做老闆。
3. 報復──要傷害人。
4. 自暴自棄──不要人家理他。

對不適行為的反應──父母或教師對四種不端行為有不同的

反應：

　　1. 感到困擾——要提醒及勸誘。

　　2. 感到激怒——你滾開。

　　3. 感到受傷害——我要報復。

　　4. 感到失望——我不知如何才好。

　　總之，每一種錯誤目標是要獲得情緒的滿足。這些包括：認可的需求（recognition）、控制他人生活的需求、公平的需求，和避免壓力和害怕的需求。但是不幸的，上述的每一種動作似乎使兒童暫時感到很好，但是實際上，它會使問題惡化，甚至形成一種滾雪球效應。在此，兒童不適的反應會增加對環境的負面知覺和敵視，依序的，增加其情緒的需求，同時，使未來的舉止愈加的不適。例如，某孩子推撞人以引起他人的注意，但反而令他人更不理他、氣他，但他的歸屬感增加，引發他以更激烈的負向行為引人注意。

錯誤目標的轉變和不端行為

　　Dreikurs將Adler的兩種需求：「超越」和「對團體有所貢獻」合成一種需求——成為「重要的人」的需求（need to be significant）。當孩子表現良好或乖巧而得不到成人的「注意」時，可能會訴之於不適行為以獲得注意，甚至得到負向注意也在所不惜，此時會導致更多的自我懷疑。

　　此時，在與父母的衝突中，會導致一連串的權力爭執，因為兒童開始發展「自卑情結」，他認為保持自尊的方法是力爭。因此，兒童的目標由開始的「尋求注意」轉變為「爭取權力」（power），並企圖打敗成人，證明自己的優越和控制感。

　　兒童表示反抗，不僅是對成人生氣，還形成威脅成人並反抗權威。此時，成人對反抗兒童的反應常是「我要給你看，誰是老闆，我要你表現好舉止」。但成人往往不了解孩子是要與你爭吵，若極力爭吵，成人增強了兒童的策略——「控制成人」。

　　反抗的兒童創造一種難題給成人，此時成人有兩種表現：1.成人屈服於兒童強化了兒童「控制成人」策略，2.處罰兒童，會因被打敗或疼痛而氣憤並覺得丟臉，最後兒童會將目標轉為「報復」。

　　有些懷有「權力饑渴」的兒童，發現直接打擊成人會導致失敗，因而發展其他策略去贏得他們的戰役。他們不反抗，也不服從，他們一直表現類似生病、愚笨、虛弱、無能、受到傷害或沮喪。這些表現為了得到1.同情及注意，2.成人的援助，3.將失敗當做藉口，4.提供好理由以逃避獨自做事以保護自尊。自己不做事而要求他人服務。

　　成人若不理睬他們，他們常會假裝無能，而沐浴在「自憐」情緒中。相反的，若幫助他們就增強了他們的策略。若使用懲罰，則會引發兒童更感到洩氣和被遺棄感。最後導致自暴自棄——若一直無法得到幫助，他們可能追求生活其他方面的意義感。

🌷 四種錯誤動機引發的具體不端行為

尋求注意

　　此類動機引發的行為有下面幾種：

1. 主動建設性行為（active constructive）：如，偏激的批評。

2. 主動破壞性行為（active destructive）：如，愛表現、扮小丑、莽撞的。

3. 被動建設性行為（passive constructive）：如，過分愛乾淨、過分小心、努力作楷模兒童。

4. 被動破壞性行為（passive destructive）：如，不穩定、愛哭、無精打采、害羞、不愛表現等。

Miller（1994）提出下面幾種尋求注意的行為：

黏人、假裝無能、表現的迷人、競爭、扮丑角、好表現、表現呆呆狀、懶惰、衝動等。

尋求權力

此類動機引發的行為有下面幾種：

1. 主動建設性行為：如，發脾氣、反駁、手淫、欺騙及遊手好閒。

2. 被動破壞性行為：如，懶惰、倔強、不服從及不在乎。

Miller 提出下面幾種控制行為，如，操縱、復仇的、鬧彆扭、（嘔嘴）、頑固、欺凌弱小、反抗。

報　復

它可能表現出下列兩種類型的行為：

1. 主動破壞性行為：如傷害他人、偷竊及尿床。

2. 被動破壞性行為：如勉強及被動。

Miller 提出此類動機的分裂行為有：分裂、攻擊、侮辱、不

信任、生氣、發脾氣、反抗及輕視。

表現不適或自暴自棄

表現出來的唯一方式是被動破壞性行為，如，愚蠢及怠惰。

Miller 提出的退縮，被動行為如下：

重複的自我刺激（吸手指）、玩弄生殖器官、拒絕與人互動、表現無能和失望。

錯誤目標與積極行為輔導

很奇怪的是，成人常以反方向的方式去回應兒童「尋求注意」的行為。例如，當兒童以搗蛋引起注意時，我們反而去忽略他們，但這會引發他更加的搗蛋，成人也常被誘使陷入一場嚴屬的權力鬥爭，為了去控制兒童。成人被誘使去增加痛苦於咬人或傷害和攻擊的兒童，但是成人本身的生氣或攻擊使兒童更決心去報復。此外，我們常會聳聳肩和放棄一個躲在桌子下，玩弄頭髮，以頭撞牆的退縮兒童。但是放棄會讓兒童愈加陷入孤獨中。

為了引導兒童真正的改變，我們要針對行為的原因，並教導兒童以適當的方法滿足其情緒需求。兒童所表現的失功能行為常是表面的、外在的徵狀。真正的原因是情緒需求未能滿足，一再的壓抑行為的徵狀，而不注意到兒童的情緒健康，可能會導致爆發新的或不同的徵狀。

基本上，只有 1.當兒童感到被團體所接受和重視，2.當他們對其生活有某些控制感，3.當他們被公平和尊重的對待，並 4.當

對他人的期望有樂觀達成的感覺時，治療才有可能發生。當兒童有了上述的這些感覺時，然後我們可以說，他有自尊，且四種錯誤行為的理由不再存在。即兒童不必再依賴不適行為以滿足情緒需求，相反的，他們會打斷習慣性的不端行為型態，並學習較有效的方法與人相處。

總之，處理「尋求注意」不適行為的指引是：從不「有求必應」的給與「注意」，甚至對於「好的行為」也如此。幫助他成為自我激勵者。用一種非他所預期的方式給予注意。抓住他正在做好事時給予注意。

處理「尋求權力」不適行為者的指導原則是：退出衝突情境，不跟他們爭執。允許不適行為的後果發生。更積極的，甚至藉著求得他們的幫助以得到他們的合作。

對於「報復」不適行為者的指導原則是：成人不要報復兒童，相反的，儘量去與他們建立信任的關係。最後對於「自暴自棄」不適行為者的指導原則是：不要放棄，避免批評和可憐他們。對任何正面的努力給予鼓勵。

教師不可能是兒童不端行為的引發者，然而，他們可能無意中增強這些不適行為。因此平時要注意兒童的情緒需求——給予他們重視、接納、公平和尊重的對待，以民主態度讓兒童有參與意見的機會——使他們滿足控制環境的需求等。一旦發生失功能行為時，遵守上述的指導原則做適當的處理。Dreikurs 更強調平時與兒童互動時多「鼓勵」兒童可減少不端或問題行為的發生。

❤ 鼓勵是預防不端行為的基本方法

Dreikurs 主張，除了了解兒童的四個錯誤行為目標外，更積極且更重要的是教師平時使用有系統的班級輔導課程去「鼓勵」學生。如此不但可預防不適行為，且更能增進兒童的心理健康，改善自我概念（Dreikurs & Solty, 1964）。

首先從區分鼓勵與讚美的不同，以了解鼓勵的意義。當然二者有相似點，但也有不同。下面是二者的區分（Bradley & Stone, 1983）。

1. 讚美強調動作者，而鼓勵強調行為，「你是一個好人肯幫忙我，與謝謝你幫我完成清掃工作」。
2. 讚美強調工作做得好，如，你的分數太棒了。鼓勵強調過程，雖然做得不好，如「雖然你犯了一些錯，但你的作業都完成了」。
3. 讚美隱含強求繼續良好的表現：如「繼續做好工作、太完美了。鼓勵不強求：恭喜你，完成你的專案」。
4. 讚美可能似乎有虛假：「太好了，你做了太神奇的工作」。鼓勵是真誠的——如「我真喜歡你，你的專案太有組織了」。
5. 讚美是籠統的「每樣事都太完美了」，鼓勵是具體的，一如你的報告很有系統。
6. 讚美是由成人給的，而鼓勵是由他的努力賺得的。如「我很驕傲得到主角的角色」、「我相信，你會很希

　　望得到主角角色」。

　　總之，讚美屬於名列前茅者、優越者，鼓勵屬於任何正向行動者。讚美屬成人的主觀價值判斷——意見、分數。鼓勵注重工作中所付出的努力。它鼓勵自動自發、自我成就及獨立。它接受學生真實的一面。鼓勵傳達接納、信心、感謝和努力的認可給兒童。

鼓勵的方法

　　平日教師和父母對兒童的鼓勵是很重要的。它能提高兒童的自尊，滿足兒童的情緒需求，進而預防不端行為的發生。如何鼓勵，請參考下面專家提出的原則：

　　1.鼓勵強調兒童優點與長處，或藉努力可獲得的成就。

　　2.減少提及弱點和失敗，因為只知道缺點無濟於事。

　　3.表示你關心。因為感到被關懷和支持，有助於度過艱困時刻。

　　4.與兒童共度時光。

　　5.逐步的幫助兒童學習達到成功的過程。

　　6.在沮喪時保持沈默，成人在挫折、生氣時少說話。避免說出令人洩氣的話。

　　7.支持努力，而非只在成功時表示支持，因為支持是以後成功的關鍵。

　　8.努力了解兒童的觀點，以了解他們的世界。

　　9.成人和兒童對人對世界，要有正向觀點。

　　10.成人和兒童都有權利擁有倒楣的日子。彼此讓對方知道，

以免猜測是他們的錯導致的。（Dinkmeyer & Dreikurs, 1963; Dinkmeyer & Mckay; 1976; Dinkmeyer et al, l980; Bradley & Stone, l983）。

鼓勵兒童的個別與團體輔導活動

　　除了平日依上面的原則多鼓勵兒童，避免使兒童感到洩氣以外，父母、教師或諮商員更需積極的透過活動去鼓勵兒童。以下所列的活動適用於個別及團體輔導。

活動㈠

　　活動主題：鼓勵自己和他人。
　　活動目標：
　　1. 減少對錯誤的重視感。
　　2. 學習對自己和他人負責。
　　活動過程：
　　1. 討論什麼是優點、長處。每人列出自己的優點。
　　2. 分成三至五人小組，輪流談談自認的優點，然後由其他成員補充。最後團體為每人整理出五項優點或長處。
　　3. 小組合成大團體。討論哪種較容易？列出自己的優點？或告訴他人的優點？或聽到他人告訴你的優點？
　　4. 談談此次活動經驗的感受，學到什麼？鼓勵將所學的在日常生活中練習。

活動㈡

活動主題：很高興「我是我」。

活動目標：加強兒童的自信心與自我價值感。

活動過程：

1.談談自己的一些好處。

2.談談自己的成長經驗，如，告訴成員「你最初不敢嘗試，而如今敢做的事」。

3.討論從活動學到什麼？

二十個基本輔導原則

綜合得瑞克和阿德勒不端行為的觀點，以及如何應用有系統的班級輔導活動，鼓勵兒童以減少不端行為的發生。德瑞克同時提出輔導兒童的二十個基本輔導原則。

1.黃金律：「己之所欲施於人」。這是民主的基礎。強調成人與兒童是平等的。

2.相互尊重：相互相尊重是不可剝奪的基本權利。沒有人有權利可占他人便宜。

3.鼓勵：鼓勵的含意是指，對小孩而非對她的潛能有信心。小孩僅在感到洩氣，並相信自己無法用適當方法獲得他人注意時，才有不端行為的發生。小孩需要鼓勵就如植物需要水一樣。

4.酬賞與懲罰的無效性：小孩會認為酬賞是他的權利，而事事要求酬賞。處罰使他認為他也有權利處罰別人。

5.邏輯結果原則：利用情境的現實性，而非權力更能激勵動機。僅在真正危險時刻才去保護孩子，免受行為的自然結果之害。

6.行動代替多言：在衝突情境時少說話。

7.迴避：迴避並非投降。小孩與父母爭辯，或以不當行為要求注意時，迴避是有效的方法。因為沒人注意，她的騷擾就得不到滿足。合作時多注意他。

8.成人迴避困境：衝突情境時不講話。但友善的交談和愉快的接觸是重要的。

9.不干擾小孩打架：允許小孩解決他們的問題。成人的干涉可能導致更激烈的吵架。

10.平時多訓練：多教導與訓練小孩重要技巧與習慣。以減少日後的矯正工作。

11.少為孩子做事：不低估小孩的能力。給機會練習負責，以減少依賴與強求。

12.了解小孩的行為目標：每一個行動是有目的的。基本目的是尋求在團體內的地位與被接納。不端行為的孩子嘗試以不適行為獲得其社會地位。

13.不端行為的四個目標：孩子通常並不知道自己的目標。且其行為是不合理並有一致的導向：

(1)尋求注意──要求注意及服務。

(2)尋求權力──要求作老闆。

(3)尋求報復──要傷害人。

(4)自暴自棄──不要他人理他。

14.對不端行為的反應：

(1)感到困擾──要提醒及勸誘。

(2)感到憤怒──你滾開。

(3)感到受傷害——我要報復。

(4)感到失望——我不知道如何做才好。

15.第一衝動的錯誤：衝動行事不能改變小孩的不端行為。

16.輕視錯誤：犯錯是人性。我們必須要有勇氣做不完美的人。常看優點，不看弱點。

17.憐憫的陷阱：憐憫會導致自憐，並相信生命虧欠他什麼。避免同情，強調生活的滿足在於克服難關。

18.不關心他人做什麼：只關心自己是否盡力給予小孩正向的影響。不需煩惱他人對小孩做了什麼。過分的保護可能奪去孩子的毅力與資源。

19.家庭會議：家庭會議提供家人自由表達的機會。它使成員對家庭的福祉負責。

20.一起歡笑與治療：一起歡笑與治療能幫助發展一種相互尊重、愛及親情、相互信任、堅固信心、強化歸屬感。分享有趣及興奮的經驗，這些是促進合作及親密感的主要因素。

經常性失功能行為的其他影響因素

所有的兒童都會有不適行為發生，不論他們發展多麼好，或平時表現多麼合作和有信心。然而，對一些兒童他們的不適行為太頻繁就必須嚴重的關切。成人更要注意下列因素引發的不適行為。

聽覺能力：教師不要對身體疼痛或發展遲緩做診斷，他們應該轉介，由醫生做進一步的評估。

肌肉失功能和發展落後：這些生理因素皆使兒童無法完成成

人所期待的任務。

　　兒童被虐或疏忽：兒童經常被虐或疏忽會深深的影響其行為或發展——智能、生理、社會和情緒（DearMalik, Richards & Stringer, l986; Hoffman, Plotkin & Twenty man, 1980; Kempe & kempe, l970 Lamb, Gaensbauer, Malkiorl & Schcelty, 1980）。

　　被虐和疏忽的兒童行為傾向於表現兩個極端。他們可能被誤認為是學習的困難者，或強迫型性過度成就者。他們可能過動或不動。他們可能身體失能、虛弱或誓死反抗挺而走險的人。他們可能固執並對他人殘酷：或避開所有的社會互動，他們可能外表很髒、蓬頭垢面；或頑固、一塵不染、衣服整齊，他們可能反抗權威：或強迫性的討好他人。他們可能常扮演受害者的角色；或殘害他人。

　　因此，除了了解 Maslow 的需求階層論和 Dreikurs 的四種錯誤動機和其他要考慮的因素外，還要了解社區有哪些資源可提供成人的協助。家庭、學校和兒童社會福利機構，皆有可能彼此成為資源，分享觀點，並彼此提供情緒支持和鼓勵，其中如醫院機構、政府機構、宗教服務以及一些非營利機構和學校機構等。假如在兒童早期給予治療，則失功能情況是可以預防的，或減輕其嚴重性。

滿足成人的需求

　　凡是人皆會有需求，成人與兒童都一樣，假如成人在他們的社會、情緒、身體和智能等方面的需求滿足了，就較能對兒童有好的照顧。不可否認的，照顧兒童是要付出很多，是一種挑戰，也是令人興奮的、挫折的和有報酬性的，同時也是累人的。成人

必須有自己的休息和娛樂時間，並承認有時未能有以正向的態度對待兒童。我們對自己要忍耐和合理的對待，承認自己的不完美。碰到難題時，需要坐下來仔細想一種理想的回應，尤其與兒童發生衝突，在氣頭上就不易做完美的反應。

　　成人和兒童在學習新行為時，都要歷經幾個階段。成人在改變或處理兒童行為時也會經歷幾個階段。首先他們完全不會覺察到已使用負面的、毀滅性的和傷害性的話，之後，才發覺有較生產性和有效的方法可因應，即我們聽到自己已經說或做了負面的事情，接著會感到因為做了才察覺這些動作。然而由於不斷的練習，逐漸的學會做適當的反應。最後新行為變得自然了，不必刻意去想或做特別的努力。

🌸 摘要

　　幾乎任何行為都有目的的——滿足需求，可能獲得實質的東西，一個經驗，或一種感覺。Maslow提出金字塔式的基本需求階層。

　　需求不滿足是不端行為的潛在原因。為了要有好的舉止，兒童必須有高度的自尊。

　　成人視兒童是可愛的、有能力和有價值的，會使兒童發展高自尊。兒童從小發展自尊分成三個階段：從完全的好，大部分的好與壞的自我評估，到次領域的自我評估，最後發展自我價值的標準。假如兒童的需求透過照顧者或教師而獲得滿足，同時教導以有效的方式去滿足需求，則失功能行為就會減少。

　　雙贏的衝突的解決方法是一種策略，以避免權力爭執（在成

人與兒童之間），另外教導其他解決衝突的建設性方法，對兒童
是有益的。

　　Dreikurs 提出四種錯誤目標，作為解釋長程、失功能行為的
根源。他的理論強調，兒童的不端行為是為從他人處獲得注意、
獲得控制，為了自認受到傷害而去報復，從害怕痛苦的情境中退
下來。

　　壓抑行為的徵狀而忽視情緒健康僅是一種治標而非治本，它
可能會引發新的、不同的徵狀，只有兒童感到被接納和被視為是
有價值的團體成員時、感到能控制他的生活時、被公平的對待和
尊重，同時對完成事情能有樂觀的期待時，治療才能成功。

　　Dreikurs 和 Miller 皆分別列出四種錯誤動機的具體行為。

　　Dreikurs 認為平時的鼓勵是預防失功能性行為的重要方法。
他認為要在兒童不預期之下給予注意。積極與他們建立合作關係
和信任關係，認可任何正面努力是因應不端行為的積極方法。對
於經常性失功能行為除了要敏感四種錯誤動機和 Maslow 的基本
需求之外，還要注意兒童的生理因素，如發展缺陷的視、聽覺疾
病。兒童被虐和疏忽，這些皆會引發行為問題。最後，尋找社區
資源以協助成人處理失功能行為是重要的。尤其有關處理生理或
發展性問題。為了有效輔導兒童，成人必須認識他們自己的需求
和不完美。

第**4**章
兒童與壓力

　　壓力在現代的生活中是不可避免的。因此壓力的管理並非去逃避壓力。壓力的性質與因應方法，最早是在 1936 年，由 Dr. Hans 在明尼蘇達大學研究。他說「與一般意見相反，我們不應該，也確實無法逃避壓力。」因此，大部分的壓力管理計畫都鼓勵人們去面對壓力，而非去避開它。換言之，我們要訓練兒童從事行動取向的、理性的、合乎現實的建設性的因應策略。壓力並非全然沒有好處，重要的是學會如何去管理。

　　壓力對兒童也是不可避免的。兒童每天經驗到家庭的、學校的和人際關係的不愉快事件。事件帶來的困擾有些是短程的，有些是長程的，而重大意外事件——使生活陷入混亂，產生生理的和情緒反應。這些短期事件如：不能多看電視、不能買自己喜歡的鞋子、作業沒做完、不能邀朋友到家玩、成績不好等。另外在人際交往上被捉弄、被拒絕、被欺侮、沒有朋友等。長程的如：生病、父母離婚、親人死亡、長期被虐待、長期被疏忽、意外事件造成傷害等。太多的壓力會導致嚴重的煩惱，或者生病。甚至

中程度的苦惱會使兒童無法專心讀書與學習，而影響其學業成績。

為維持情緒的健康，需要學會如何因應壓力。因為它能幫助兒童管理壓力和維持良好的人際關係。

壓力的界定

壓力的界定變得愈來愈複雜，它是互動的，同時，由於個體的個別差異和情境的因素，導致對同樣的壓力每人有不同的反應與管理。Cox（1978）也認為壓力是複雜的、且是互動的。個體對環境的知覺，心理和生理的反應受到其認知評估的影響。一般而言，壓力是一種狀態，它發生於：1.危及個體的身體或心理康寧的事件時，2.個體對此事件的處理無把握時。壓力包括具有威脅性的環境事件和人們對它們的反應。

Ruceetal（1993）提出兒童與青少年期的壓力模式，此模式承認壓力是多種壓力事件，包括壓力事件的性質，加上，同時存在的不同壓力源（重要的發展性事件）彼此交互關連。個體感受到的壓力會因其社會支持或內在資源（自尊，因應能力等）而調節。年輕人遭遇到必須做改變和面對挑戰時，若未能獲得支持或缺乏個人因應資源時，壓力就產生。

壓力不僅是個體對單一事件或情境的反應。它的引發是透過複雜的壓力（pressures）和事件的交互作用，而事件可能是立即性或持續一段時間，同時受到支持系統和因應反應的緩衝或減少。因此，壓力的的研究涉及到壓力源、壓力的生理、心理反應、以及壓力因應方法等範圍。

兒童的壓力源研究

　　無數的事件均可造成壓力。有些事件會影響眾多人的重大改變，如戰爭、地震。另一些是個人生活中的重大改變，如搬家、失去朋友或親人、生病等。除了需要作調節的重大改變外，還有一些生活的瑣事（或困擾），如與人爭吵、被拒等。

　　兒童的壓力來源可分成慢性的、急性的和中性的（Trad & Green blatt, 1990）。慢性的壓力包括長期生病或失能，社經的剝奪、長期父母的爭吵和經常性的被虐。急性的壓力源是突然的、短暫的和強烈的，包括創傷事件、意外、突然受傷和父母離婚或死亡。中性壓力源是指一般學者所謂的「日常困擾」，如搬家、換教師、弟妹的出生等。以上兩種分法很類似，只是用詞不同而已。以下是有關兒童壓力源的研究：

　　Garmezy 和 Rutter（1983）將壓力源分成五大類：

　　1. 喪失親人或朋友。

　　2. 長期困擾的不良人際關係。

　　3. 引發家庭改變的事件。

　　4. 要求社會適應的事件。

　　5. 嚴重的負向事件，如創傷。

　　Sharp 和 Thompson（1992）研究 455 個來自三個不同學校，年齡十四至十六歲的青少年。要求他們列出最常和最大的壓力事件，結果如下：

　　1. 家人的死亡。

　　2. 家人的生病或受傷。

3.個人的生病或受傷。

4.與教師的不良關係。

5.與家人爭吵。

6.必須上不感興趣的課。

7.與朋友爭吵。

8.考試。

9.學校功課問題。

10.被教師派遣工作。

Yamamoto et al（1987）研究六個不同國家，共 1,814 個學童，以 1～7 評量二十個壓力事件。研究者發現不同國家間有相當類似的結果。父母的喪失是最大的壓力經驗，而弟妹的出生被評為最少困擾。其他的共同潛在壓力源如下：

1.瞎眼。

2.隔年仍被分配在同一班。

3.聽到父母爭吵和打架。

4.在班上尿溼褲子。

5.偷竊被抓到。

6.講真話但沒人相信我。

從上面的研究，兒童的壓力來源可歸納為，家庭的、學校的和人際關係為主。不僅創痛事件，如生病、被虐待，或喪失親人引發兒童和年輕人的壓力。每天的困擾，如學校的、家庭的和人際關係的情境，皆會導致高度的焦慮和不快樂。

壓力的反應：生理、情緒與行為

　　壓力的反應包括情緒、生理與行為三方面的反應。情緒的反應通常是生氣、焦慮、恐懼與悲傷。情緒的激發會干擾我們的應對。這個干擾表現在工作成績，如過度緊張影響考試，但影響的程度視工作的複雜性而定。對壓力反應引發的生理激發，最早Cannon稱之為「逃或戰」的反應。這種自主的反應對我們的現代生活是有適應價值的。生理的反應涉及個體的交感神經系統和激素的共同作用。壓力的行為反應涉及因應動作。有些因應反應是不為社會接受的，如攻擊行為。放棄和以藥物麻醉或喝酒等皆無多大價值。防衛性的因應是很平常，但它們具有自欺性質。任何因應策略的適應價值，視壓力情境而定。健康的因應策略統稱為建設性因應。

兒童壓力的生理與心理反應

　　壓力立即的生理反應是很普遍的現象。當經驗到壓力時，身體會自動為「戰或逃」的緊急情況而作準備。為此必須有充沛的能量。肝臟會釋放額外的糖分到血流中作危急活動的動力，腸胃和皮膚的血液被送到腦部和心臟，以利於改善判斷和做決定並加快呼吸。此時，交感神經激發激素釋放機制（mechanisms）使身體產生多項生理改變（Manson, 1975）。同時，也引發一種保存—退縮反應，這導致無助與抑鬱情緒，即僵在那兒（Henry, 1980）。這種一再的壓抑和持續的緊張會導致與壓力有關連的疾病，如心

臟病、腸胃和皮膚系統的障礙。雖然，偶而的壓力反而會短暫的改善工作表現，但是不斷的暴露在壓力下可能導致永久性生理器官的傷害。

兒童的心因性症狀

對壓力持續的生理反應，會發展心因性症狀（psychosomatic symptoms）。傳統上，身心醫學的研究將重點放在像氣喘、偏頭痛、高血壓、潰瘍、關節炎等疾患上。根據 Ryan Wenger（1990）對 47,145 位學童的縱貫性研究，發現十一歲以下有 17.3% 的學童被診斷並被歸納為心因性症狀。他們的症狀是肚子痛和頭痛。兒童的心因性症狀常與他們缺乏支持性的家庭或社會環境、壓力的生活事件和無效的因應技巧有關連。長期的生活困擾比重大的生活事件和創傷，更易導致此症狀。

除了肚子痛和頭痛外，Sears & Milbern（1990）指出學童在太多壓力下會表現下列症狀：

- 退回到嬰兒期行為——尿床、咬指甲、吸大拇指。
- 非個性本身的退縮——不與他人講話、表現憂鬱。
- 喪失學習動機、上課不專心。
- 行為明顯改變。
- 不良的胃口和睡眠。
- 不明原因的易怒。
- 生理疾病——頭痛、肚子痛。
- 與同輩相處不好。

兒童與災難後壓力障礙

兒童經驗到極端的困擾,和生命威脅事件,如災難不幸事件、意外和暴力犯罪等可能導致災難後壓力障礙(post traumatic stress disorder,簡稱PTSD)。這些意外常引發強烈的害怕、恐慌和無助。這種害怕和恐慌的情緒更增加壓力,造成惡性循環。對成人而言,PTSD 常表現出情緒的麻木、焦慮、在記憶和夢中重現災難場景。Cowie & Sharp(1999)指出兒童的 PTSD 表現出下面的行為與情緒:

- 注意力無法集中。
- 成績退步。
- 常思考意外事件的細節。
- 心因性症狀。
- 睡眠困擾。
- 尿床。
- 重複的詢問意外事件。
- 粗魯、易怒、挑撥的。
- 退縮的、黏人的。
- 重現意外事件、或想像災難事件。

壓力反應的個別差異:復原力與脆弱性

相同的壓力,會因不同的人而導致不同的結果。壓力研究者常將這歸因於個人的復原力和脆弱性的差異。危險因素會增加負

面結果。個人和環境的保護因素會預防負面效果的產生。復原（resilience）是個人的特性，它反映在壓力管理時能發展高度有效的因應方法。同時復原力強的人表現出，對壓力事件和情境的成功適應。

Garmezy & Rutter（1983）提出保護因素的三要素：

‧正向的人格特質。

‧支持的家庭環境氣氛。

‧外在的支持系統——鼓勵和強化成功的因應。

Cowie & Sharp（1999）指出保護因素分為兩類：

‧個人因素——身體健康、氣質、自尊、控制和自我能力的信念。

‧環境資源——家庭收入、對重要他人的依附、宗教信仰。

歸納上面的研究，為使壓力的負向後果減到最少，人們在人格特質上需具備承諾、控制與挑戰，並有社會支持。換言之，積極的投入工作與社交生活，有較大的挑戰與改變的傾向，對壓力事件感到有較大的控制力（Kosabasa, Maddi & Kahn, 1982）。

具復原力兒童的特徵

根據研究（Block & Block, 1980），具自我復原力（ego resi-lient）兒童，他們在發展解決問題上是機智的和創造力的；在壓力下，維持建設性行為；能處理競爭性的刺激且能適應新情境。兒童期體質上的保護因素較重要。因此我們要加強兒童的自我，如解決問題訓練、提高他們的自尊等。

Warner（1989）對亞洲及玻力尼西亞的 698 個兒童，做有關壓力事件的影響的縱貫性研究（從出生到 30 歲）。他確認其中 72

個為具有復原力兒童。這些兒童表現出好的解決問題能力和溝通技巧，善於交朋友、彈性和獨立。到青春期，他們表現內控的、較高的自尊和內化的價值。他們是成就取向的、社會成熟和照顧人的。且這些現象似乎在學前期就出現。

其他有關「復原力」的研究，也指出具復原力的年輕人比較善於與他人建立關係，建立社會網絡，並發展社會能力。換言之，他們的人際或情緒智商（EQ）有較好的發展。

因此，我們要使兒童能有效的因應日常的壓力，成人不僅要關心他們的智力（IQ），更要關心他們的情緒智力的發展（EQ）。人際或情緒智力包括下面五大主要範疇（Goleman, 1996）：

- 自我察覺——察覺你正在感覺什麼？
- 管理情緒——適當的處理情緒，包括在壓力的情況下。
- 自我動機——為達到目標需要控制情緒和衝動。
- 同理心——察覺和解釋他人的情緒。
- 社會能力——發展關係和管理與他人的關係。

以上筆者認為是社會技巧訓練的部分範圍，它還必須包括教導兒童如何解決人際衝突，如何以正向的想法與自我語言，替代不合理和自挫的自我對話，以減少衝動行為。因為認知、情感和行為是相互關連的。兒童和青年人，唯有發展這些技巧才能建設性的管理壓力，而使壓力的危害減到最少。

壓力的應對

壓力的因應是壓力管理的重要元素。所謂因應（coping）指積極主動的努力解決壓力和創造合理的各種解決方法。個體是否

成功的因應壓力，會影響我們對壓力的經驗。Hendren（1990）指出，壓力的因應失敗，最糟的情況下，會導致抑鬱、自殺、藥物濫用、飲食偏差和其他心理與身體的疾病。

大部分的壓力研究者，提出兩種因應壓力的策略。即以問題解決及情緒解決為焦點。Pearlin（1991）提出類似的壓力因應三個任務（functions）：

- 改變或順應產生壓力的情境。
- 改變我們的想法，以較少威脅的方式去看壓力。
- 控制和減少壓力引發的症狀。

當壓力產生時，我們會先選擇一種策略去因應。問題焦點策略的目的，是為改變壓力情境，而情緒焦點策略的目的，是為處理壓力源引發的情緒。生活的困難有時是難以改變的，尤其是壓力源來自機構本身。此時，情緒焦點的因應比問題焦點更適合。因此，成功因應與否，要視情境，同時也受到是否多人涉入此情境的影響。例如，改變不適任老師或失功能的家庭，個人是無能為力的。

Compasetal（1988）觀察 130 個十至十四歲的受試者，如何使用問題焦點與情緒焦點策略。結果發現青少年使用兩種策略於學業與人際關係問題上。年紀越大，他們使用更多的情緒焦點策略。男女未發現顯著的差異，但注意到女生碰到學業問題時，傾向於使用情緒焦點策略。

有關人際關係困難的壓力，具有控制感的學生較常使用問題焦點策略。若因應成功，個人的控制感會增加。此時情緒困擾就減少。Skinner（1995）指出因應如何達成，受到壓力源來自本身或情境，以及情境被視為是威脅或挑戰而有不同。當壓力源被視為是挑戰，因應傾向是建設性的；若被視為是威脅，則因應傾向

於非建設性的、傷害性的或逃避的。

Rossman（1992）訪問了 345 個六至十二歲學童。尋問他們在壓力情境下做什麼使自己感覺好些？研究者發現他們的回應可分成兩類：利用同儕或父母的支持和使用自我冷靜的策略。較小兒童使用轉移注意或逃避情境、冷靜自己並尋求父母支持。女孩較可能尋求同輩或父母支持和表達他們的苦惱。

幽默也常被作為因應壓力策略。Overholser（1992）發現經常使用幽默會導致更多的憂鬱、孤單和低自尊，甚至疏離感。但偶而使用會有助於適應。Plancherel & Bolignini（1995）發現男孩子最常使用幽默作為因應策略，而女孩子，寧願選擇社會關係和依賴自己。

Seiffge Krenke（1993）調查不同文化背景 1,028 個十二至十九歲的青年人，出現三個主要因應策略：

・透過社會資源積極因應，如與朋友討論問題。
・內在因應，如自己分析問題，想出各種可能的資源。
・退縮，如逃避，因為自己無法改變情境。

大部分的人，以積極因應努力解決問題，只有五分之一的反應是涉及到退縮。女孩較常與朋友談論問題，使用同輩的支持解決問題、思考可能的方法並想到負面的結果。男孩較少利用社會支持，但對壓力情境結果的期待較樂觀。他們較不會退縮。但面對嚴重的問題會逃避且易陷入藥物濫用。思考和積極因應策略會因年齡而增加。雖然研究顯示這些傾向，但研究者強調因應策略的應用，會因不同問題而變化，也注意到文化變化。

綜合上面的研究，具體而言，筆者認為有效的因應方法可分為：1.轉移注意——轉移對問題的注意，想或做其他活動，2.情境的重新界定——以不同的觀點看問題，3.採直接行動——直接

解決問題，4.發洩情緒——表達情緒，以減少緊張、焦慮或挫折，5.尋求社會支持——尋求家人、朋友或專家的協助，6.使用幽默——自嘲或歡笑能發洩積壓的情緒，並能產生緩衝效果，7.學習放鬆，如教兒童作深呼吸。

　　以上這些有效的因應方法是可以從兒童期教導而學習的。成人可以幫助他們增加保護因素，並支持他們安然度過危機或創痛期。換言之，增加他們內在資源——包括有能力想出解決方案、提高自尊、能力和外在資源——包括社會資源網絡、環境影響。同時，最適當的因應方法，會因人的個別差異和壓力情境的特性而不同。

🌹 摘要

　　壓力是不可避免的。兒童每日也會遭遇來自家庭、學校、人際互動的不愉快事件而感到壓力。這些不快樂的強度與持久性有不同。短程的如，父母為了監督與照顧對兒童加以限制。長程的如，長期被虐待、疏忽、親人死亡等。重大壓力會造成嚴重後果，甚至中程度的苦惱會影響兒童的學習。為維持兒童的身、心健康，他們需要學會如何因應壓力。

　　壓力的研究涉及到壓力源、壓力的生理、心理反應以及壓力的因應方法。兒童的壓力源包括：親人的喪失、人際關係困擾、家庭改變、創傷事件等。壓力使兒童感到焦慮、生氣、恐懼和不快樂的情緒反應。長期、重大的事件可能產生災難後壓力症候群。壓力也使兒童產生行為改變、易怒、攻擊、藥癮、不專心、失去學習動機，同時常見的生理現象有肚子痛和頭痛等。

　　壓力的反應是有個別差異的，其決定因素有個人的人格特質、家人及外在的支持系統。因此加強學習溝通技巧，提升自尊、解決問題與交朋友能力最重要。總之，成人要關心兒童的EQ教育。

　　壓力的因應，強調積極主動努力解決壓力，創造合理的各種解決方法。改變壓力情境、改變想法或減少壓力引起的症狀。然而根據研究，父母與朋友的支持是兒童因應壓力的常用方法。因此，成人可以增加兒童的保護因素，支持他們安然度過危機。

第5章

兒童與憂傷

　　個人的生老病死、世界的成往懷空，在在顯示了人類的有限性。因此我們要教育我們自己和孩子，有關死亡與我們的關係。親人或朋友離去的前、後引發的哀傷，深深的影響我們生活品質，以及各項功能的表現。而如果哀悼過程不完整或不適當，個人的功能會受到長期而深遠的影響。這點對於喪失親人和朋友的兒童來說更是如此。學者指出，人對死亡的概念和態度因發展階段的不同而有差異。兒童和青少年早期對哀傷反應大大不同於成人，因此有必要協助他們度過哀傷的歷程。

　　親密關係對兒童的健康是重要的。兒童需要與他人建立情感的聯繫，使他們在情緒和身體方面有安全感。因為我們都知道，嬰兒對照顧者安全依附發展的重要性，以及照顧者的失去或分離對嬰兒的影響。本章要探討憂傷，以及兒童喪失所愛的人造成的影響與因應方法。首先，成人如何以敏感、同理的態度幫助兒童處理家人或同輩的失去。然後是家庭和學校如何幫助他們處理哀傷與憂傷過程。另外也要輔導那些目擊他人處於死亡邊緣的兒

童，如暴力或突然死亡等情境。更重要的是，幫助兒童確認並表達對失落的感覺，及幫助他們經歷健康的憂傷歷程，是憂傷輔導的主要目標。最後如何增強兒童面對失落的復原力。

2 親人的喪失

兒童和成人一樣，對於所愛的人長久分離或死亡，都必須經歷一段哀傷過程。兒童如成人一樣，遭遇親人死亡時會導致一些行為的改變。Dent et al（1996）研究發現，有75%的父母注意到家中嬰兒的突然死亡，導致兄弟姊妹行為的改變。這些症狀包括：退縮、偷竊、睡眠困擾、退回現象、注意不集中和體重增加等問題。家人死亡，兒童的感受是衝突的。此時父母太悲傷是無法提供足夠的支持給存活的其他人。

兒童對喪失的反應，會因發展階段的不同而不同。其中如對分離和喪失的認知概念，他們對哀傷的反應——生理和心理症狀。此時成人應該以關懷和同理心的態度，提供協助與支持。

兒童經驗深度哀傷時，不像成人經常表現在外，有些兒童給人的印象是好像不在乎。因為他們容易受到被遺棄的恐懼情緒的傷害，尤其死亡者是親密的家人時。有時事件引發的情緒是壓倒性時，他們需要憂傷輔導。委婉的告訴他們，如「媽咪去旅行了」，或「祖母在睡覺」等，這些語句會增加混淆。他們可能對日常活動——去睡覺或與父母短暫的分開，變成害怕或焦慮（Cowie & Sharp, 1999）。

2 較小兒童對死亡的概念與輔導

兒童從三至七歲在認知發展特徵上屬「自我中心」階段。另外常有奇異（魔術）想法，想像力特別豐富。由於這些發展特徵關於死亡，兒童會與自己聯想在一起，如可能親人的死是因自己行為不好，且某程度相信自己行為變好時，死人會活過來。這種自我中心觀點是兒童的正常發展。但是對親人死亡不合理的想法會引發他的罪惡感與不安，所以需要向他們解釋。有時成人對死亡原因也有這種不理性想法，如為何上天這樣處罰我，我是做了什麼？這種不合理罪惡的感覺是要處理的，否則，他們會壓抑對喪失的自然的感覺──生氣或煩亂。此時成人常因自己的哀傷，而忽略兒童的罪惡感與恐懼感。此階段的兒童較易受到情緒的傷害，且自己無能力保護自己免於受到失去親人的衝擊。因此成人的適當輔導是重要的。

兒童對死亡常會提出很多問題，問題常很直接，且看出他們難以了解死亡。例如，他們穿得夠暖嗎？此時成人的回答要清楚告訴他們，死人不再有感覺，以及清楚的給予資訊，如有關土葬或火葬的儀式等。Dyregrov（1991）指出有時孩子的問題是成人難以回答的，如媽咪會回來嗎？我們可以再相聚嗎？我們如何到天堂找她？假如成人對來生有懷疑，則更難回答。有關死人在天堂的問題或不朽的概念，要避免模糊和抽象的回答 Hayworth（1989）建議，成人最好告訴他們死亡是強迫性的分離，同時盡可能誠實的告訴他們，他們能接受和不能接受的有關再團聚之事。

此階段的兒童有相當的能力了解象徵性的動作，如把花放在

墳上，撒一把泥土在墳裡等。象徵儀式的意義，如宗教的追悼儀
式，兒童在某程度上是會理解的。重點集中在追悼過程──灑聖
水、上香、獻花等。另外，詩詞的比喻也會產生類似的效果。幫
助兒童了解活著與死亡的差別。如：

> 樹葉枯了，然後掉落在地上。它們仍是很美，只是他們
> 死了，失去翠綠色。
> 雖然我們再也看不到某親人或某朋友，且無法與他們在
> 一起，我們會經常記得和愛他們（Hayworth, 1989, p.30）

我們可以告訴兒童，與死去的人再相聚的可能性沒有人知
道。但適當時，可與兒童討論身體與靈魂分開之事。

> 當一個人死了，他的身體變成空房子。大部分的人相信，
> 與身體住在一起的靈魂就到天堂去了。我們的靈魂不是
> 身體的一部分。有了靈魂我們才能愛與接受愛。靈魂是
> 不會耗盡的。我們看不到他人的靈魂，我們也看不見天
> 堂。但我們相信有靈魂且有天堂，這就是所謂的信仰。
> 各種宗教都相信我們有靈魂，它在身體死後仍然活著。
> （Kirkwood, in Ward, 1989, p. 31）

雖然兒童還未有親人死亡的直接經驗，但是從同學的死亡，
聽到或看到一些死亡的事例，如名人的死──黛安娜王妃。他們
從電視轉播看到哀傷事件、宗教追悼儀式、大眾對他們的哀悼
等。這些使他們察覺到生命和死亡。年紀較小的兒童也開始想到
死亡之事。

2 較大兒童與死亡概念

　　從七歲到青少年，兒童的哀傷很類似成人。Worden（1991）指出兒童的憂傷過程像成人一樣，要經過四個階段或要達到四個任務。以下是四個任務：

- 接受失去的現實。
- 處理哀傷的痛苦。
- 適應死人失去的新環境。
- 重新調整對死人的情緒，往前繼續生活下去。

　　較大的學齡兒童的認知發展，已不再是自我中心模式。在認知上，較能清楚了解死亡的性質。但較不願去表達他們的感覺。他們的哀傷過程的結束方式與成人不同。假如沒好好處理或未解決，或只部分解決，則在他們的成人階段遭遇分離事件時，憂傷會重新被激發，可能以更激烈的方式表達出來。此時要從新處理未解決的憂傷過程。

　　較小兒童對死亡的反應有個別差異。當聽到死亡的那一刻，大部分的反應分成四階段：否認（不相信）、生氣（抗拒承認）、冷漠並投入日常工作、最後接受。當孩子未以人們一般的方式做反應時，我們對孩子深沈的感覺和行為會誤解，或做錯誤的解釋，以為他們沒事。男孩比女孩更不易表達感覺。女孩會哭，表現出她們的苦惱，並悄悄的告訴朋友她的感覺，但少於 40% 的男孩會做此事（Dyregrov, 1991）。

　　哀傷輔導時，首要任務是，要兒童接受死人已經離開，不會再回來了。失落的當時，很難接受親人死亡的事實。他們會拒絕和不相信此事已發生。此時他們會以幾種方式表現，並持續幾天或幾個月。例如，表現麻木、向死人說話、或想像他們看到死去的人。他們可能否認失去對他們的重要性，而說「我不會太想念他」，或「我們不那麼親」，這些是年輕人用來保護自己免於受到失去之痛的策略。他們可能私自哭泣，但外表表現出很正常，好像沒事發生一樣。這讓人們誤解他們的悲傷不存在。實際上，這表現出他們不會因應憂傷。要他們在認知和情緒兩層面上都接受，需要花時間才能完成整個過程。

2 教師的角色

　　兒童面對親人死亡時，表現出生氣、害怕、攻擊、恐慌、退回行為、或功課突然退步、或人際關係困難等症狀，而這時父母正處於極度悲傷壓力而無法提供孩子支持，此時其他的成人，尤其教師的角色特別重要。教師要提供寧靜和信任的氣氛給困擾的孩子，平撫他們的情緒。偶而班上碰到兒童正遭遇到親人死亡時，教師要幫助所有兒童了解死亡的概念，例如，提高對憂傷感覺的察覺，以及確保他們不會被不敏感的同學排斥。

　　教師只提供支持還不夠。教師要刻意提供時間和地點，讓喪親兒童去觸及他自己的哀傷和經歷哀傷過程。例如，寫信給死去的人，如摺紙鶴、蒐集值得紀念的照片或一些紀念物件。最重要的是提供時間，給兒童談談死去的人，盡情發洩情緒。

2 適應失去親人的新環境

要求失落的青年人立即採取新角色，如負起家中的責任，和發展新技巧是不容易的。因為憂傷過程是緩慢的，不要期待太多、太快，否則會產生不正常行為，如功課一落千丈、人際關係不好等。此時若能以同理的態度待之，過一段時間會恢復正常行為。因為親人的消失，使他的世界變得不安全，而感到威脅，同時也挑戰他的根本價值與信念。為適應這新環境，他必須承認新情況，修正他的世界觀，並接受自己已經改變。

最後的任務是支持憂傷的兒童，或青少年心中保留一個適當位置給死去的親人或朋友。此設置的目的是為保留對死人的想法與記憶，且情緒上要實現向前進（move on）的需求，即恢復正常生活。找到這個地方，使他們能繼續有效的活在這個世界（Worden, 1991），要達到這目標不容易。它並非否認失去或放棄死者的記憶，而是再次與他現在的情緒產生連結。不會因喪失的痛苦，而不敢去愛。同時，它也表示繼續生活下去，且想到死者，不會經驗到無法忍受的痛苦。

這個哀傷過程需要時間。兒童要完成此過程也不會很快。要恢復正常需要一個月、一年、甚至幾年，每人所花的時間不同（Abrams, 1992），且每人有他自己的完成方式。但是重要的是察覺孩子的情緒反應。失落的表面復原，可能是一些未解決的傷心和失望的偽裝。

當兒童重新表現出生活的喜悅，感到樂觀、歡笑恢復時，這個哀傷過程可以說是完成了。然而，傷心的感覺還會保持，當它

們出現時要認可這些感覺。成人的敏感是處理哀傷過程的重要因素。

2 成人能做什麼？

對哀傷兒童的輔導，要察覺其不同的發展需求，及其獨特的憂傷表現方式。唯一重要的是要傾聽孩子——提供時間、聽他的故事。利用道具，如照片、提醒物等。其他媒介如：故事、寫信、遊戲、黏土和畫畫都會有助於哀傷過程的進行，並表達其強烈的各種感覺。

成人要敏感他們的非語言表達，如退回現象、做惡夢、怕黑等。當這些症狀產生時，成人要讓孩子感到安全與被愛。失去親人後，對其退回行為或不正常的發脾氣時避免處罰他們。

成人透過傾聽、讓他們哭、鼓勵往前進（適時）、容忍和接受退回現象、讚美她的勇氣和毅力等，來表現關懷與照顧。Lendrum & Syme（1992）指出，一些極端個案需要諮商的協助。且大部分的支持是要由他能信任、能感到安全的成人和朋友所提供。大部分的憂傷兒童可透過下列三種調適方式獲得解決：

1. 有關死亡問題的回答要坦率、簡單與真實。透露死亡消息給兒童要小心，話要直接和簡潔。如：「你失去你的母親」不如「你的母親死了」來得直接與合乎事實。總之，明確的告知死亡的訊息是最適當的。

2. 要讓兒童參與家庭的追悼儀式。兒童要參與殯葬的準備（依其年齡），如與小孩分享對死者的哀傷、每人送一件禮物給死者、或討論設立紀念碑或獎學金等。一些家庭要兒童避開喪

事，以保護他們免於傷心。但這種強烈的情緒是不可能逃避的。成人不提事件或死亡主題可能會延長憂傷的處理過程。強烈的哀傷可能會在週年或家庭的重要日子─節慶重新被激發。此時設計一種紀念儀式，能協助他們處理哀傷與表達情緒。

3.他們需要父母持續的提供安全，或其他成人提供慰藉和支持。保證兒童他們能持續的過例行的日常生活。

2　同儕的角色

在憂傷時刻，朋友的陪伴是慰藉與支持的重要來源。其他孩子的陪伴能減輕失落的痛苦。Cantacuzion（1997）發現，為憂傷兒童舉辦「假日營」是最有效的憂傷調適方法之一。友伴團體對意外死亡目擊者和創傷後受苦者都非常有幫助（Yule & Wulliams, 1990）。

對同樣遭遇父母死亡的青年人組成團體諮商。團體內他們分享悲傷感覺、痛苦的回憶等是有助於情緒的發洩。由於團體是安全的、信任的，他們較願意自由分享。雖然成人能提供支持或帶領同輩團體，但是成人要具備某些態度，如非判斷、同理心等，和溝通技巧，如積極傾聽、催化、專注行為，才能發揮團體的效果等。

2 學校學生死亡的因應

Gerad & Juhnke（1997）指出，在美國校園存在著十分嚴重的
暴力問題：

 1.被殺害是中小學生死亡的第三大原因。

 2.約每二小時就有一名學生死在槍口下。

 3.約每六秒便會發生一起校園暴力事件。

在臺灣的校園也時有所聞，且有日益嚴重的現象。因此學校
應該認清此事實，且準備好如何因應意外死亡事件的策略。當學
校發生暴力事件而導致學生死亡時，全校師生會一片忙亂與驚
恐。此時班老師是最重要的學生照顧者。

當學生意外死亡時，最重要的是讓學生表達他們的悲傷，避
免壓抑。方式可以是個別的輔導或團體（全班）的聚會。表達可
能以純語言分享或透過行動、或哭泣。接著安排紀念儀式。提供
一些訊息，如意外事件發生後，會立即引發的生理與心理反應有
關的症狀。對於死亡者最親近的朋友，和目擊者提出一些實際的
建議是有幫助的。

學生的突然死亡對全校有很深的影響。對那些直接涉入者和
死亡見證者產生最大的震驚。對父母和教師也有衝擊。因此他們
被引發的感覺也要受到支持與關注。

追悼會提供死者的家人、他的老師和同伴有機會表達他們的
悲傷，以及「失去」對他們的意義。集會中默哀死者，容許他們
公開哭泣，好朋友和社區其他成員也可表達對死者的推崇。死者
的父母全程參與，並分享他們的哀傷，最後也可考慮設立紀念碑

等。這些象徵性的行動和集體表達哀傷聚會，能催化憂傷歷程的進行與發洩情緒。它提供內在想法與感覺的直接表達機會。

以上這些因應策略，也可應用在學校教師突然死亡的情境。教師突然死亡使有些學生無法繼續上課。他們可能三三兩兩彼此散步相互安慰。此時教師要反應快些，催促他們回到教室，鼓勵他們接受事實，並且可以哭。但是要盡可能恢復日常例行的課程。雖然堅持恢復例行課程，但還是幫助他們管理哀傷，不要壓抑情緒。相互的支持，並使學校恢復正常上課是重要的。

2 重大意外事件的緩解策略 (Critical Incident debriefing model)

近來有鑑於學校及其社區的暴力侵害愈來愈嚴重，而學校及有關單位無法有效防範，因此發展此「緊急因應」模式，試圖幫助學童走出創傷陰影，恢復正常生活。

此因應模式盡可能於意外事件發生的 72 小時內，幫助暴力倖存學童、目擊學童及其家長，將遭遇的及面對發生的種種生理、心理方面症狀，期能更快走出暴力事件的陰影（Gerald & Juhnke, 1997）。換言之，涉入意外事件的人，在發生後談談並回顧他們的印象和當時的反應。它是一種重要的治療方法與因應過程（Cowie & Sharp, 1999）。

此模式與傳統團體諮商不同。它強調立即調適、較具時效性，最好發生後 24 至 48 小時內聚會。其對象包括與事件有關的所有人，如受害者、父母、警察、目擊者。聚會次數少（可能只

一次）。成員圍著桌子而坐，或圍雙圈坐（父母外圈），有別於治療團體。團體規則包括：

・提醒成員不一定要很主動積極分享，有些人較喜歡傾聽。

・確保守密。

・強調此時此地，雖然過去的情緒難免重現。

・參與者在聚會中或聚會後可能感到更糟，但那是正常現象。

這種重大意外緩解聚會，強調談論發生了什麼和個人的情緒反應，如此會建立支持和關懷的氣氛。這種所謂的緊張、危險的解除，被視為是有幫助的，且是成功因應的重要元素。

團體領導者要做的是：1.簡述聚會過程，2.營造支持及安全與溫暖氣氛，3.領導學童及家長討論所經歷及將經歷的各種症狀，4.使學童及家長了解他們所經歷的都是正常的。協同領導者，要提供支持給領導者與參與者，並防止過程中斷。

團體聚會過程，要做的事包括：1.先作自我介紹，包括領導、協同領導者及所有成員；2.蒐集事實資料──說明事件的實際經過和當時自己的因應行為，不加入情緒感覺；3.思考階段──談談事件發生時，心中的想法；4.情緒反應階段──描述當時的感覺、抒發感覺並得到同理的回饋；5.症狀處理階段──詢問他們出現的生理或心理症狀，如顫抖、反胃、無法專心，讓他們知道這些反應是正常的；6.教導階段──探討可運用的資源及未來可能面對的情況。

換言之，Cowie & Sharp（1999）認為自我介紹後，首先詢問下列具體問題以了解事實：

・你有預期到會發生什麼嗎？

・你有料想到會導致發現（屍體、暴力、孩子受苦）嗎？

・實際發生了什麼？

接著以下面問題探討想法和印象：

- 當初你是什麼想法？後來呢？
- 你做了什麼？為何？
- 你最重要的印象是什麼？
- 在你的記憶中最為難的是什麼？
- 你看、觸及聞，感覺到什麼？

下面問題的目的在分享情緒反應：

- 首先你感覺怎樣？
- 後來你感覺怎樣？
- 最糟的是什麼事？
- 你哭了嗎？
- 你生氣了嗎？
- 回家後發生了什麼？
- 意外發生後，他人如何對待你？他們問了什麼？對此你的感覺如何？
- 你現在感受如何？
- 現在你最煩惱的是什麼？

以上是緩解聚會花最多時間的階段，他們可能經驗到強烈的情緒反應，但要讓他們知道這是正常的。然後團體要移向未來計畫和長程的因應。即如何從家人、朋友或同事獲得短期和長期的幫助和支持。如：

- 你和你的家庭現在需要什麼支持？
- 誰能提供你這種支持？

領導者也能提供他們其他的支持機構或組織。最後是解散，若需要可安排再次的聚會。告訴成員若嚴重的創傷後壓力症候產生時，其症狀是什麼，並去哪兒尋求協助。

2 暴力或突然死亡

　　有時成人對暴力目擊者、暴力侵害或突然死亡、或自殺目擊者的兒童提供支持，似乎特別困難。因為此時他們的反應已偏離正常的憂傷反應，而是深沈的害怕和持續幻想著暴力死亡之事。這時要尋求專家的協助。

　　在此情況下，正常的憂傷歷程和創傷後壓力症候要分開。創傷後壓力反應如，恐慌、夢魘或無法除去死亡陰影的記憶。若此症狀持續著，就應儘早尋求專家的幫助。因為這已經超過正常的哀傷歷程，在此時成人的支持還是重要的。有時透過可信任的成人提供的支持網絡，也能強化自我恢復的能力。Demetriades（1996）指出戰爭時，同儕的支持是無價的慰藉資源。Dyregrov（1991）認為兒童常認同助人者，而非暴力行為者。Cairns（1994）發現在戰爭頻繁國家的兒童——目睹暴力和死亡是平常的經驗，但他們對惡劣環境的適應結果超乎我們的預料。Cairns 認為經常暴露於暴力與危險的不幸環境中的兒童，只要他們了解政治理想，即暴力原因，則此可視為保護因素而免於受到情緒壓力的傷害，如以色列和巴勒斯坦的衝突。

2 父母的自殺

　　自殺對成人和小孩同樣是難以了解的概念。面對自殺，兒童感到被遺棄、不被愛，或他們不好才引發成人自殺，尤其當小孩

發現屍體。此時最重要的是談談他們的感覺、想法、想像死亡過程和使用的方法和工具。既然自殺常是一種暴力，成人常以隱藏事實，或給予錯誤的訊息以保護兒童。然而，他們會從其他人聽到較不正確的描述，或者認為這是家庭秘密不應該被提到。其可能的結果是，孩子必須因應強烈的罪惡感、憤怒和自責。自殺的深層後果是，影響親子關係及安全感。接納家人自殺事實是困難的。更危險的是，親人自殺會使青少年自殺的可能性增高。Dyregrov（1991）提出下面行為是成人要特別留意，因為它們可能是自殺意向的表徵：

- 年輕人常想到死亡這個主題。
- 將自己最尊貴的所有物給人。
- 在困擾後，表現平靜與滿足，可能已做了決定的表徵。
- 突然改變飲食習慣行為。
- 從家人與朋友中退縮。
- 睡眠型態改變。
- 持續有罪惡感。
- 寫遺囑。
- 學校成績改變。

❀ 摘要

親密關係對兒童是重要的，因為它滿足兒童的愛與安全的基本需求，一旦失去親人會對他們造成影響。本章主要探討三部分：1.成人如何幫助喪親兒童的哀傷，2.教師如何幫助喪親者經歷哀傷過程，3.教師如何因應暴力事件引發的死亡目擊者、教師

死亡、父母自殺，以及提出緩解衝擊的策略。

幼小兒童（7歲前）對死亡的概念是自我中心的。有關死亡常有奇異的想法，且與自我產生關連。例如，自己不乖等導致的。兒童會對死亡提出問題，此時成人要誠實、簡單、具體告訴兒童。使用象徵性比喻或說明追悼儀式。

兒童（7歲以上）不如成人一樣，外在表現哀傷，他們常隱藏在內。他們和成人一樣，需要經歷哀傷過程，包括：接受喪親事實、經驗哀傷痛苦、適應親人不在的環境和重新調整環境，向前看。這個歷程需要成人，尤其教師的協助。

假如未經歷哀傷處理，如生氣、恐懼、攻擊、壓抑，將來可能爆發更激烈的情緒與負向行為反應。

近來社區或校園的暴力或意外事件造成的死亡頻頻發生。學生成為暴力事件的見證者。此外，對於父母的自殺、教師的突然死亡，這種突然的重大事件對兒童的衝擊很大。學校教師如何緩解這種衝擊，以及如何輔導，在本章都有詳細的說明。

第 6 章
兒童與分裂、攻擊行為

　　攻擊行為不僅是學校兒童普遍的問題之一，且日益嚴重。此行為付出的社會成本是驚人的，包括孩子的家庭、社會和受害家庭。另外還包括特殊教育的安置、醫療服務、身體的傷害、財物的損失和對班上同學學習及心理的傷害。學者認為孩子的攻擊能預測他成人時的犯罪（Olweus, 1979; Robina, 1979; Stattin & Magnusson, 1989）。因此，若在兒童時期不關切攻擊行為的調適或矯治，他將產生社會的、心理的和經濟的不良後果。

　　一般而言，分裂或攻擊行為是不會憑空而發生的，它常與現在、過去的事產生連結。因此調適問題，即問「我該如何處理？」以前，先要問：「發生了什麼事？」以及「為何發生此事？」對於攻擊行為，預防比矯治重要。學校暴力是指，任何攻擊行為違背學校的教育任務或尊重的氣氛，或使學校的人或財物無法免於受到攻擊、藥物、武器、分裂行為和心理偏差者的危害地方（Center for the Prevention of School Violence, 2000）。因此本章的重點在探討，如何提出有效的調適方案，以減少兒童和青少年這種重複性的攻

擊行為。

分裂或攻擊涵蓋的具體行為

攻擊行為存在於一連續線，開始的一端是一些行為，如壓制人、無賴的行為，而終極的一端是各種謀殺意外（Riley & McDaniel, 2000）。攻擊包括各種抗拒（acting-out）行為。其共同點為：一種具強迫性要求，以及讓對方感到嫌惡（Olweus, 1979）。攻擊行為涉及範圍有行為、思想和感覺。有時它會造成身心的傷害或死亡。有時父母對攻擊行為有不同看法，他們標示分裂或攻擊行為是，那些他們所不喜歡的或不贊同的行為。換言之，他們發現行為是挑戰的或困擾的，尤其是他們缺少有效策略去因應的行為，且這些行為常重複或習慣性出現（Cowie & Sharp, 1999）。

攻擊行動包括身體和語言的行為——威脅他人、有意騷擾他人、咒罵人、侮辱人、撞人、推擠人、打架、爭吵、捉弄人、反抗以及搞損財物。攻擊兒童常被教師描述為：引發打架者、爭吵、捉弄人、搞亂教室活動、騷擾他人上課以及反抗者。根據美國 1989 年對校園紀律的研究，學校重大的意外攻擊行為並不常發生。而教師常抱怨的困擾是：不守輪值、吵他人使分心、逃避做功課、辱罵人和語言騷擾人。這些較不嚴重的分裂行為常困擾教師，且要求教師花過多的時間和資源去處理。

攻擊行為的短期與長期後果

兒童的攻擊常造成他們目前和未來的學習問題。這可能因為

他們無法專心──缺乏注意力與保持安靜坐著有關，最後可能導致退學。可能最有關連性的是同儕的排斥（Wass, 1987）。這是他們的負向和令人嫌惡的社會行為導致的。同伴的排斥是攻擊行為負向的嚴重後果，他們缺少社會支持、孤單和低自尊。同時近來的研究顯示，兩者會導致後來的不良適應（Kupersmidt, coie & Dodge, 1990）。總之，攻擊行為影響兒童的學業、人際關係和適應問題。

　　攻擊行為的長期結果包括酒癮、藥物濫用、性犯罪、中途輟學和失業（Robin, 1979; West & Farrington, 1977）。而最有關連性的是後來青少年期和成人期犯的罪（Sattin & Magnusson, 1989）。

攻擊與分裂行為的影響因素

　　近來對兒童攻擊行為的穩定性、先兆、伴隨的行為問題和矯治調適的研究，所獲得的知識有擴大的現象（Cartledge & Milburn, 1995）。這些研究強調攻擊行為的維持與發展涉及到多種因素，且這些因素是交互作用的。因素包括下面幾種類別：

- 生物的。
- 家庭的。
- 同儕的。
- 學業的。
- 學校和社區的。

以下簡述這些變相與攻擊行為的關係，其中對於家庭和學校兩因素會有較詳細的討論。

生物性因素

　　基因因素（如氣質），出生時體重過輕和其他生物因素，如

鉛中毒，可能使兒童以負向方式對環境作反應。而此時父母對這些孩子的強求與控制，會形成惡性循環。其他攻擊行為的生物因素還包括：1.對懲罰刺激缺少自主神經反應，2.某生化激素，如雄性賀爾蒙的作用，3.存在著與過動兒（ADHD）有關連的症狀（Loeber, 1990; Lytton, 1990）。

家庭因素

兒童攻擊行為的原因研究發現，家庭變相包括：經濟匱乏水平、單親、家庭大小和種族。這些因素彼此產生交互作用，難以分離其個別效果（Cohn, Patterson & Christopoulos, 1991）。

其中最重要發現之一是，父母對攻擊行為扮演很重要的角色（Eron, 1987; Loeber, 1990; Maccoby & Martin, 1983; Patterson, 1986）。下面是重要變相：

- 父母作為紀律訓練者的有效性。
- 他們過度依賴懲罰的訓練方式。
- 他們對孩子的情緒冷漠程度。
- 他們表達溫暖和正向參與的程度。
- 他們監視孩子的下落和督導活動的程度。
- 他們創造家庭穩定和組織的程度——維持家的秩序感、不混亂與父母適度的權威，即家庭結構的界線。

同儕因素

社會的排斥是兒童後來適應困難的有力預測。且有可能中途輟學（Parker & Asher, 1987），除了社會孤立和排斥外，同時，兒童對他人的敵視、攻擊會招來同伴攻擊的反應。然而，攻擊行為和社會排斥的因果關係有時難以釐清。但是兩者容易形成惡性循

環。例如，缺少朋友的孩子，感到孤單，在歸屬感的需求下，他去捉弄人，為求得他人的注意，但相反的，更引發他人的厭惡，使他更孤獨。

學業因素

攻擊和不良的學業成績是有關的。但兩者的因果常受到爭論。有研究指出，攻擊、外向性行為和學業成績是由於一種共同因素——注意力困難和神經發展遲緩所影響（Hinshaw, 1992）。無論如何，我們承認，學業的困難與攻擊常相隨發生，且會導致同儕的排斥和可能退學。

學校和社區因素

教師的反應和對攻擊孩子的了解是重要的。教師和父母一樣，其能力有很大的差異——對攻擊孩子以堅定而友善的態度去處理，同時教師對同學的不端行為和學業不良等的反應，會影響兒童的社會判斷（Morrison, Forness & MacMillan, 1983）。不僅教師對攻擊兒童的反應不同，學校對處理攻擊兒童的策略也變化很大。換言之，個別教師如何處理攻擊行為，以及學校對兒童攻擊行為的一般處理原則，常會影響兒童的分裂與攻擊行為。

在某些情境，兒童的攻擊對他或他的環境是適當的反應。在某些社區為自衛或為存活時，身體或語言的攻擊變成是必須的（Richters & Martinez, 1991）。教師要辨別在某文化下，攻擊是否是正常同儕團體社會化的自然表現，或是一種行為問題。有時，相互語言的羞辱、威脅、語言機警的應答，被視為建立同儕團體凝聚力的方法。一般認為：1.身體的攻擊，2.行為導致少年警官的關切，和3.失控反應的攻擊導致同儕的排斥，皆需要調適。

　　總之，攻擊不但是穩定的、不易改變的，它同時也會引發其他問題（如學業、同儕排斥）。高度攻擊兒童常會有學業、社會問題，他們常坐立不安、不專心等問題。換言之，它與兒童生活的各方面糾纏在一起。最嚴重的是，繼續使用攻擊的誘因強過停止攻擊的誘因（Cartledge & Milburn, 1995）。

學校如何預防分裂和攻擊行為

　　美國（Elton committee, 1989）調查學校紀律情況後，發現凡是紀律良好的學校皆有共同特性。最重要是教職員的態度和動機，即他們渴望教書的熱忱，喜歡與學生在一起。委員會建議學校應該發展一個全校性的行為政策，此政策要有清楚的原則。經過廣泛對教職員的諮詢，達成下面的一些建議：

- 至少要包括一些正向行為原則的描述。
- 提供酬賞給正向行為，同時處罰不適行為。
- 避免團體及羞辱的處罰。
- 注重一致性和公平原則，但對特殊情況仍要保持彈性。
- 對欺凌弱小和騷擾他人者要採取反對行動。
- 對教師和職員提供支持。
- 接受定期評估和樂意接受改變。
- 提出在場和不在場行為。

Brighouse（1993）提出整體學校行為政策（whole school behavior policy）的實例。

學校的行動準則

此準則經過與學生、教職員、父母與行政主管的諮詢而制訂。

・序言：

學生在學校有權接受教育並獲得發展潛能最好機會。

教師要創造這種上述的學習情境，在過程中要支持學校職員、長官、父母和行政主管。這是每個人的權利，不受他人的阻礙。

指導原則

為使上述情況發生，很重要的是每人要：

・體貼他人：尊重他人是獨特的個體；確保我們的言行不對任何人引起不便。
・禮貌：經常對人有禮貌和幫助人。
・合作：有與他人一起工作的意願。
・友善：與他人有好的關係。
・用功：盡力工作。
・誠實：真實。
・信任：接納他人（當有協助需求時）。
・負責：對自己行為負責，且自己是可信賴的、做社區的一份子。

行動原則

在履行時，我們必須做下面的事：

・準時：避免遲到。

- 講話要體貼：避免大聲喊叫、咒罵、使用髒話。
- 準備好上課：備好上課教材。
- 清潔：上完課、休息後和用完餐要收拾乾淨。
- 秩序行進：避免跑步和使用捷徑；要為他人開門。
- 尊重環境：包括草坪、樹木、樹籬、建築物和家具。

　　這種整體學校政策，透過發展一種共同了解和對自己行動的負責會影響學校行為（Watkins, 1995）。這種方法強調建設性行為的管理，以及鼓勵他人去管理他們自己。假如全校師生都能確實實施，則對預防學生的分裂與攻擊行為是有幫助的。

　　另外，Elton Committee 也注意到，在教室，教師需要認識他教的學生，認識學生的獨特性，並具有效管理教室的技巧。Docking（1993）提出預防和管理學生行為的五大核心原則：

- 預見力：預測將引發何種問題，且發展明確與建設性的規則引導行為。同時，提供規則性的提醒。
- 有目的：謹慎計畫和傳達學習任務以建立教室的工作焦點氣氛，以平靜的秩序開始和結束上下課，確保準備好必備的教材，使教室環境能與工作任務配合。
- 績效：幫助學生發展承諾和責任感，常保持機警，常提醒學生專心，要學生監視他們自己的行為。
- 建設性：使學生做個成功的學習者──透過溝通正向的期望，鼓勵學生察覺到成功與個人的努力和練習的關連性，鼓勵合作和鼓勵父母對行為問題作正向的反應。
- 集體責任：學生和教職員要積極涉入建立教室，或整體學校行為政策。

以上所描述的行為準則和教室的管理對分裂和攻擊行為固然

重要，但是整體學校行為策略不能僅以紀律規則為焦點，衝突解決也不可忽視（Thompson & Sharp, 1995）。衝突解決應是學校行為管理計畫的一部分。教職員要知道如何做有效的衝突調停者，因為衝突是學生生活的一部分。

衝突處理

成人與兒童或兒童間的衝突，在日常生活中是免不了的。衝突解決的第一步是界定問題。然後，確認和實施解決方法，這些方法是非暴力，而能滿足彼此的需求。理想上，能改善那些人的關係。教師或學生要能在從事此過程時，了解「衝突」和「衝突解決」的意思，分享他們的類似經驗，了解他們對它的態度。此外，他們有意願嘗試新方法，當然需要學習解決此問題的技巧。

成人如何做個有效的調停與衝突解決者

對兒童和年輕人的攻擊反應

調停和衝突解決最重要的是建立在傾聽，再加上一步一步的過程，協助兩個或多個衝突中的人，或對關係陷入危機的人達到願意接受解決方案。

重要概念

衝突並非全然不好的

教師和學生對衝突常存有負向態度，因為它引發痛苦、害怕和生氣，且破壞關係。可能導致的因素是因為我們認為「乖孩子不打架」、「不要生氣，不要報復」等。假如要能正向的處理衝

突，我們需要承認衝突是正常的、且是日常生活不可避免的一部分。進一步而言，衝突能是正向的。它（指衝突）能讓我們更了解自己與他人、建立更好的關係、學到整理問題的新且較好的方法。

衝突並非鬥爭

假如衝突的結果是一方「勝利」，一方「失敗」或為達到勉強的妥協，雙方都讓步，那麼必定有一方不滿足。衝突應被視為要解決的一個問題，雙方都得到他們所需要的。重要的是尋求一種「雙贏」的解決方法。

區分人們要什麼和為什麼要

衝突情境中，人們常表達他們的立場（願望），而非他們的需求。然而需求不能滿足才是衝突的主因。如在操場，兩個小孩搶著一個袋子。成人走過去，問：你們要什麼？他們同時一起回答：要這個袋子。成人依序個別問：要袋子做什麼？，一個回答：要袋子裝東西，另一孩子說要袋子裝下堂課用的東西。清楚的表達需求才能獲得好的解決。

另外，美國「人類發展訓練機構」（Human Development Training Institute）設計一種系統的衝突處理課程。其中的理論有下列三點，這也是成人要了解的：

衝突與自我察覺

兒童不能察覺自己的語言和肢體語言、不能察覺他人的語言與非語言時，易引發衝突。

衝突和社會互動

兒童不了解他人的感覺、思想、行為及其互動作用時易導致衝突。換言之，對語言與肢體語言的誤解、不容忍他人、不為他人所容忍時易產生衝突。

衝突和熟知

孩子不了解「自我價值」易導致衝突。如低估或高估自己的能力、力求處處表現第一、或處處戲弄他人。

成人要做衝突的調停者，要先了解上述有關衝突的重要理論與概念，然後依下列過程做調停工作。

調停或衝突解決的過程

調停時，中立的第三者稱為調停者。他幫助孩子找出解決方法，而非開出他們應如何做的藥方。他協助他們澄清他們的需求並催化彼此的溝通。衝突解決的步驟與調停一樣，只是不需要第三者。

調停的環境

首先，要求衝突涉入者全出席聚會，場地要夠大，讓每人舒服坐著。注意隱密性，不被打擾。座位的安排要能凸顯調停者的中立性。

引　言

開始時，調停者提醒參與者聚會的目的，以及進行的步驟。並重複調停過程中的規則。

- ・調停是自願的。
- ・調停者始終保持中立。
- ・注意隱私與保密。
- ・調停持續時間由大家決定。
- ・雙方要傾聽對方說什麼，不許打斷。

界定問題

參與者在規定時間內描述對問題情境的觀點，不許打斷，聽出事實與感覺部分。調停者澄清雙方的需求與關切部分，聽完後作摘要，確認是否正確，雙方可作反應。

確認關鍵爭議

從雙方的說明中發覺的所有爭議都列出來，並分開與衝突有關或無關的爭議。

想像一個理想的解決

雙方敘述他們理想上，希望未來如何發生以改善情境。

腦力激盪各種方法

鼓勵雙方對衝突爭議提出各種解決方案，並寫下來。其中的策略如協議、妥協、道歉、遲延、機率、輪值、分享等，避免暴力與逃避方法。

評估解決方案的可能結果

此時強調三向溝通，而非只向調停者發言。調停者要求各方，想想每一方案實施後的可能後果，不僅只考慮自己，也要考慮彼此和他人。

協調行動計畫和同意書

調停者問：哪一種方法最能滿足雙方的需求？確認一或兩種方案。再次澄清並保證各方都了解，誰將做什麼？何時做？在各方同意下，寫下同意書並簽名，雙方握手並說「我們仍是朋友」。

追　蹤

決定一個日期作為未來評估調停的結果。

以「自我語言」控制衝動

衝突時容易生氣而引發衝動，因此，教導兒童或年輕人當衝突產生時，使用「視覺心像」和告訴自己一句話，先平撫生氣情緒是有用的。一些格言，如：「尋找雙贏的策略」或「手不是用來傷人的」或告訴自己「慢下來，不要衝動」。美國 The Grace Contrino Abrams Peace Foundation in Miami 對衝突解決提出一些規則：即"Rules for Fighting Fair"。

1. 確認問題。

2. 聚焦在問題上。

3. 攻擊問題而非人。

4. 以接納的態度傾聽。

5. 尊重他人的感覺。

6. 為你的行動負責。

綜合以上的討論，我們以美國種子計畫（Jensen, Peggy, 1993）中所提出的「雙贏」衝突解決步驟作結束：

1. 當有衝突時，要先靜下來。

2. 雙方表達對衝突的感覺。

3. 雙方反映對方所表達的感覺。

4. 每人表達對衝突應付的責任。

5. 為解決衝突，每人提出一或兩種建議。

6. 每人重申並握手說：「我們仍是朋友」。

簡單的在海報上寫著：

1. 停止。

2. 我感覺。

3. 你感覺。

4. 我應該負責。

5.我們能（建議）。

6.我們仍是朋友。

這雙贏策略要求教師或諮商員，多多以角色扮演練習，且是全班性的練習，直到熟練為止，才能發揮效果。同時，察覺自己及他人的優點，尊重他人的獨特性等態度的培養有助於預防衝突。因此「雙贏衝突解決」計畫以四次班級活動完成——活動包括，尋找自己、與他人的優點和尊重他人的獨特性，以及熟練衝突解決步驟。

處理個別行為

依行為學派理論的觀點，個人的行為型態受到「前序」與行為「後果」的影響。因此處理或改變行為也要考慮行為發生前的事件或情境，以及行為後的結果。教室的設備、吵雜程度、任務的適當性，個性與教師或同輩的關係、以及教師的反應，這些因素都影響行為。例如，孩子偶然尿溼了褲子，教師小題大作的送他回家，隔天他又尿溼了褲子，同樣被送回家。從那以後，此事變成規則性的發生。被送回家使他保持尿溼褲子的行為。一旦教師察覺此行為型態，他停止送他回家。結果三次後，他停止了。

環境影響行為是顯而易見的。某孩子在班上打架或爭吵，常與他鄰座的人有關。可能他被鄰座的人戲弄導致。若分開可能解決孩子的發脾氣與攻擊反應。有時行為的發生不是只有行為與環境的互動，它可能較複雜。其他因素如，彼此的關係、他們的信念、團體內的動力以及機構的文化等。當我們要調適分裂或攻擊行為時，最重要的是要確認：

1.發生了什麼事（以具體的、可衡量、可觀察的詞句描述行為）。

2.為什麼發生（引發情境的遠因與近因──前序和後果）。

清楚了解「發生什麼？」和「為什麼？」之後，才能設計並作有效的調適。大部分的調適計畫強調改變行為的前序或後果。也包括改變成人的感覺、思想和對問題行為的期望。下一節是鼓勵兒童與年輕人作改變，或採用新行為常用的策略。

提供適當行為的示範

我們常要兒童改變行為，如不准這麼做，但未教導他們要如何做。成人要明確的做示範可替代的行為。並多多練習適當的行為。例如，兒童以腳踢他人，為了要別人注意他，此時成人可做示範，說：「看著我！」而不以踢人的方式。同時要求兒童當場練習。

增強適當行為

兒童常是外控的，因此當它表現適當行為時，要給予酬賞或增強行為。增強物不一定是物質的，社會性的如，微笑、拍拍肩、讚美都能增強行為動機。要讓兒童知道什麼具體行為可獲得酬賞。例如：你做得好，因為你用「看著我」，要他人注意你。

酬賞包括：

- 語言或非語言讚美。
- 公開或私底下的書寫讚美。
- 報告其父母有關好行為。
- 提供喜歡的活動──晚睡三十分鐘，多看電視或上網一小時。

・物質酬賞，如貼紙、小玩具、錢等。

・獲得某些特權，如，玩喜愛的玩具、更多的自由時間。

給物質酬賞後要同時給予語言或非語言的讚美。學校或父母也常使用「代幣制」以增強其正向行為：星星、貼紙、罐內裝小石子等。累積多少就可獲得什麼，要給孩子清楚說明。

避免增強不適行為

成人要避免增強不適行為，相反的，當不適行為發生時要以平靜、堅定口氣的態度和立即說明哪些是錯的，哪些是該做的。如，不要踢人以引起他人注意，要說：看著我！

成人避免大聲喊叫與責罵，實際上此反應增強了不適行為。有時可應用「暫停」策略，使用時要注意：

・要快──發生不適行為後立即執行，喊暫停！

・短暫──最多一、二分鐘。

・中性──不提供對方刺激、增強或與人互動機會。

暫停與隔離不同。隔離是為讓生氣的兒童冷靜下來。一般而言隔離地點為回到臥室、站在走廊。等靜下來後，答應表現正向行為時才可回來。隔離沒有時間或地點的限制。

兒童表現良好時注意他

往往成人只注意兒童的不適行為，而忽略他們的適當表現。當其適當行為不被重視時，會以不適行為作為引起成人注意的策略。兒童表現好時，要以語言或非語言讚賞他。如，「很高興看到你幫助小明作功課」、「安靜的做功課，很好」。正向的回饋可讓好行為繼續保持下來。因此，抓住孩子表現良好時讚美他，是預防不端行為的良方。

懲罰不適行為

所有行為皆有後果——有些是令人喜愛的。建立不適行為的懲罰制度是需要的。但避免太極端與生氣的口氣，如你將永遠再也不能出去玩、或你將被禁足一個月等。懲罰可能包括：

- 語言或非語言的反對。
- 書寫式的反對。
- 牽連到重要他人。
- 失去特權。
- 隔離。
- 補償。

有關「涉及到」重要他人和「補償」兩項要謹慎的使用。O'Connell（1994）認為「恢復正義」（restorative justice）對於嚴重攻擊和野蠻行為的兒童和年輕人是有效的調適方法。他問：為何我們不做錯事？因為我們不要讓關心我們的人感到羞恥。他主張，有效的讓成人涉入，能表示給孩子，羞恥是因為關心和愛孩子本身，而非他們所做的。對受到傷害的人做些補償，意外事件才算完成。

自我監視

調適要從自我監視開始，沒有記錄要改的行為，就無從了解行為的嚴重性，以及成功的比較標準。記錄才能看出問題行為是否又恢復。兒童或年輕人本身的涉入改變過程是有益的，因為他能增加改變的承諾和責任並強調自我控制。

改變的維持

行為管理計畫的失敗常因為沒有能繼續維持一段合理的時間就結束。一旦有改善，每人易傾向回到先前的互動方式。即原來的環境影響會再回來，因而問題行為又出現。因此，改變要維持較長時間，即不斷的酬賞適當行為，對不適行為直接給負向回饋。

強調自我控制

兒童的行為管理不能只靠外在環境——物理環境或成人行為的影響。兒童行為的塑造或改變只靠外力是不夠的。相反的。要鼓勵兒童本身主動的涉入——確認問題和尋找解決方法。成功的行為管理依賴自我規範和控制。在某情境中，環境固然會影響我們的選擇，但是行動的選擇在我們自己。

透過「行為改變技術」達到自我控制

行為改變技術是透過制約（條件化）去改變行為的一種系統方法。其基本假設是：行為是學習、制約和環境控制的產物。進一步假設，既然是學來的就能去除。利用「反制約」產生我們較喜歡的行為型態。

行為改變技術是一種有利的工具。它開始於 1960 年代，且成功的應用於學校、商界、醫院、工廠、監獄、兒童照顧機構、心理衛生中心和藥物濫用計畫（Goodall, 1972; Kazdun, 1982）。此技術的好處是，只要花少許時間，任何人皆能學會。它相當直接的應用制約原則。而且你能使用它改變你自己的行為，尤其有助於改善自控。

Roland Tharp（1989）提出行為改變技術的五個步驟：

1.具體化你要改的行為——行為是可測量的、可觀察的而非籠統的人格特質。

2.蒐集基本資料——包括三種資料。

(1)確認控制行為的可能前序事件，如每晚喝了啤酒就吃過多的食物。

(2)決定（記錄）開始時的行為水平。

(3)確認可能的行為後果。

3.設計你的改變計畫——此步驟包括選擇增強物、安排增強物的附隨條件、代幣制的應用、塑造、控制前序事件和懲罰。

4.執行和評估你的計畫——評估要誠實、可應用契約、計畫可作微調。

5.結束計畫——當改變的行為已變成習慣了，就可終止計畫。

以上有些步驟在上節已作說明，在此節就省略。

摘要

兒童的攻擊或分裂行為是學校普遍發生的行為。他們用掉教師很多時間與資源。同時，攻擊、衝突等外向性行為也是父母頭痛的問題。假如在兒童期未能調適或矯治這些行為，它們將造成短期與長遠的影響。因此本章主要探討有效的處理兒童攻擊、分裂和調停衝突的方法。

分裂和攻擊行為的共同特性包括：強求與給人嫌惡的感覺。其涉及範圍涵蓋行為、思想和感覺，它包括：威脅、辱罵、爭吵、捉弄、搗蛋、打架、撞人等具體行為。

兒童期的攻擊行為會產生短期與長期的不良後果。短期會影

響其學習、人際關係和社會適應，長期影響可能導致吸毒、酗酒、輟學、失業和犯罪等。由此看來，它影響兒童生活的各個層面。

影響攻擊行為有：生物性、同儕、學業、家庭、學校和社區等因素。同儕與家庭兩因素和攻擊特別有關連。但學業與攻擊行為的因果關係有爭論。

學校如何預防攻擊與分裂行為。根據調查，學校表現良好紀律的普遍特性包括：教職員的態度與動機，明確與清楚的行為原則，教師有效的教室管理策略。

衝突是兒童生活中常發生的事，成人要能做有效的調停者。同時，要了解衝突的概念與解決衝突的步驟，訓練全班學生如何雙贏的解決衝突。

本章應用行為學派的操作性制約原則，和社會學理論觀點，討論如何改變兒童的個別行為。其中包括：確認行為的前序事件和後果、強調改變的具體目標、增強與家庭作業的實施、成人要避免增強兒童不適行為、表現良好時注意他、適當的處罰不適行為、最後養成兒童的自我監視與自我控制。總之，透過「行為改變技術」的系統過程達到自我控制。

第二篇　兒童諮商服務

前　言

　　學校輔導與諮商計畫強調廣泛性和發展性。也就是說，其服務項目是多樣的、其目標是促進全體兒童的最大發展。但在實務上，諮商員也關注少數兒童的特殊需求，和其環境的改善工作。因此，「諮商」、「協調」、「諮詢」和「評鑑」是國小諮商員的重要服務項目。然而，近來家庭失功能日趨嚴重，如身體虐待、性虐待、父母酒精濫用、藥物濫用等和惡劣的社區與社會環境，導致很多兒童情緒和行為上的問題。這些兒童需要「心理衛生」調適。

　　具體而言，國小諮商員的主要工作包括:個別諮商、團體諮商、小團體輔導、大團體輔導、協調校內外有關單位和教師在職訓練與父母親職教育等諮詢服務。但是為達到諮商效果，理論與技巧的應用是必須的。兒童由於其發展特徵，透過「遊戲」與「圖書」技術的應用，較能達到諮商效果。因此本篇——「兒童諮商服務」共分兩部分，即(Ⅰ)兒童諮商——理論與技術，共八章即「國小輔導與諮商工作」、「兒童個別諮商」、「諮商理論與技術」、「團體輔導與諮

商」、「諮詢」、「遊戲治療」、「圖書治療」，及(II)心理衛生諮商，即兒童內、外向性行為偏差共二章。

學校諮商員在廣泛性輔導與諮商架構下，除了資訊性提供的輔導外，其他的諮商、諮詢和評鑑皆需要特殊的訓練。諮商被視為是一種專業的助人關係，其形式分成個別和團體兩種。諮商在學校包括廣泛的問題，從友伴關係到自殺念頭，其他如學業、個人適應、生涯決定等問題。諮商強調關係的品質、涉及到理論與諮商技術的應用。對於太嚴重的個案要轉介。團體諮商服務是重要的，但實施上較困難，例如團體組成的各種考慮因素。本部分詳盡檢視了個別和團體諮商，以及其他各種團體過程。

諮詢是一種間接服務、對兒童環境的改善。它是協助父母與教師有關兒童的發展和行為了解等問題的處理。兒童行為的改變需要父母與教師的涉入。親職教育與教師在職訓練是一種團體諮詢。

今日兒童面對的環境——家庭、學校、社區，較以往惡劣。這些不適的環境——藥癮、虐待、校內和社區的暴力，常會影響兒童的心理健康以及他們的學習過程。十年前，兒童的憂鬱似乎不存在（Ramsey, 1994），而今日美國精神分裂症協會（1992），估計有三百萬至六百萬的兒童受憂鬱之苦，且有自殺的危險。實際上，美國學校諮商員有15%表示他們處理過憂鬱兒童的個案。而精神醫院中，學生被診斷為「注意力缺乏或過動偏差」的狀況有增加的趨勢（Erk,

1995）。尤其學校教育強調回歸主流——所有的兒童不論其心理衛生問題是什麼，都包括在這個主流內。因此，學校諮商員要扮演「心理衛生」諮商員的角色。換言之，嚴重的「心理衛生」問題的矯治與預防落在學校諮商員的身上。當然「心理衛生諮商」所要求的「知識」和「技巧」必須受到諮商員養成教育的重視。

　　總之，現代學校諮商不但要熟悉傳統角色的工作，還需具備臨床心理師的診斷知能和專業技巧。有了這些技巧，他們才能提供學生有關自閉症、攻擊行為偏差、憂鬱、焦慮偏差和發展匱乏等的協助。同時他們要催促學校系統支持這個新角色。本篇以二章的篇幅討論兒童行為的、情緒的，和社會性的問題，並將這些行為偏差（disorder）分成外向性（攻擊、分裂、過動）和內向性（憂鬱、焦慮、退縮）行為問題來討論。探討重點包括：了解偏差行為的分類，和探討其心理病因、評估方法和調適策略等三大方面。

兒童諮商——理論與技術

第**7**章
國小輔導與諮商工作

　　諮商是一種助人專業，也是輔導計畫（program）中的核心服務。不論在教育機構或非教育機構，諮商是諮商員的基本服務項目之一。諮商、諮詢、協調、衡鑑、團體輔導、資訊的提供等活動是不同層級學校為其母群共同的服務項目。當然，服務的重點會因學生的發展階段、特殊需求和學校的特色而有些不同。然而，「諮商」在各層級學校是最普遍的服務項目。

　　諮商被界定為「……諮商是一種過程，在此，受過訓練的助人者被要求介入個案的生活，以協助個案從事有效的行為（個案如何感覺、想和行動）」（Hutchin & Cole, 1986）。另外，Schmidt（1996）認為，諮商經歷下面四個階段，即：1.建立良好關係，2.透過語言和動作探討其關切的問題，3.如何因應和解決方法，和4.結束。從以上兩種定義可以看出，諮商基本上有幾個重要元

素：1.諮商員受過專業訓練，2.它經歷一種過程，3.透過語言或動作的互動，4.協助個案達到目標──解決問題、促進發展與成長，熟練生活技巧等。

🎵 國小諮商員的角色

在學校尚未設立輔導室以前，國小兒童的發展和輔導責任一直落在班級教師的身上。在美國也直到 1960 年代各學校才普遍聘用國小諮商員為學生提供諮商和輔導服務。這顯示，原本是教師的責任轉移到教師和諮商員的合作。

美國在 1975 年通過「殘障法案」後更重視對學童的服務，特別關注如何界定和描述一個理想的國小諮商計畫──應該包括的服務項目。根據美國學校諮商員協會（1999），主張學校諮商員，應該在他們的學校諮商計畫中，提供四種基本的調適以促進兒童、青年和社區的家庭發展。這四種調適是：諮商、大團體輔導、諮詢、和協調（Ho, 2001）。

近來有關國小諮商員角色的研究，顯示與其他層級的學校一致（Gibson, l990; Morse & Russell, 1988）。國小諮商計畫包括：諮商、諮詢、協調和衡鑑服務。但這些服務的優先順序和重要性有些不同。例如，三個最優先的排列為諮詢關係（教師和教育專家），即需要協助教師去幫助學生。此發現支持了三十年前所強調的小學諮商員的角色──諮詢角色（Eckerson & Smith, 1966; Faus, 1968）。今日的諮詢仍是諮商員的一項重要服務。

有趣的是，根據美國國小諮商員的報告，他們喜歡對學生做更多的團體輔導，幫助學生學習適當的社會技巧，加強自我概念

和學習解決問題技巧（Morse & Russell, 1988）。團體工作的重視，說明了發展性的活動在國小的地位。另外國小諮商的焦點包括：除了注意到發展性的活動外，而且重視父母和教師的參與輔導過程。

兒童處在可塑性最強的階段，他們容易受環境的影響，尤其是他們的重要他人（significant others）——父母、教師和友伴。因此，催化兒童行為的改變，或促進他們的成長與發展要依賴諮商員扮演好他們的諮詢員角色。具體而言，他們要能有效的做個別諮商、團體諮商、團體或班級輔導——教導社會技巧，和提供父母與教師諮詢服務——有關兒童成長、行為問題和適應問題的專業知識，和提供父母與教師有關輔導知能講習，或技巧訓練等。

兒童諮商

早期的兒童諮商專家對於能否透過「諮商」幫助兒童，存在著一些爭論。1967 年美國的APGA（ACA前身）陳述，個別諮商能提供機會以建立關係，看看自己行為的適當性，認識自己，建立生活目標，傾聽和表達對自己、他人和世界的想法和感覺。諮商被認為是一種信任的關係，在此諮商員與個別學生或小團體聚會，以幫助他們解決問題，或建設性的因應他們的問題和發展性關切的事（Ho, 2001）。

兒童個別諮商

國小諮商員使用個別諮商。一般而言，諮商員是透過連續短

時間的諮商聚會——二十至三十分鐘以建立關係——依年齡和兒童的成熟度。一週一次或兩次，並經歷階段，以達到諮商目標為止。

兒童的諮商有別於成人的諮商，因為基本上大部分的諮商是一種語言取向的活動。由於兒童期的發展特性——注意力短暫、好動、語言尚未有很好的發展，同時行為和認知功能還未準備好或發展不足夠。在某些情況下，兒童不愛講話，尤其是退縮和害羞的兒童。但是在一個有能力的諮商員協助下，還是能獲得益處。

由於兒童的發展性特徵，諮商員會使用玩偶、遊戲、藝術活動或其他的媒介（media）以達到與兒童建立關係、探討問題和催化改變或成長。Campbell（1993）說：熟練的應用遊戲媒介是與兒童溝通的好方法，也是有效諮商所必須的。因此，兒童諮商和成人諮商所使用的技術是不同的。他們不可能坐下來談他們的問題。即使談了也是很短暫，或很快就陷入沉默，或覺得無聊，或偏離重要的主題。對於較大的兒童，可以考慮用語言的諮商技巧和媒介或其他策略的合併使用。

諮商員考慮以個別諮商作為調適模式時，先要評估兒童的行為發展及困擾的嚴重性、分心或其他的失功能行為，這些因素會影響個別諮商效果。兒童不能持久的工作，專心於主題或控制行為，這些因素就會使諮商無法有效的進行。因此，應用「行為改變技術」以協助兒童發展自控能力，達到修正行為的目的。

對於幼小兒童，他們對世界的知覺受到自我中心的限制，不了解社會興趣和合作的想法，他們不能完全了解個別諮商的益處，因為諮商基本上依賴晤談和講話技術，就是使用講話和傾聽技術。因此，幼小兒童要使用活動取向的技術，如遊戲、心理劇、創作藝術、講故事等去探討看法、價值，和促進關係的建立。

兒童團體輔導與諮商

　　團體方式是促進兒童與他人互動的重要方法，同時探討他們
對社會情境的知覺。團體輔導是一種預先計畫，發展性的輔導活
動，其目的在促進學生學業、生涯和個人與社會發展。透過諮商
員和教師的共同努力與合作，提供給所有學生。對兒童而言，團
體工作，如團體輔導或團體諮商常是結構性的（Gladdlng, 1991）。
團體輔導主要是教導性和資訊性的，而團體諮商激勵兒童在認
知、行為和情感方面的改變。總之，以團體方式培養兒童的正向
態度和生活技巧是較適當的輔導方式。

團體輔導

　　團體輔導人數可多、可少。在國小，教師和諮商員以班級實
施團體輔導，以協助兒童發展價值，社會技巧，生涯察覺，情緒
的察覺、確認和表達等的學習。理想上，教師將這些學習融入每
天的課程，使輔導變成各科教材的一部分。

團體諮商

　　團體諮商關注危機取向、問題取向和發展取向（Myrick, 1993）。
團體人數較少，可能五至八人。危機取向的團體，如被虐兒──
處理他們被虐的創傷，認可他們的價值和為人的價值，學習維護
自己的權利，並為因應未來做計畫。問題取向團體是幫助兒童目
前的、但不太危急的問題，如與同輩相處，鼓勵兒童採取行動去
解決這些衝突。發展性團體諮商，是為幫助兒童在社會和人格方
向的發展。這些成長取向的團體在主題上類似班級輔導，只是小
團體使學生較有互動機會，在安全環境中建立較親密的關係，在
國小這些發展性諮商是諮商員重視的活動。

🎵 發展性諮商

　　雖然今日愈來愈多的兒童有危機問題的困擾──家庭的、社會的，而導致需要危機取向和解決問題的協助。但是大部分的兒童還是健康的，他們可從發展取向的服務獲得益處。假如個體在各階段皆能達到其發展性任務（developmental tasks），就會引導他們達到自我實現。發展性諮商計畫強調正向自我概念的重要性，幫助兒童相信自我價值和為人的價值（Purkey & Novah, 1984）。

　　發展性諮商假設──兒童對周遭世界的知覺和信念，是透過無數正、負向經驗（家庭中、學校中和其他關係）而形成。兒童的感覺、態度和行為常和他是否被拒或接受有密切的關係。為此，發展性諮商對象是包括每一個人、學校的各方面人員都必須重視與涉入（Purkey & Schmidt, 1987, 1993）。

　　發展性諮商的對象是每一個學生──協助他們達成他們在教育上、社會上和生涯上的目標；在實施上可考慮透過輔導課程──由諮商員和教師共同計劃並溶入每天的教學，或設計成迷你課程，如衝突處理課程、感覺課程（feeling class）等加以教導。筆者認為最好的方式是諮商員扮演資源者、諮詢員、訓練者的角色，教師是班級輔導的實施者。發展性諮商計畫也包括個別和團體諮商服務──它比班級輔導提供更積極的協助，更能滿足學生的需求，並促進在學業上、社會和人格方面的發展，透過班級輔導可以初步確認哪些學生需要額外的協助。這些需要特殊照顧者，可進一步接受個別或團體諮商。

　　發展性的目標和治療性的目標是有關連的。例如，輔導目標

是協助所有的學生（以班級方式進行）。促進自我發展和了解他們是誰。然而個別和團體諮商也可以此為目標。雖然在諮商過程中所使用的活動和過程不同於班級輔導，但其發展性目標基本上是一致的。同時，個別和團體諮商因為人數少、互動多，比大團體的學習較快，尤其在自我評估、技巧學習和關係的建立等方面。諮商的結果使這些兒童可能比每天的輔導課（或融入各科教學）獲得更多的益處。

在國小的兒童諮商一直強調發展性觀點，然而在 1981 年美國學校諮商員協會（ASCA）對諮商員的角色與功能的聲明中看出，它過度強調發展性／預防性，而忽略個別和團體諮商的矯治性服務。因為兒童的情緒問題、退學、自殺傾向、受虐、繼父母與家庭等問題日益嚴重，專家呼籲要加強諮商功能。因此在 1980 年代末，諮商專家要求學校諮商和輔導計畫（program）要重新注入新活力和改變形式。美國諮商和發展協會（AACD）〔美國諮商協會（ACA）的前身〕和美國學校諮商員協會（ASCA），以及諮商教育和督導協會（ACES）開始一連串的會議和研究，以探討學校諮商的種種危機（Deck, Daly, Cecil & Comas, 1989）。會議後，除了保持 1981 年角色聲明中的 *1.* 輔導課程——促進學生各方面的發展，*2.* 父母與教師的諮詢服務以改善學生的學習環境外，還加強：*1.* 個別和團體諮商，*2.* 加強諮商員的專業訓練等。以下是原文的摘錄：

　　學校諮商員是具有資格的專業工作者，他們與學校的教師、父母、學生、教育專家和社區合作。他們設計和管理廣泛性的輔導計畫（program），以幫助學生獲得技巧——社會的、人格的、教育的和生涯領域。學校諮商

員透過個別和小團體輔導和諮商，使學生獲得這些技巧，另外透過大團體輔導提供資訊。提供諮詢服務（父母及教師）以有效的提升學生的學習環境（Cecil, Deck & Comas, 1989）。

在這種從新結構的廣泛性、發展性輔導計劃中，諮商員的角色和功能相當廣，諮商員的工作包括：直接與諮商和輔導有關的活動，其優先次序分別為：班級輔導、團體諮商、個別諮商：對父母、教師、行政人員的諮詢工作。間接的服務主要以協調工作有關，如作測驗、生涯教育計畫、始業訓練、特殊教育等。

另一方面，發展性諮商計畫需要有父母的參與。尤其在初級教育階段，因為父母對兒童的發展扮演重要的角色。

父母與教師的參與

父母的參與

為達到兒童的發展性目標，父母的支持是不可少的。沒有父母的參加與教師的合作，輔導計畫的成效會大打折扣、其進展會如爬坡一樣的困難。當父母支持輔導課程、個別與團體諮商時，家庭和學校易形成合作關係或伙伴關係。學校邀請父母參與，讓父母知道計畫影響他們的子女，同時，鼓勵父母涉入他們子女的教育，則學生較能達到成功（Epstein, 1991）。

諮商關係的早期，諮商員就要重視父母的涉入。為取得父母

的合作，可以透過分發小冊子，在母姊會說明，並做個別接觸等方式告知他諮商計畫。雖然保密是兒童諮商所強調的（和成人個案一樣）但是在協助兒童解決問題和設立未來目標上，父母有很大的貢獻。有時策略的運用──如酬賞，則需要父母的合作。因此，國小諮商員會儘早要求父母涉入助人的過程。除極少數案例，如身體虐待，這種涉入是不可能的。但大部分的案例，諮商員都會與父母建立合作關係。

諮商員鼓勵父母的涉入可考慮以下方式：參加母姊會、加入父母教育計畫、成長團體、父母效能訓練、正向的紀律訓練、有效的溝通等活動。總之，父母的涉入有雙重目的：幫助兒童的發展和使學校成為社區的重要部分。廣泛性國小諮商計畫常包括：鼓勵父母服務──透過諮商和諮詢，和努力使父母參與學校活動，如學生的個別指導計畫，或參與兒童認輔工作。總之，諮商員和父母的合作在兒童諮商是很重要的。當然教師的涉入是國小諮商計畫的另一重要元素。

教師的參與

發展性諮商強調主動性、教育性、發展性、預防性和矯治性的廣泛服務。其服務對象是全校兒童，包括正常健康的、高危險群與有輕微症狀者和極少數問題嚴重者。為達到這些目標需要全校教師的合作。而且諮商計畫的推行與是否成功常受到教師參與的意願和合作的影響。透過教師的合作，他們落實輔導課，融入各科教學活動中，他們確認輕微症狀者、高危險群和問題嚴重者而作轉介。在諮商員人力缺乏下，諮商員和教師與學校各單位的良好人際關係。透過他們的支持與合作，才能確保學生在教育

上、社會上和人格的發展和進步。

在設計學校諮商計畫時需要教師的意見和建議。諮商員可考慮以問卷向教師調查，諮詢學校的輔導委員會和年度評估。此外，教師由於輔導融入教學的活動而積極參與諮商計畫。這些輔導課配合全校的課程目標和具體目標。

有關班級輔導課應由誰帶領一直是個爭論——由諮商員或教師。有些人相信，班級輔導是諮商員的基本功能，其教導與學校的核心課程無關（Gibson, Mitchell & Basils, 1993）。相反的，另有些人建議，發展性輔導最好整合於課程而由教師教導。這些爭論維持了四十年至今仍無定論，而諮商員和教育學者仍爭論著（Schmidt, 1996）。

由教師將輔導整合到課程的理由是，在美國諮商員與學生是300：1的比例。即一個諮商員分配300位學生，在臺灣只有輔導員的設置，其下並無諮商員的編制，這使輔導室無法提供全校的輔導課。甚至諮商員還有其他的服務要提供。諮商員要協助教師如何統整、尋找資源和材料，適當時，與教師一起上較特殊的輔導課。

國小教師也需要做轉介工作——即為兒童做諮商服務的轉介。因為教師整天和學生在一起，他們對學生的發展和阻礙進步的情況能做最好的觀察。在轉介時，諮商員依賴教師的觀察和診斷。這種與學生有密切關係的教師是第一線的協助。他們可以將嚴重問題的個案轉介給諮商員。要是問題太過嚴重，可由諮商員轉介到社區的專業諮商服務機構。

教師較能增進父母與學校的關係。因為父母對幼小兒童的關注較多。教師與父母的溝通是重要的，他們的溝通也較頻繁。凡是關心諮商計畫的教師，會告知諮商員有關父母所表達的需求、

或有關家庭失功能和家庭困難情況或影響學生的學習因素。諮商員儘可能參與父母——教師會議，藉此，可提供資訊，催化溝通和建議有利於解決問題的方法。

另外有些教師是學校的重大資源，因為有些教師對教學技巧、教室管理，或對兒童發展有專門知識等，這些特殊的知識和技巧對其他同事能有價值，諮商員可以利用這些資源，要求這些教師為其他教師做在職訓練，因為教師較易接受有經驗同事的訓練，或在講習會中演講貢獻其所長。

諮　詢

諮詢是一種合作的伙伴關係。在此諮商員與父母、教師、行政人員、社工、護理人員醫療專業和社區健康機構共事。他們共同從事計畫和實施策略以幫助學生在教育系統的成就（Ho, 2001）。諮詢成為學校諮商員的基本角色之一，在 1960 年代末和 1970 年代初已經確立（Caplan, 1970; Dinkmeyer, l973; Faust, 1968）。同時，諮詢工作在今日的廣泛性學校輔導服務計畫中已扮演日趨重要的角色。它雖然是較新的功能，但是最近受到很多的關切與回應（Brown, Pryzwansky & Schult, 1991; Han-sen, Himes & Meier, l990）。藉著諮詢的間接服務，諮商的益處才能普及於全校學生，而學生環境（教師、父母、行政人員和友伴）的改善有助於兒童行為問題的解決。因為有時環境是學生改變的阻力。

1980 年代，家庭和學校間關係加強的重要性再度受到重視，而這種合作關係，學校諮商員所貢獻的是提供親職教育和諮詢服務（Ritchie & Partin, l994）。

　　另外，雖然諮詢較屬於預防性取向的調適，但是個案周遭的個體，如父母、教師等對個案的行為改變具有決定性的影響。有時，助人專業者所經驗的挫折，似乎與他對個案的環境的疏忽有關，因為有時個體生活中的重要他人是阻礙改變的因素。

　　總之，發展性諮商計畫的落實和成效除了諮商員的專業能力外，還需父母與教師的合作與參與。另外，學校藉著諮詢的服務改善學生的環境。因為父母與教師的成長是兒童成長的保證。希望成人是兒童發展與成長的助力而非阻力。

　　「協調」也是諮詢過程的一部分，有時為了某位學生，諮商員需要做校內或校外的協調工作。例如，諮商員有時需要與語言治療師、職業治療師、心理學家、社工人員等的接觸以便做轉介的工作。Ho（2001）這認為是一種領導過程，在此諮商員幫助組織、管理和評估諮商計畫。諮商員幫助父母為其子女找尋所需的服務，如轉介或聯絡社區機構，來共同協助學生。

　　「測驗」在諮商時，可作為診斷問題、了解問題、蒐集資訊和評估諮商效果的工具。為較小兒童和較大兒童在測驗工具上的選擇會有不同。但是測驗和其他形式的衡鑑是學校諮商員的重要工作（Seligman, 1987）。諮商員有時要配合學校的其他單位，如教務處，安排全校性或某年級的一些標準化測驗──能力、成就、性向、人格和興趣等測驗。在學校中，諮商員扮演測驗專家，尤其在向父母、教師和行政人員解釋測驗結果，因為他們應該是受過測驗訓練的人。測驗的結果對於教育和生涯計畫是有幫助的。

摘要

本章簡單介紹國小諮商員在學校的各項重要服務。

「諮商」是輔導計畫中的核心服務，也是諮商員最基本，也是最重要的角色。它是一種過程，在此受過訓練的助人者被要求介入個案的生活，以協助個案從事有效的生活。

兒童的輔導是教師和諮商員的共同責任。國小諮商員的角色包括：諮商、諮詢、協調和衡鑑，而以諮詢關係為最優先，就是協助父母與教師以改善兒童的環境。

兒童個別諮商有別於成人諮商。由於兒童階段的發展特徵在個別諮商時常使用遊戲媒介、動作和藝術取向的活動以提升其成效。

兒童團體輔導是增進兒童與他人互動的重要方式。團體諮商或輔導強調結構性。本章說明團體諮商、團體輔導的區分。另外，發展性輔導（班級輔導）是國小輔導的重要活動——因為促進個體的發展是輔導的重要目標。

父母和教師對兒童輔導計畫的合作與支持是很重要的。另外，父母的教育或技巧訓練與教師的在職訓練和輔導知能的提升都是學校年度輔導與諮商計畫不可少的服務項目。

父母和教師的團體輔導是諮詢的重要工作。另外，協調校內和校外單位和轉介服務也是諮詢過程的部分。

最後，測驗和其他形式的衡鑑是學校諮商員的重要工作——作為診斷問題、蒐集資料和評估諮商效果的工具。

第 **8** 章
兒童個別諮商

在本書第一章已提過，兒童在個別諮商的技術應用上與成人有明顯的不同。為了使兒童在個別諮商中，願意自由的談談困擾或關切的事情，我們除了使用語言技巧外，還要配合其他策略，例如使用小動物、黏土等媒介及各種藝術活動。另外也使用講故事、想像的旅程等。使用這些媒介使兒童能進入諮商過程，最後獲得治療性的改變。因此很清楚的，治療性改變的達成需要依賴諮商技巧、媒介和策略三種配合使用，不能只使用語言的諮商技巧。

兒童諮商目標

要回答諮商的目標不是一件容易的事，因為諮商關係的目標要看是誰的目標——諮商員或個案的。有時候諮商員的目標和個案的目標不同。若以兒童諮商而言，一般的轉介者——父母或教

師也會有其諮商目標。另外，諮商目標也會因諮商不同的理論和模式而有些不同。George & Cristiani（1990）提出大部分理論和模式所共同強調的五項重要目標：

　　1.催化行為的改變。

　　2.改善社會的關係。

　　3.增加個體的因應能力。

　　4.學習做決定的過程。

　　5.增強人類的潛能和自我發展（pp.6～8）。

　　在學校的諮商目標，尤其要重視教育規劃，強化學習和提高學習成就（Schmidt, 1996）。以社會性而言，如加強同輩關係；個人方面，如對失去所愛的人的因應；心理方面，如恐懼和焦慮。諮商員要關心這些對學習和教育發展的影響。

　　Geldard & Geldard（1997）認為兒童諮商有四個層次的目標：

　　・層次 1 目標——基本的目標。

　　・層次 2 目標——父母或教師設定的目標。

　　・層次 3 目標——諮商員設定的目標。

　　・層次 4 目標——兒童的目標。

　　這四種目標都很重要且在治療過程中要達成。然而在治療過程中有些目標要優先考慮。下面對這四種層次目標略加以說明。

層次 1 目標——基本的目標

這些目標可應用在所有的兒童治療，包括：

　　・加強兒童處理痛苦情緒問題的能力。

　　・加強思想、情緒和行為的一致性。

　　・使兒童感覺自己好。

　　・讓兒童接受自己的限制和長處。

- 改變不良行為。
- 加強對環境（家庭和學校）的適應力。
- 促進個人的發展。

層次 2 目標——父母或教師設定的目標

這是父母或教師轉介兒童接受治療時所設定的目標。此經常以兒童當時的行為為主。例如消除搗蛋、說謊行為等。

層次 3 目標——由諮商員所設定的目標

這是諮商員根據其個案工作經驗，兒童心理和行為理論的了解，和從文獻研究，對兒童行為原因所提出的假設。例如，兒童的上課搗蛋行為，可能是一種情緒未能滿足所導致的行為，因此，諮商員的目標可能要優先考慮，或建議解決兒童情緒的滿足問題。

層次 4 目標——兒童目標

兒童往往不會說出他們的目標，但在諮商聚會中常會隱約出現兒童要什麼—常依據他們所選的玩具看出。有時兒童的目標和諮商員是一致的，但有時不一致。每個諮商員在每次的諮商聚會皆有預先訂定的具體目標，依此目標而選擇玩具或某活動，然而在聚會進行中，兒童會為了滿足自己的需求（此常會被諮商員忽略）而不依諮商員的預先計畫進行。此時層次 4 的目標要優先考慮。例如：一個來自暴力家庭的兒童，諮商員的重要目標是探討如何保護兒童的安全，即安全策略。然而，兒童可能更有興趣討論如何保護母親的安全。

雖然我們強調兒童在聚會中出現的目標要優先考慮，但也不

能忽略其他兩種目標（層次 2 和 3）。當我們達到第二、三種目標時，第一層次目標自然會達到。最好在設定目標過程時先諮詢父母，即父母或家人、兒童和諮商員能全程參與。

在兒童諮商時，我們首先考慮到諮商目標，但是諮商的另一重要元素是兒童與諮商員的關係，它和諮商的有效性息息相關，下面一節將做詳細的討論。

兒童與諮商員關係的特性

諮商能完成什麼，常依賴諮商員和個案間關係的品質而定。而「關係」在諮商和治療中被界定為諮商參與者對彼此的感覺和態度，以及這些感覺和態度是如何表達出來。大部分的諮商員和治療師皆視它為諮商重要的部分，而研究也支持此觀點（Gelso, Fretz, 1992）。

早在 1950 年代，成人個案和諮商員的關係就被視為治療的關鍵因素。Rogers 的研究結果，提出關係的重要特性為一致性（真誠）、同理心，和無條件正向的關懷。從此，多數的諮商工作者也相信，諮商的正向結果常依賴這些特性，且一致同意「關係」在影響治療結果中扮演重要角色。

「關係」對兒童諮商也有重大的影響。它能左右諮商的有效性。何種關係能使治療達到最大的效果？關係的屬性到底是什麼？最早期的學者也有不同的看法（Virginia Axline, 1947; Melanie Klein, 1932; Anna Freud, 1928）。這些不同的觀點與不同的諮商理論有關。然而以實務的經驗而言，Geldard & Geldard（1997）提出以下的兒童與諮商員關係的重要屬性：

1. 兒童與諮商員的關係應該是他們世界的連結——同理心。

2. 兒童與諮商員的關係是排外的。

3. 關係是安全的。

4. 關係是真誠的。

5. 關係是保密的。

6. 關係是非侵入性的。

7. 關係是有目的的。

以下對每一項做簡單的解釋：

1. 兒童與諮商員的關係應該是他們世界的連結
——同理心

此項重點是諮商員要以兒童的參考架構，了解兒童的知覺——對世界或環境的觀點和經驗，且不做判斷，和不去影響兒童的價值、信念和態度。諮商員要儘量不以他自己的經驗去影響兒童。然而有時若是兒童偏離現實時，諮商員有責任在諮商過程中，提供機會讓兒童做現實驗證，使適當的改變發生。

2. 兒童與諮商員的關係應該是排外的

建立和保持良好關係才能發展信任。對兒童而言，關係應該是排外的，即表示不要其他人入侵——家人（包括父母、兄弟姐妹）的侵入，因為兒童對自己的看法與父母不同。諮商員除非有兒童的准許或特殊情況，不准他人入侵。當兒童對諮商員的信心增加，他們才能放心的分享，坦露他們的困擾。

3. 兒童與諮商員的關係應該是安全的

為使兒童覺得安全，結構的說明是重要的。結構使兒童有安

全感並能預測在諮商聚會中能做什麼、不能做什麼。它包括：時間的限制、行為的限制。具體而言，一次聚會時間的說明，不能傷害自己和諮商員和損毀設備等，同時要守規矩。

4.兒童與諮商員的關係應該是真誠的

真誠表示不做作，是兩個真人在互動，不帶面具。如此才能進入深層的信任和了解。真誠在關係中代表一種自然、不隱瞞、沒有焦慮的坦誠相對。

5.兒童與諮商員的關係應該是保密的

為使兒童感到安全，以分享其私密的想法和感覺，保密是重要的。守密是主要的倫理原則之一，除非有兒童的允許，或威脅到兒童的安全，否則諮商員要嚴守保密。例如，兒童坦露被性侵害或身體的虐待。首先在治療的開始要告訴兒童，他所說的一切將會被保密，不告訴父母或老師。若必須分享資訊時，也要徵詢他有關適當時間，是否他願意在場等。

6.兒童與諮商員的關係應該是非侵入性的

有時兒童諮商要求涉入兒童的家人和背景，尤其在接觸過程中，對兒童和其世界的了解是有用的。但要小心，否則易造成入侵情況。具體而言，諮商員不要問太多有關其家人的問題。同時，從父母、老師等處所獲知的訊息的使用要謹慎，以免兒童害怕、焦慮，而不再接受諮商。

7.兒童與諮商員的關係應該是有目的的

成人要事先有技巧的告訴兒童來接受諮商的目的。即告訴兒

童為何來見諮商員。太清楚、真實的告訴理由當然這會有冒險。諮商員要事先清楚知道成人如何告訴兒童。例如兒童了解諮商的理由，則他們的關係是有目的的。

　　大部分的諮商員在諮商過程中會使用遊戲或活動，這些活動是有目的的。遊戲可能是指導性的，可能完全由兒童控制或設計的自由遊戲，重要的是諮商員在此過程中催化個案做改變。非指導性的遊戲為某些兒童會有治療性，但對大部分兒童，毫無時間限制，諮商員也未做適當的調適——這對於促進有目的的表達是沒有用的。有技巧的諮商員會在遊戲中利用機會，作有目的介入或干涉（interference）。總之，諮商過程中，諮商員的行動是有目的的。

🌿 兒童諮商員的特質或態度

　　每個諮商員會將其獨特的人格特質帶進治療性關係中，而影響治療效果。諮商員可以使用他自己的優點和人格特質去強化工作效果。有效諮商員是有其特殊人格特質或態度。愈來愈多的證據顯示這樣的一個概念——只要諮商員能自我察覺並使用這些特質作為改變的手段，則他就能發揮諮商效果（Okun, 1987）。

　　為建立適當的兒童——諮商員關係，諮商員最好具備某些基本的特質和態度。一個兒童諮商員絕不是扮演父母、教師、長輩（叔叔伯伯）或同輩的角色。

　　Geldard & Geldard（1997），Rogers（1985）確認四種條件是諮商員應該具備的，這充分而必須的核心條件是：無條件的正向關懷、真誠、一致性和同理心。後來 Carkhuff & Bereneson（1967）

增加兩種特質或技巧：尊重和具體。十三年後，Ivey 和 Simek-Downing（1987）將這些特質標示為溝通技巧。並加上溫暖、立即（此時此刻）和對質。Geldard & Geldard（1997）也為兒童諮商員提出類似的特質。兒童諮商員有利的特質如下，即諮商員必須是：

1. 一致性。
2. 接觸他自己內在的兒童部分。
3. 接納。
4. 情緒分離。

以下做大略的說明：

1. 一致性

兒童需要視諮商員是可信任的，且諮商環境是安全的。為達到此，諮商員必須是真誠的、內外一致的，不是表面的扮演非他真正自己的角色。

2. 接觸他自己內在的兒童

成人也有其兒童的部分：他是成人人格的一部分。接觸個人內在的兒童，並不表示孩子氣、反抗和退回。其目的是為更了解和進入兒童的世界—了解兒童的感覺和知覺，讓兒童獲得完整經驗的機會，而非去壓抑它們。因為「壓抑」感覺可能導致情緒困擾和精神官能症。相反的，分享和講出來時，負向的感覺可能會因而減少或改變。

作為一個諮商員，若能接觸我們自己的內在兒童，和接觸有關兒童期未解決的問題的痛苦，則較能了解一些困難，並對那些問題做對質而解除。若我們更開放，更接觸自己的感覺，兒童會更自由、更開放，如此關係會更好。

3.接　納

接納表示讓兒童做他自己，不加以判斷和抑制。接納不表示贊同。諮商員不要表達贊同或不贊同。因為兒童會因你的贊同而改變行為（以符合你所喜歡），而不會表現真正的、完整的他自己。作為一個諮商員，對攻擊的兒童接納不是容易的事，但是要將父母的角色放一邊，去接納兒童（但要遵守上述的限制原則）。

4.情緒的分離

為達到上述的接納，諮商員必須注意情緒的分離。不要太親近、太溫暖和太友善，以避免兒童陷入情感轉移，或只為享受此種關係而不冒險去做改變行為。相反的，假如諮商員太涉入情感而感到痛苦，會使兒童退縮而不討論其痛苦的經驗。

雖然諮商員必須保持情緒分離，但並不表示要表現無精打采、軟弱及疏遠。相反的，要保持中庸，讓兒童感到很自在。諮商員要做個冷靜和平穩的催化者，適時參與、傾聽、接納和了解兒童。

筆者認為，這些特質與Rogers的核心條件很類似，只是所用的名詞不同而已。一個兒童諮商員要將真誠表現內外一致性，無條件的正向關懷——尊重與接納，適度的情感涉入——避免情緒的兩個極端，和同理的了解——以兒童的眼光去看世界。將這些特質、態度或行為傳達給兒童。當兒童感受到這些時，關係才能建立且維持，同時才容易達到治療性的效果。

🌿 個別諮商的過程（階段）

一般而言，諮商過程本身包括四個階段。兒童諮商也可分成四個主要階段，但是在過程中常混合著使用諮商技巧、媒介和其他策略，尤其是建立關係和探討問題階段。另外，兒童不會自覺有問題而自動求助於諮商員，同時，兒童個案（尤其幼小兒童）常由教師或父母轉介。因此，兒童正式諮商在開始前與父母和教師的諮詢就很重要。透過轉介資源所獲得的資訊，幫助諮商員對兒童的了解是相當有價值的。

兒童易受環境的影響，尤其是學校和家庭。所以只諮商兒童是不夠的，還要父母或教師的參與─說明他們的態度、行為如何影響兒童的行為，並要求他們察覺並做適度的改變。唯有如此，才不致削弱治療效果。

總之，兒童諮商員除了諮商過程，還要作治療前的評估──從轉介者獲得資訊以利於作初步的假設，以及治療後對系統的說明─使環境成為助長新行為的一種助力。因此，兒童個別諮商整個分成：「諮商前的初步評估」、「兒童治療──建立關係、確認問題、解決問題和結束」、「諮商後與系統環境的整合」三大階段。以下逐項說明：

諮商前的初步評估

此階段開始於當兒童被父母或教師轉介到輔導室時，諮商員向轉介者獲取有關兒童個案的資訊──兒童的行為、情緒狀態、

人格特質、生活史、文化背景和在友伴間的行為表現等。此資訊並非完全正確，可能被扭曲，但此資訊還是有用，因為這代表轉介者對問題的觀點。

在此階段還要告知轉介者有關諮商過程的保密原則及諮商持續時間。同時讓教師或父母與諮商員談談有關其焦慮等。此時，諮商員根據轉介者的資訊，自己對兒童心理學的了解，加上經驗，並參考文化背景，做出初步的假設。據此假設，開始兒童諮商的工作。

兒童治療：建立關係、確認關係、行動階段和結束階段

建立關係

諮商是坦露個人的願望、問題、恐懼和失敗，並企圖改變行為和設定未來目標的過程。為使這種分享和溝通成為可能，氣氛就很重要。因此建立安全、信任、關懷、接納的關係是本階段的重點。

諮商員在此階段除使用諮商技巧外，還可使用媒介——玩具、遊戲等作為與兒童建立關係的策略。選擇適當的媒介必須考慮兒童的年齡、性別、個性和問題類型和媒介的特性等。

另外，諮商員要告訴個案有關的基本規定——什麼可做、什麼不准許做。個案可在隱密和守密諮商環境中自由表達，但不准傷害自己、諮商員和損壞設備。諮商員在速度上不要催促，讓兒童引導，創造一個容許和舒適的環境將有利於兒童開口講話。

探討或確認問題階段

諮商不僅僅是建立關係，它是使用助人關係去達到探討和解決問題——發展性或危機取向問題的一種過程。只停留在第一階段不是諮商，可能只是友誼、交談，或一種互動，而不被視為專業性的助人（Schmidt, 1996）。

在此階段為探討問題，諮商員必須與個案：1.維持信任關係，2.應用適當的媒介，3.提供自由或有意義的遊戲機會，4.使用適當的兒童諮商技巧。藉著諮商技巧的應用，兒童才會講述其關切的問題並和諮商員一起探討，坦露其問題所在。在此階段可能需要重新評估所用媒介的適當性。不合適時可重新選擇媒介。這階段可能出現抗拒和情感轉移─這是諮商員要處理的。

探討階段中，諮商員會選擇並應用某種理論來進行。例如，心理分析理論取向的焦點在「抗拒」和「情感轉移」、「夢的解析」等。阿德勒理論的諮商員會關注其出生別、家庭星群（family constellation）、行為目的、自卑感和評估其生活型態（life-style），以幫助個案了解他們的行為邏輯和其對成功生活的關連（Dinkmeyer, Dinkmeyer & Sperry, 1987）。相反的，行為理論取向的諮商員注重確認具體問題行為，蒐集基礎資料，檢視行為的前序刺激和後果，並發展行為技術，如技巧訓練、放鬆訓練、系統減敏感法，以便再下一階段做修正或改變行為。總之，諮商員若缺乏對諮商理論和技術的了解，就無法探討個案的問題，並進行解決、察覺和學習，因為理論提供探討的方向。

行動階段（解決問題）

關係必須移向行動以解決問題，否則就不是諮商。此階段重

點在實現所設定的諮商目標。延續上階段，它的進行受到諮商員所應用的理論影響。心理動力取向的諮商員重視頓悟的發展、態度和信念的重新導向，重視目標和選擇另一種行為。而行為學派策略包括：社會楷模、行為契約、技巧訓練、自我監視、做決定模式的學習等。

在行動階段，諮商員和個案共同擬定計畫和策略，監視計畫的實施，和評估策略使用的結果。若目標達到時就可結束諮商關係。

對於兒童而言，此階段也可藉著遊戲和諮商技巧的使用，和教育來完成。當問題解決了，兒童較能自在的與人建立關係，焦慮減少，並較能適應其環境。此時，諮商員要表現出對兒童的接納、信心和不判斷的態度。Geldard & Geldard（1997）認為此階段的重點可能是處理兒童的自挫信念，檢視其選擇和決定，預習和實驗新行為。

結束階段

當個案問題解決了，並達到諮商目標或適應性的功能時就可結束諮商關係。Gladding（1992）強調，在四個階段中，結束階段最被忽視和不被了解。或許是在成功的助人關係中，分離是困難的，會引發依依不捨、焦慮的感覺，所以處理這種感覺是重要的。某方面來說，助人關係可以繼續，但結束時間的設定也是需要的，因為諮商員的時間是有限的，其工作績效也被重視。

Gladding（1992）認為諮商關係持續多久，在過程的早期就要設定，如此會使時間有效的使用。因此，基於此觀點，花費幾次的個別會談在開始時就要設定。在某些個案中，結束的時間要讓兒童、父母和教師知道。諮商員在此階段要對個案的進步給予增

強,強調所獲得的技巧,鼓勵他們表達對結束關係的感覺,以及保證他會繼續受到支持,或尋找其他管道。

諮商後對系統的說明

兒童治療不能只對兒童本身,否則其效果是有限的。環境─尤其父母與教師的涉入是重要的。最好讓父母與教師了解,有時他們會對改變產生抗力。兒童可能經驗一段時間的挫折(倒退)和退回,這是學校和家庭需要有的心理準備。其他人有時會有意無意的杯葛新行為。成人的涉入治療過程─提供表達感覺和情緒的機會(有關改變過程)。

有時在不違背守祕原則之下,需要透露特殊的訊息給個案的學校或其他機構。例如,重要他人了解他過去的行為並能建設性的合作以促進行為的改變─對兒童有益處。這種合作使兒童繼續試驗新行為,和實施新習得的適應性技巧。

🎗 案例說明

背景資料

玉芬十一歲,其成熟度與年齡不相配,與母親住在一起。由母親帶往諮商中心接受諮商,因為她表現憂鬱、焦慮、過度敏感,同時在學校常與人衝突。她易哭泣,不專心和不聽話。

從與母親首次的會談獲知,玉芬是在母親無計畫之下懷孕

的，當然她的來臨是不受歡迎的，起初她是被母親拒絕的。然而，後來幾年成為母親的好伴侶和傾訴對象。當她十八個月大時，受到外公的性騷擾。對玉芬的行為和情緒成熟，母親有高的期望。

首次會談獲知，玉芬的母親被其母親疏忽和身體虐待，被祖父性騷擾，接受到僵化和嚴厲的家規。雖然玉芬的母親受到父母的虐待，但其他兄弟姐妹並未受到相同程度的虐待。玉芬的母親決定不以其父母養育她的方式養育玉芬，並決定提供玉芬較好的生活品質。

諮商前的初步評估

從與轉介者接觸獲知個案的重要資料—個案有不專心、不服從的行為問題，並認定有情緒問題—焦慮和沮喪。初步的假設是，玉芬與其母親關係有困難。

建立關係

諮商員使用自由遊戲與玉芬接觸。他要個案玩玩具家庭和布偶並參與她的遊戲。諮商員從觀察中發現個案有豐富的想像力和優越的抽象思考。她是友善的，但有時過於順從和渴望取悅家人。玉芬本以為諮商員會責備她的不適行為（母親所描述的），玉芬也同意母親對她的負向行為的描述。

當諮商員解釋諮商關係的性質和目的後，個案較覺得自在，且要諮商員參與遊戲。

探討階段

此階段可直接由兒童講他的困擾，也可間接透過媒介（遊戲）來達成此階段目標。在玉芬個案中，諮商員使用小動物，因為其情緒問題可能與其母親的關係有關連（因為玉芬最初被拒和不受歡迎，其母親自己和外婆有不滿意的關係）。透過小動物，玉芬可投射出其對母親、祖父母關係，進而直接討論關係。玉芬出現的問題有：

1. 玉芬相信母親不斷的推開她。
2. 玉芬擔心其祖父，但也對他的祖父好奇。
3. 玉芬相信當她表現好時才被母親允准接近其外婆。

諮商員使用玩偶做角色扮演——公主和小仙女，玉芬編故事，母親扮演公主。從此看出：玉芬想與母親有更多的身體接觸——但實際上與母親的關係並非如此。母親只在她頑皮、受欺侮時才對她有反應。同時，母親為保護她不受性騷擾威脅，不准她接近外公。個案也開始了解到母親不要她接近外婆——為此母親和外婆有爭執，個案為此感到自責。

當個案在處理強烈情緒或困擾時表現出所謂的抗拒—退縮並保持沉默，逃避直接處理她的痛苦。個案開始逃避繼續談論與母親的關係，而作一些無關的活動——在白板上畫畫以逃避面對她的痛苦。此時諮商員改換媒介，要個案玩黏土——做個小娃娃。諮商員鼓勵她去探討那種感覺像什麼。

此時，個案開始經驗到接近和分離小娃娃的感覺。諮商員鼓勵她們的對話——以表達害怕被遺棄，然後做反角色扮演。個案探討不被愛的理由可能因為她不是個好孩子的緣故。

工作階段

　　個案相信困擾她的是其信念問題。諮商員認為兒童必須放棄自挫的信念代之以理性的、適當的信念。這個信念被增強——因為個案在學校也沒有朋友，因為她不好，在家裡要表現好才被准許接近外婆等事實。諮商員在此階段的工作焦點要她看看其他人的行為——也是有時好，有時壞。同時，以正向的信念替代自挫的信念，並加強自尊——尋找個案的優點，使用家庭作業，同時邀請母親到聚會中來討論重要問題。最後請另一位諮商員與母親建立諮商關係。

　　此階段另一焦點是，個案開始如何做決定——以適當方法與同學和母親建立關係，在多種方法中做選擇。對母親方面，個案選擇以「妥協」方式與母親建立關係。對同學方面，玉芬選擇參與學校的社會技巧訓練團體以改善其人際關係。

　　在實施新決定方面，她與母親做共同興趣的事——二人皆相當滿意，關係改善了，個案覺得較安全。諮商員透過「家庭作業」改善她與同學的關係。同時使用「角色扮演」，以直接溝通並作「預習」和「練習」。角色扮演的情境是由個案的日記中選出的衝突事件。首先個案以個別方式，後來加入「社會技巧訓練」團體，以改善她的人際技巧。

結束階段

　　個案已解決被母親拒絕和遺棄的害怕。她和母親的關係改善了——有能力與母親溝通，且不再害怕公開的表達她的感覺。透

過與母親的討論，解決了與外婆的問題。她發現不再需要諮商就能直接講話，並處理一些關切的事，此時諮商就可結束。

從此個案實例可發現，諮商員透過多種媒介的應用，幫助個案處理其關係問題。媒介使兒童開口談論其問題，處理其抗拒現象。接著處理其不適的信念，並以角色扮演練習，加入個別和團體的社會技巧訓練。最後個案達到問題的解決，導向正向功能。（以上的個案實例及諮商過程要點摘自 Geldard & Geldard, 1997）

摘要

本章主要介紹兒童的個別諮商有關的要點。

兒童個別諮商不同於成人諮商，不能全以語言取向的諮商技巧，而要配合其他策略——遊戲、藝術和動作取向的活動。

兒童個別諮商目標分四個層次：諮商員、父母、個案和基本的目標。三種目標達到時，其基本目標自然會達到。

兒童與諮商員關係的特性為同理心、排外性、安全的、真誠的、保密的和具有目的等特性。

兒童諮商員的特質或態度為：正向關懷、真誠、一致性、同理心、溫暖、具體、對質與立即等溝通技巧或態度。Geldard & Geldard（1997）提出的重要特質有：一致性、接觸內在兒童、接納與情緒的分離。

個別諮商一般分成四個階段，但對兒童而言，要加上諮商前的初步評估，以後再進入治療階段——建立關係、確認問題、行動階段和結束階段。最後要對系統加以說明。

　　本章最後，以一個個案實例說明技巧與諮商過程如何配合進行。

第 **9** 章
諮商理論與技術

　　每個諮商員都必須熟悉各種諮商理論。諮商理論對於諮商員猶如地圖對於一個機車騎士，因為它幫助諮商員達到諮商的目的——促進改變或成長。具體而言，正如 Blocher（1987）所說的，各種諮商模式（model）提供諮商員行動的方向和直接的指引。它們指示諮商員在諮商過程中該採取何種計畫，以達到個案所追求的特殊目標。

　　Geldard & Geldard（1997）也認為諮商員要了解各種心理學理論，以作為諮商工作的支柱。理論提供諮商員做系統的觀察和解釋現象的一種架構。諮商理論企圖去解釋、了解諮商關係中所發生的事。這些解釋、預測和評估都是基於人類對行為觀點的各種理論。

　　諮商理論很多，選擇哪一種理論最適合你呢？這個問題的確令諮商員困惑。更複雜的是，近來諮商界浮現出一種折衷主張（eclectic position），在實務上，大部分諮商員和心理學家在臨床機構都採取折衷哲學（Corey, 1991），即選擇適合諮商員人格和對

特定個案有幫助的理論（Garfield & Bergin, 1986; Corsini & Wedding, 1989; Geldard & Geldard, 1997）。因此，諮商員要將有關聯的各種理論觀點和技術作統整，然後發展適合自己人格的諮商理論。

兒童諮商員也要了解各種理論，才能從中選擇適合自己和個案問題的理論作為工作的支撐。本章所討論的理論和概念最初的發展是為成人的，因為實際上成人和兒童的諮商方法有很大的差異，但是不同理論的治療師都同意，兒童和成人的治療基本原則是相同的（Reisman & Ribordy, 1993）。

諮商理論的分類

諮商的觀點（Approach）很多，但它們存在著一些相似性和相異性，因此有些學者將它們分類。例如 Barh & Huber（1985）將治療或處理（treatment）的觀點分成：情感取向、行為取向和認知取向。這種方法對諮商員是有幫助的，因為它能引導諮商員去確認問題的種類，改善哪一種心理功能──情感的、行為的或認知的問題為起始點。因為三者是互相關聯的，相互影響的。改變一種會連帶產生其他兩種心理功能的改善。

Okun（1987）將問題領域分成三大類──情感、認知和行為的，並將理論安排於一連續線上。他認為人本理論歸屬於情感性問題；心理分析理論是介於情感和認知之間；而認知論屬一類，行為論屬一類。以上兩種是依問題領域作為理論的歸類基礎。

Lichtenstein Morse（1980 & 1977）直接將理論分成：心理分析、認知和人本──行為三大類。Gazda（1989）將理論分成：心理動力、認知──行為、行為的和人本的四大類。Brown & Srebalus

（1988）將理論觀點分成：行為的、認知的、人本的和心理分析
四大類。這些分法都相當類似。本章將理論分成：心理分析、認
知、情感和行為的來探討，其重點強調與兒童諮商有關的概念為
主。

心理分析論

佛洛依德（Freud）

　　心理分析模式的發展期是從 1880 到 1930 年代（Thompson &
Rudolph, 1983）。大部分的兒童治療來自 Freud 的潛意識過程和防
衛機轉的發現與應用——原本應用在情緒困擾的成人。人類的防
衛機轉和潛意識，是為了因應無法處理困擾和忍受痛苦經驗（Dale,
1990）。另外，人格的形成——本我、自我和超我，他還強調「性
心理」發展，下面列出與今日兒童諮商有關的理論：

・本我、自我、超我。
・潛意識過程。
・防衛機轉。
・抗拒和自我聯想。
・情感轉移。

　　現代的兒童諮商員要察覺到，當壓力產生時會引發焦慮和內
在衝突，兒童的本我和超我會對立。本我盡力使本能滿足——導

致作出不可接受的行為。相反的，超我——後天學來的，是一種行為的道德限制（Ivey et al., 1993）。此時，自我要使本我、自我和超我一起合作。諮商員的工作是加強自我的力量，使三者達到平衡。

Freud 認為焦慮是潛意識過程的結果，例如：害怕的記憶——可能意識或潛意識的。另外其他的潛意識過程可能是本我、自我和超我的衝突。當兒童的自我不能解決潛意識的情境時，就產生困擾。

防衛機轉是潛意識的。它是保護兒童免於焦慮——面對本我和超我的衝突。Thompson & Rudolph（1983）提出下面的防衛機轉：

- 退回作用。
- 投射作用。
- 反向作用。
- 合理化作用。
- 否定作用。
- 理性化作用。
- 退縮（withdrawal）。
- 壓抑作用。
- 反抗作用（acting out）。
- 補償作用。
- 消除作用（undoing）。
- 幻想作用。

兒童常使用上述的防衛機轉處理他們的痛苦和焦慮（Thompson & Rudolph, 1983）。雖然正常人也使用，但它常干擾人們直接處理

問題的能力。

防衛機轉或抗拒常妨礙自由聯想作用。心理分析家認為抗拒是為迴避痛苦的經驗和怕引發焦慮，諮商員要向個案解釋這現象。諮商員鼓勵個案自由的談，而他傾聽，然後解釋。自由聯想對成人個案完全透過語言，但對兒童也可使用非指導性的遊戲。諮商員可在孩子的遊戲中，講故事或藝術活動中對浮現出的主題作解釋。

移情作用和反移情作用是 Freud 的重要概念，它在諮商過程中是不可避免的現象。假如忽視它，則關係將改變。關係的改變會干擾、侵害到治療過程。當諮商員懷疑移情作用產生時，要立刻停止，並儘可能客觀——這種警覺使自己避免像父母的行為出現，同時需要提醒兒童此現象的產生。反移情作用是諮商員常表現出滿足兒童的各種需求——保護、撫抱或教育。如此，兒童會避免面對痛苦的問題，不從真正的父母獲得滿足。相反的，有時兒童會投射諮商員為「壞」母親——表現出攻擊、辱罵行為。反移情作用，諮商員可能生氣，處罰兒童——使兒童退縮、服從或抱怨。這使諮商員變得不耐煩或憤怒。總之，諮商員對移情作用的產生反應如下：

1. 保持警覺——處理自己的感受、問題和需求。

2. 保持客觀——不以個案的父母角色做反應。

3. 讓兒童察覺此現象的發生——如：好像你要我像一位好母親對待你，或我想你好像生我的氣，因為你想我就像你的母親。（讓個案知道兒童與諮商員關係不同於母子關係）

4. 利用此情境探討一般親子關係的看法，然後，探討在家庭中與母親的實際互動經驗。

上述的第 1、2 項是處理反移情作用及有關的行為。第 3、4 項是移情作用的處理。若兒童不承認第 3 項的移情反射事實，則

探討有關的感覺，或移向第 4 項。

安娜・佛洛依德（Anna Freud）

佛洛依德的女兒──安娜應用心理分析理論於兒童的遊戲治療。她透過遊戲、畫畫、畫圖尋找潛意識動機，當關係建立好之後，向兒童解釋內容（Cattanach, 1992）。她強調關係建立後才做解釋──如此，兒童較會信任諮商員。他相信情感的依附或正面的移情作用是完成兒童治療的先決條件（Yorke, 1982）。

阿德勒（Alfred Adler）

阿德勒是佛洛依德的合作者，但在 1911 年與 Freud 分開，因為他反對 Freud 過分重視性的病原學。相反的，在他的人類發展理論中，強調個體是由社會責任和成就需求所激發，而非天生的本能（George & Cristiani, 1990）。他相信人是社會動物，不時尋找其生存地位。這種人類行為的發展觀點較適合應用在教育環境。

兒童的發展常受到他人的影響，而行為的反應也常依他人如何看他。Adler 對兒童諮商有很大的影響──鼓勵我們從兒童的較大環境去看行為。他排除酬賞和處罰，而強調自然和邏輯結果。總之，他強調我們從社會環境去考慮行為的原因和發展。

在個別和團體諮商聚會中，探討個案在家中的地位，對自我和他人的觀點，對質不良行為和建立關係──自我負責。在兒童諮商技術方面，應用遊戲治療，探討生命任務，使用想像和生活型態（Dinkmeyer, Dinkmeyer & Sperry, 1987）。阿德勒理論在實務上的應用是由他的學生，包括 Dreikurs（1964, 1968）、Dinkmeyer（1987）、

Corsini（1979）和其他人所發揚光大的。整體而言，他的理論對學校輔導、父母的親職教育和教師的教室管理有大貢獻。

人本理論觀點

馬斯洛（Maslow）

馬斯洛的需求階層論對兒童輔導與諮商有大貢獻──讓我們在輔導時能敏感到人類的基本需求或動機。雖然它不是為兒童而發展，但對兒童輔導也有關聯。它的應用在本書的第 3 章有描述。其需求階層包括：

- 生理需求──最底層（食物、水、休息、空氣和溫暖）。
- 安全需求。
- 愛和歸屬需求。
- 自尊和成就需求。
- 自我實現需求──最高層次（個人潛能的發揮）。

馬斯洛認為較低層次的需求未能滿足前，其能量就無法導向高層次需求的滿足，因此諮商員首先要關注兒童低層次需求的滿足。但也不必太僵化，因為不需要在需求完全滿足後才幫助高層次需求的滿足，同時也要注意其發展階段。例如，一個受到身體虐待者先要解決其安全，才能討論到自尊或自我實現的需求滿足。

羅傑士（Rogers）

羅傑士的早期工作對象是兒童，而且他寫了一本有關兒童治療的書。他強調諮商過程中治療關係的重要。他不注重個體過去經驗的闡釋所獲得的頓悟，羅傑士也討論到遊戲治療。因此，他強調「關係」是行為改變的主要因素。換言之，他認為建立關係是諮商過程不可少的，並且必須在進行治療工作的前階段建立。

羅傑士描述好關係的特性包括一致性（congruence）、溫暖、同理心和無條件的關懷，同時，諮商員要具有非判斷性的態度（對個案和其行為）。由於他相信，個案有能力去找到自己的解決方法，所以諮商員是非指導性的，僅使用積極傾聽和反映個案所說的。這些技術最能幫助兒童講話，尤其在治療的開始階段。

愛思琳（Virginia Axline）

愛思琳應用羅傑士的理論於兒童遊戲治療。他相信只要在安全的關係或環境下（治療師與個案），兒童有能力解決他自己的問題。他使用羅傑士的反映傾聽技術並強調同理心、溫暖、接納和真誠（McMahon, 1992）。

在遊戲治療中，Axline（1947）提出非指導性遊戲治療八大原則：

1. 治療師必須與兒童建立溫暖、友善的關係。
2. 安全的接納兒童真實的一面。（as he is）
3. 建立寬容的關係。

4. 辨識與反映兒童的內在感覺。

5. 尊重兒童解決問題的能力。

6. 讓兒童領悟（交談方向和速度）。

7. 不要催促治療進展。

8. 訂下一些必要的規則。

Axline 的觀點在遊戲治療的初期，尤其在與兒童接觸的早期相當有用。然而在後期可能需要採取較主動與指導性。

認知理論取向

艾力斯（*Albert Ellis*）

艾力斯是理情治療（Rational Emotive Therapy）的始祖。其理論最初是為成人，但是對八歲以上的兒童還是有用的（Geldard & Geldard, 1997）。RET 現今一般稱為理性情緒行為治療（Rationa-l Emotive Behavior Therapy），即一種認知行為治療（Cognitive Behavior Therapy）。此理論也常稱為「ABC 心理治療」。A 代表引發事件，B 代表個人不合理的「信念系統」，C 代表情緒結果。相同的事件，對不同的人導致不同的「C」，Ellis 認為不同的 C 是由於 B 所造成的，而非 A。

在實際諮商中，諮商是給個案直接的勸言和解釋。因此，先偵測不合理的信念，再加以挑戰其不合理性，再代之合邏輯的想法是其諮商重點。對兒童而言，我們常將兒童的自挫信念替換合

理信念。挑戰自挫信念，加強他們的自我概念和人際關係。Ellis
相信不合理信念是從他們重要他人學來的。同時挑戰它們以後，
適當的解決問題和做決定才能發生。具體而言，理情治療使用
ABCDE方法進行。「A」是引發兒童傷心的「事件」——如「沒
有人喜歡我」是 B，C 是傷心、被拒、生氣等負面的感受。D 代
表偵測其不合理性的負面想法，此想法會輕視自己，或覺得無
助。此時要驗證這些信念的正確性。E 是幫助兒童學些正面的自
我信念並選擇健康的行為。

美琴邦（Meichenbaum）

美琴邦（1977）發展另一種認知—行為觀點—即確認和改變
人們的自我語言而非解釋他們的不合理信念。他的取向又稱為認
知行為修正（cognitive behavior modification）—即教導具體的問題
解決和因應技巧以處理行為問題。內在對話是傾聽和對自己講話
的混合過程。

他認為諮商是一種認知重建的過程。在此過程透過重新檢視
基本假設和態度以攻擊自挫思想。透過認知重建，諮商員幫助個
案檢視其知覺和信念，並負責改變破壞性的思想類型和有關的行為。

認知取向觀點，如RET理論和認知行為改變技術，對學校兒
童很有用。它強調教導並加強幫助學生學到責任、因應技巧和健
康的自我——語言。

行為取向理論觀點

行為理論是源自行為學派心理學。它可追溯至最早的巴甫洛夫（Pavlov）的正統條件化，然後是華森（J. B. Watson），最後是史金納（B. F. Skinner）發揚光大，使行為理論受到普遍的歡迎。

行為學派的共同前提是，大部分的人類行為是學來的。因此透過操控和學習環境的安排行為是可以修正的。所以諮商過程變成一種專家安排學習或重新學習的經驗。Hosford（1967）強調行為諮商員所使用的技術包括：操作性條件化、社會楷模、角色扮演、模擬、系統減敏感法和增強作用。此外強調具體、可觀察的諮商目標而非廣泛和籠統的目標陳述。

Blackham 和 Silberman（1980）提出的操作性模式包括下列的六大步驟：

1. 以操作性定義並陳述要改變的行為。
2. 記錄基礎資料。
3. 安排學習或處理（treatment）。情境——以利目標行為的發生。
4. 選擇增強物。
5. 塑造和／或增強目標行為。
6. 評估進步情況。

行為學派的諮商重點在兒童的行為，行為比語言表達更適合兒童，尤其對低年級的兒童。使用語言表達對於以行動取向的兒

童不是很有效。

行為諮商中諮商員要應用增強作用，幫助學生達到行為目標，同時，他要與老師和父母合作以改善學生環境，才能強化適應性行為，消除不適行為。最後鼓勵學生由外在「增強」轉變成「內在增強」。換言之，好的成就不依賴「外在認可」而更重要的是「取悅自己」而得到私自的滿足。

🌱 1980 年代以後兒童諮商的新進觀點

1980 年代以後，諮商專業出現兩種發展，即折衷諮商或治療（eclectic position）和短期諮商或治療（brief counsellng 或 therapy）。

雖然目前還是有諮商實務者採用單一理論做兒童諮商工作。Corey（1991）說：大部分的學校諮商員和在臨床背景的心理學家，在實務上都採用折衷哲學（eclectic philosophy）。另外 Messer（1986）、Garfield & Bergin（1986）和 Smith（1982）的調查皆發現折衷派最受歡迎。折衷主義是指從各種資源或系統中選擇方法或技術。折衷諮商是建立在一個概念，即刻意的從各種理論取向，而非基於單一理論。在實務上，諮商是依個案的需求並選擇適合其特殊問題或情境的理論，選擇後，檢視它們的價值，然後將理論原則和實際方法融入自己的概念架構。因此前節的各種理論還是被綜合的使用。

多種模式與折衷諮商

使用多模式（multimoda）諮商基本上也是一種折衷取向。Keat

（1978, 1990）採用 Lazarus（1970, 1990）的 BASICID 輔導模式（B：行為，A：情感，S：知覺，I：想像，C 認知，I 人際關係，D：藥物／生物）做兒童諮商，由於折衷取向模式──主要以行為理論和採用全方位的哲學觀點，在 70 年代變成很受歡迎。在過程中，Keat 發展 HELPING 輔導模式──H 代表健康（Health），E 代表情緒（Emotion），L 代表學習（Learning），P 代表人格（Personal），I 代表想像（Imagination），N 代表需要認識（Need to Know），G 代表行為的輔導（Guidance to Behavior）。

改變的動機對兒童而言是外加的，而非是成人自願的。因此在 HELPING 和 BASICID 兩種模式。健康包括藥物、飲食和其他元素。情緒包含情緒情感向度，學習包括知覺──家庭和學校。個人問題和人際問題一樣。想像包括興趣和自我形象的一些面。認識的需求涉及思維技巧和其他認知過程，最後輔導的焦點在關係（行動、反應）和兒童行為的後果。在諮商時，諮商員做完整的評估後，從各種策略中選擇以幫助個案──使用的技術是從不同的諮商理論選出的。同時，在治療時需要諮商員和醫生（Drug/Biology；Health）、學校心理學家（Cognition；Need to Know）和教師（Sensation；Learing；Guidance）的合作。此模式應用在很多的背景，尤其在學校更是普遍（Gerler, 1984; Keat, 1990; Lazarus, 1990）。因為影響人際關係、發展和學習是多因素的。

短期諮商

過去幾年的重大發展是短期治療（brief therapy）的採用。在現代社會中，諮商員受到工作績效的壓力很大（Cade, 1993），尤其在學校機構，需要照顧的學生很多，諮商員感受到時間的壓力

更大。De Shazer（1985）對短期治療有大貢獻——強調解決問題而非找出問題的原因（Watlter & Peller, 1992）。也就是，此觀點不太重視問題如何產生或甚至問題如何保持下來（Huber & Backlund, 1992）。一般而言，短期諮商較適用於解決急迫性問題或做教育性和生涯的決定。總之，它較屬於行動取向的方法。

近來也發展一種時間限制的遊戲治療（time limited play therapy）。採用遊戲的短期治療想法是和心理動力取向合併方式。其過程是先做簡單的評估，然後，諮商員選擇一個中心主題，針對此主題做治療工作。對兒童而言賦予能力（empowerment）、適應力和自我強化為主。它同時注重未來而非過去。然而，中心主題（問題）也受到兒童過去的影響。一般的兒童個別諮商聚會限制在約 12 次，這種形式的治療強調指導性和解釋性。

Sloves & Belinger-peterlin（1994）在 Schaefer & O'Connor（1994）的書中很清楚的說明，時間限制的遊戲治療對某些兒童特別有效，但非對每人有效。最有效的是兒童創傷後壓力偏差、適應偏差或兒童失去父母（生病）。也就是說，它對具體情境性困難或創傷反應較有效。而傳統的心理動力治療被證實對聰明的、中度困擾的兒童較有效（Millman & Schaefer, 1977）。

總之，從文獻上難以證明哪一種理論適合治療所有的兒童。有效方法的選擇要考慮特定兒童和問題。1980 年代來，由於治療時間的壓迫，使得短期治療受到重視。同時折衷主義的盛行也影響採用多模式形式於兒童諮商的實務上。

諮商技巧

　　諮商過程或階段，諮商員特質和諮商技巧是構成諮商的三個
重要向度（dimension）（Okun, 1987）。諮商過程的進展或階段目
標的達成需要依賴諮商技巧。儘管兒童的人格和問題是多樣化
的，但是有些基本技巧常是有用的。本節所介紹的技巧是適用於
不同的兒童和不同的工作格調。

　　諮商過程一般分成四個階段——建立關係、確認問題、行動
（工作）階段和結束。每個階段為達其階段性目標，其所應用的
重點技巧會有些不同。以下是Schmidt（1996）提出的四階段諮商
的技巧說明：

表 9-1

階　　段	催化技巧	短期諮商和危機調適技巧
1. 建立關係階段	專注技巧 傾聽技巧 反　映 核對知覺	支　持 評　估 使安心
2. 探討問題階段	問問題 集中問題或確認問題 作摘要	控　制 指　導（directing） 檢視可行方法
3. 採取行動階段	提供資訊 發展可行方法 選擇可行方法 對　質 妥　協 建　議	表現樂觀 調　適 安　慰 核對進步
4. 結束階段	支　持 評估關係	轉　介（需要時） 追　蹤

　　催化技巧這一欄所列出的技巧都可用在各種諮商關係。另一欄所列的技巧是為短期諮商或危機調適。第二欄與第一欄的合併使用才能得到有效的調適。

　　基本的專注和傾聽技巧是為讓個案知道他的話被聽到和被了解。同樣的，藉著反映感受和內容，諮商員告訴個案——他們的訊息被聽到，他們的感覺被接納，他們的問題被了解。這些技巧的配合使用孕育能同理、尊重和接納的治療性氣氛。

　　另外幫助個案的談話集中在適切的主題（不離題），並朝向某具體方向——達到進一步的了解。做摘要技巧在於鼓勵保持焦點和朝向目標。

　　總之，我們會認為專注、催化和其他技巧對第一階段建立關係特別重要。但這些對整個過程都會有利，只是在諮商關係的早期特別重要。而問問題、集中問題和資訊使諮商關係移向第二階段——探討問題——使個案更清楚表達問題和關切的事。在此要讓個案有改變的承諾，幫助他做些事，並提供資訊做正確的決定。

　　除了這些技巧外，在諮商關係中的正向行為包括：確認和分析問題、行動計畫，類化新行為於日常生活中、解決新問題和將問題轉變為挑戰和目標（Brammer, 1994）。換言之，為鼓勵學生做行為改變，其技巧如楷模、酬賞、家庭作業是諮商員和教師常被鼓勵去使用的。

　　有關兒童的個別諮商技巧，Geldard & Geldard（1997）也提出類似的看法。他在各階段中，諮商員依諮商的階段目標，提出達到目標的技巧。

　　筆者整理之，目標以四個階段來說明：

1. 建立關係階段

使用觀察技巧
包括外表、行為、心智、語言、動作、遊戲與諮商員的關係。

積極傾聽
- 包括肢體語言（和兒童平坐）。
- 使用簡短反應（啊哈……）。
- 使用反應感覺、內容。
- 使用摘要技巧。

2. 確認問題：觀察和積極傾聽技巧

- 問問題——開放性問題為佳。
- 複述（restatement）。
- 使用媒介。
- 處理抗拒。
- 處理情感轉移——包括反情感轉移。

3. 行動階段

處理不適的和／或自挫信念或正常化——包括挑戰概念改變對情境的看法，擴展並提供資訊和普遍化（normalization）。

催化改變——探討各種可選擇的項目和抉擇；行為預習和試驗新行為。

4. 結束階段。

諮商技巧實例

反應內容（複述）

個案說：我的爸媽都在上班，回家時他們都還未下班，
　　　　只有小狗在家。

諮商員：好像你父母常不在你身邊。

　　　　（在玩玩具時）

個案說：來啊！小馬快跳過小圍牆，快些，再一次，快
　　　　點跑啊！我來幫你……。

諮商員：你好像一直在鼓勵小動物快越過障礙物。

反應感覺

個案：每次我要求我媽讓我到朋友家過夜，但她都說「不
　　　可以」，但我的哥哥上個週末就可以，這次輪到
　　　我……。

諮商員：你好像很失望，或你好像很生氣。

　　　　（孩子在玩具室玩）

個案說：我告訴過你不要將地板弄得一團糟，你最好收
　　　　拾乾淨。東西弄滿地，太頑皮了。

諮商員：那個母親好像很生氣。

反應感覺和內容

個案說：以前國雄和我常在花園玩王子和公主。他常做

國王，並坐在這岩石上，好像是寶座。現在他在天堂不會再扮演了。

諮商員：你很悲傷，因為國雄無法再跟你玩了。

個案說：要避開這些孩子王，他們還會跟隨你。告訴老師他們還會修理你。好像一點辦法都沒有。

諮商員：你好像覺得很無助，因為你不知如何處理這件事。

簡短反應

個案說：……。

諮商員：適當的以「我了解」、「我懂」、「啊哈」、「是的」，配合偶爾點頭以表示認可與鼓勵個案繼續說。

開放性問題

諮商員：談談與你母親住的情況怎麼樣？

談談你的家人怎麼樣？

談談你的學校生活怎麼樣？

封閉式問題

諮商員：你今天坐公車來嗎？

你很怕你的哥哥嗎？

你幾歲？

澄清的要求

諮商員：你能否再說一遍？

你能解釋一下，你和他的問題嗎？

你剛才說，你父母相當冷漠，那是什麼意思？

具體技巧

個案：最近覺得不想念書，不知道要做什麼？

諮商員：舉出最近這幾天發生的事，讓我了解什麼事件
與你的感覺有關。

立即技巧

個案：我不知道怎麼樣告訴你有關發生在我身上的事。

諮商員：好像有一些事使你不信任我，使我無法更了解。

對質技巧

諮商員：你說你很生氣，然而你卻在笑？
一方面你似乎成績不好而傷心，但另方面又好
像你不在乎？

媒介的使用

在諮商過程中媒介和諮商技巧配合使用，才能幫助兒童講他
的故事，並能提高他對問題的察覺。另方面媒介的使用較能使兒
童保持興趣和不離題——而問題或直接的講起他們的故事並表達
他們的情緒。這是兩階段過程：接觸他的情緒感受，然後去表達
它們。

在治療過程中，諮商員可能開始時詢問他使用媒介的感覺，
並集中在他做什麼（使用媒介）。然後，集中在他的生活情境，

而不在他做什麼。例如問：這類似你的生活嗎？這是否也會發生在你身上。

　　觀察兒童遊戲時要注意其聲調、身體姿勢、臉部和身體的表達、呼吸和沈默——這些會提供一些訊息給諮商員。總之，使用媒介可以幫助兒童講他的故事，接觸其問題的情緒感覺，再加上配合適當的諮商技巧才能達到治療目標。

摘要

　　諮商理論提供諮商員行動方向和直接的指引——指示諮商員在諮商過程中該說什麼、做什麼，以達到個案所追求的特殊目標。同時理論提供觀察和解釋發生在過程中的架構。

　　諮商員要熟悉各種諮商理論。九大理論可分成幾大類——情感取向、認知取向、心理動力取向和行為取向，或分成——行為的、認知的、人本的和分析的四大類。

　　本章只介紹歸屬四大類中的重要理論：

　　㈠心理分析論——Freud、Anna Freud 和 Alfred Adler。

　　㈡人本理論——Maslow、Rogers 和 Virginia Axline。

　　㈢認知理論取向：Albert Allis 和 Meichenbaum。

　　㈣行為取向理論以及最近（1980 年代後）兒童諮商的觀點——折衷諮商或治療與短期諮商（eclectic position 和 brief counseling 或 therapy）。

　　諮商技巧是諮商過程重要向度之一。諮商過程的進展或階段目標的達成需要依賴諮商技巧。本章介紹的重要技巧分為：傾聽技巧、專注技巧和動機（較有影響力）的技巧。每個階段所使用

的重要技巧有些不同，因此技巧如何配合階段過程也做了概要的
說明。

　　本章最後舉出一些重要技巧的實例以供說明和練習。

第 **10** 章

團體輔導與諮商

　　近三十多年來，團體技術被認為是諮商員養成教育的重要一環，即諮商員不但要會以個別諮商做助人工作，而且也要會以團體方式做諮商工作。團體過程已被承認是正統的且是一種有效的諮商方法，尤其在幫助兒童有效的與他人互動，並在團體環境中探討他們的知覺。團體提供兒童機會，以確認和討論可接受和不可接受的社會行為，他們並可在團體內練習新行為或技巧。

　　促進所有兒童在各領域達到最大的發展是學校輔導的重要目標，這個目標的完成唯有透過團體方式才能普及於全體學生。同時團體輔導使諮商員和學校資源獲得最大的利用，尤其是諮商員的時間應用和父母與教師助人潛能的發揮等方面。學校常使用的兩種團體過程是團體諮商與團體輔導以及團體諮詢（Group Consultation）。團體諮商是一種強調守秘和互動的助人關係，在此，諮商員鼓勵成員探討，有關發展性、預防性或矯治性的主題。團體輔導偏向教導性（instructional）和資訊性的提供。團體諮詢包括教師的在職訓練、父母的親職教育等。其中輔導知能的提供最

受到重視。

　　本章主要討論以學生為對象的兩種團體，即團體諮商和團體輔導。兩種團體的區分在目標和它們個別的益處和限制，以及團體諮商是如何組成團體。

團體諮商的性質、目標和組成

團體諮商的性質和目標

　　團體諮商適用於某發展領域落後或有危機問題，或高危險群（如單親家庭兒童）以幫助兒童成長或改變感覺、態度和行為。「危機取向」的團體成員可能是受虐兒、懼學症問題等的兒童。以受虐兒而言，幫助他們去認可他們獨特的價值和為人的價值，認識他們的權利，以及探討未來應急的問題──如同輩相處方法和衝突處理策略。「發展性團體諮商」的主題在幫助兒童有關社會、情緒和其他領域的發展。這些成長取向的主題類似「班級輔導」。但是以小團體方式進行，易使互動和親密性增加，因為他們處在一種安全、被保護的環境下進行團體。另外發展價值、社會技巧、生涯察覺和健全自我概念的培養也常是班級輔導的主題。

　　Gazda（1989）將團體諮商分成傳統的「晤談式」團體諮商和「結構式」的社會技巧訓練兩種模式。即使是「晤談式的團體諮商」對兒童而言也要採用結構性的活動取向方法。至於國小高年級還是以結構性活動為主，或行動取向的技術較適合，但是活動後要接著分享。

結構式或行動取向的活動包括：*1.*圖畫的使用，*2.*解決問題和做決定練習，*3.*圖書治療，*4.*鏡子的使用，*5.*詩的使用，*6.*玩偶的使用，*7.*未完成句子的使用，*8.*音樂和舞蹈的使用，*9.*行為改變技術的使用（楷模、契約、增強作用、練習、角色扮演、家庭作業等配合使用）。另外還可以使用各種媒介（meia），如黏土、雕刻等。

團體諮商組成的考慮要素

首先要考慮團體的人數。團體的大小常依團體的目的、成員的年齡、聚會次數和問題的嚴重性而不同。一般而言，若一個人領導，其團體人數為五至八人（Schmidt, 1996），若有助手，則可增加至十人。助手最好是異性——類似家庭生活。人數太多，凝聚力會減少（Jacobs, Harvill & Masson, 1988）。而且人數超過十人，則團體過程會較散漫、互動和關係動力會改變（Myrich, 1993）。

團體諮商的聚會時間一般也依年齡不同而不同，年齡愈小其注意力愈短，以四十五分較適宜。但其頻數可考慮一週兩次。聚會持續時間可為十至十二次，在學校以一個學期為主。Gumaer（1984）認為問題取向團體可較長——十五週。因為行為的改變要求較長的時間。

在成員問題，性別與年齡的異質和同質考量上，成長團體以異質較適合——類似社會情境。問題取向或危機團體以同質較適合。

總之，團體諮商是受過訓練的諮商員在團體內孕育治療性氣氛——了解、尊重、接納和支持的氣氛。探討影響成員成長並發現他們的阻力——感覺、想法和行為。同時團體成員做自我坦

露、傾聽他人，他們形成親密關係，在解決問題和處理過程中彼此支持與接納。由於兒童階段的發展特性──語言不熟練、認知發展的限制、團體內的互動不能以純語言互動，因此強調結構性活動或動作取向的活動。

團體輔導的性質、目的和歷史發展

團體輔導的性質和目的

團體輔導本質上強調教導性（instructional）和資訊性。團體輔導在互動上和分享上不及團體諮商深入，它往往是由領導者主導團體的進行，強調教導，並提供資訊為主。一般而言，團體輔導以某特殊學習目標（主題），或為發展所必要的資訊的提供為重點。

團體輔導的目的是藉著教導、提供資訊幫助團體成員做生涯、休閒或教育上的抉擇，或間接的改變態度。促進成長和發展及預防問題的產生。以兒童而言，如健全自我概念的培養、社會技巧的增進和解決問題、做決定技巧的學習皆是好題材（Morse & Russell, 1988）、Gladding（1991）描述團體輔導：透過傳遞資訊或檢視價值，以預防個人或社會性的偏差（disorder）。Myrich（1993）主張以團體的焦點和帶領方式來區分大團體和小團體諮商。

Gazda（1989）認為團體輔導目標主要是提供資訊和資料，以幫助個體做計畫和抉擇。團體輔導性質上是預防性的。蒐集資訊是為職業和教育上的決定，其活動內容重點在教育性、職業性、

休閒與個人。實施場所在教室，人數在二十至三十五人之間。而團體輔導的責任落在領導者——教師或諮商員身上，尤其在管理、指導、活動設計和結構等方面。

團體輔導的歷史發展

從上面對團體輔導的定義和性質的描述幾乎可認定，團體輔導的歷史和正式的學校教育一樣的久遠。因為長久以來教師也常使用團體達到今日所謂的學生輔導目的。在學校教師也常使用輔導活動以提供資訊，這些資訊與課程無關。非學校機構也常利用團體提供資訊、發展技巧、提供個人成長與發展、始業訓練和協助做生涯和教育的抉擇（Gibson & Mitchell, 1990）。

團體輔導運動始於二十世紀初葉的美國高中（Ceder Rapide 高中）的「職業和道德輔導課」和 Westpart 高中的「職業資訊」課，這些課程是教導式的。到 1930 年代，非職業性的主題出現在學校的導師時間。其主題包括建立關係、確認學生的需求和能力，及發展適當態度。後來由諮商員提供教師的諮詢服務，以促進學生的發展。團體輔導停留在教室直到 1950 年代。1950 年代末和 1960 年代早期中，團體輔導已失去其影響力，反而團體諮商開始影響團體輔導。

1970 年代由於受到行為諮商和技巧訓練的影響，對傳統的團體輔導產生很大的衝擊和變化，即結構性團體運動的興趣。它改變對各年齡層，尤其對小學生施以結構性的輔導活動。這個運動回到其原來的教育取向，並以技巧訓練為重心（Gazda, 1989）。因此，近代的兒童團體輔導主要以結構性的技巧訓練為主。

團體輔導活動的組成步驟

團體輔導活動強調預先計畫，不能隨一時之興而做才能達到目標。團體輔導又可分成大團體和小團體。小團體輔導的組成過程類似團體諮商，但二者還是有些微的差異。而大團體輔導活動基本上為每一個人都需要且有益的，每人都可參加，不必加以篩選或經過任何程序。筆者認為大團體輔導還是要在年度計畫中先預定。這些大團體輔導活動，如為工商界員工的壓力管理、高三、國三或大四學生的生涯輔導——生涯規劃、生涯資訊、生涯決定等。下面提出組成團體輔導尤其是小團體輔導的重要原則：

決定團體輔導的需求

團體輔導常是事先安排和計畫好的，也就是常按照預先計畫表做的活動。但是有時候這種事先計畫好的活動並不符合實際的需要，因此必須先做「需求的評估」以決定實施何種團體輔導。評估需求可採用問卷、問題調查，或使用檢核表給特殊母群，如此可提出事實資料以確認哪些人需要團體輔導。

決定最適當的調適方式

當需求決定後，要考慮最有利的調適方式——團體輔導、團體諮商或個別諮商，或只施以某種教導？在此再強調一次，基本上團體輔導是對每人有益的，每人均可參加。

　　小團體輔導是為母群中小部分人的需要，它強調特殊目的，滿足大母群中少數人的需求——是學校或其他機構的輔導單位計畫的一部分。例如，發展求職面談的技巧、書寫履歷表技巧、讀書技巧、自我肯定訓練、溝通技巧、生涯教育和價值澄清等。這種小團體輔導還是強調提供資訊以訓練學習做計畫和決定、個人發展為目的和學生適應為目的等。

決定團體特性

　　一旦決定以小團體輔導方式進行時，就要決定團體的特性。團體大小是首要考慮的。其次是形式，包括：活動類型、每次聚會時間、一共幾次和實施地點。最後決定諮商員在團體內的角色——積極參與者或觀察員、提供何種資訊。

組成團體

　　團體特性確定後，就要選擇成員。他們可以是自願的或被邀請的。確定團體成員時，要證實設計好的活動是否反應成員的需求，結構或運作形式是否適合他們。這些因素對大團體不重要，如始業訓練、生涯的需求，或其他特殊資訊為目的的團體。但是上述考慮要素對小團體是需要的。

監視進行中的活動

　　團體輔導活動常以演講或討論（小組討論）進行。此時諮商員就要負責使討論不離題。對於未有這種經驗的成員常容易偏離

活動主題與目標；從事與活動無關的閒談而傷害團體功能。要使活動有意義，領導者要監視活動的進行，促進團體的進展並導向團體目標。筆者帶團體活動時，常在各組討論時走動，也常提醒學生不許離題而討論無關個人之事或閒聊。

評估結果

先建立清楚的、具體的、可衡量的目標，然後將觀察到的資料，再加以分析。評估的目的是決定團體結果是否有效，同時決定哪一種技術最有效，以作為將來改善的依據。筆者在帶領團體之後，常以「我學到……」、「我發現……」和「我感覺……」作為粗略的評估方法。

總之，由上面的陳述可清楚的看出，團體輔導可以大團體，如以整班、整年級為主，此時常以預定課程或安排演講、討論會進行。這種大團體，基本上為母群內每人都需要的活動，就不必考慮上述的組成原則。另一種小團體輔導，它是因應大母群內小部分人的需求所組成，希望藉此獲得某具體結果。此時的組成過程類似團體諮商。這種團體必須先做需求的評估，決定團體的特性，成員的選擇，監視團體中的團體活動和進行團體效果的評估。

大團體輔導——班級輔導的課程

最近幾年在美國的各級學校有重新要求實施「班級輔導」課程，以促進兒童的社會、情緒發展的趨勢（Berlin & Sam, 1988; Martin, 1983; Purkey & Aspy, 1987; Ryan, 1986）。Gazda（1989），也主張生活

技巧訓練必須以課程方式實施才能使全體兒童達到各領域的最大發展。這些領域包括：「人際關係／人際溝通」、「生活目標／認同發展」、「生理健康／保健」、「問題解決／做決定」。這些技巧可在家庭、社區、學校、在工作場所發展和使用，同時強調各專業人員配合實施──學校健康中心人員、社工和諮商員共同配合實施。另外，可考慮對全校教師做短期訓練，再由教師帶領班級輔導。以下介紹兩種班級輔導課程：

重要的生活技巧類別及其內容

Brooks（1984）做了兩年 Delphn 調查，根據專家的意見，列出兒童期、青少年和成人期的重要生活技巧。分別為

1. 人際溝通／人際關係

這些技巧是為達到與他人在語言和非語言的有效溝通，包括：同理心、溫暖和真誠、清楚的表達觀點和意見、對質、給回饋和接受回饋等的學習。

2. 認同發展／生活目標技巧

這些技巧包括自我監視（自我報告紀錄）、提升自尊、價值澄清、性別角色發展，及與性有關的價值與道德和生活意義等，以達到自我察覺和自我認同。

3. 健康／健康維持技巧

這些技巧包括動作之協調、發展、營養的均衡、體重的控制、身體的健康、運動的參與、性的生理面、壓力管理、休閒活

動的選擇等是必須的技巧。

4. 解決問題／做決定

這些技巧包括，蒐集資訊、評估資訊和分析資訊。問題的確認、解決、實施和評估、設定目標、系統的計畫和預測、時間管理、批判思考等。

以上各類別的具體技巧，透過活動的設計，情境由簡單到複雜，由各種專業人員配合實施。例如，學校健康中心負責「健康／保健技巧課程的訓練」。

以阿德勒「社會興趣」為基礎的課程

增進兒童的心理健康（衛生）是輔導的重要目標之一。Nicoll（1994）根據阿德勒的社會興趣（Social Interest）理論提出班級輔導內容。他認為社會興趣是心理健康的表徵。大部分兒童和青少年的問題，可追溯到他們的社會興趣不足夠的發展所導致。社會興趣被界定為是一種對他人或團體的取向，並感到與他人有連繫和被接納，且與人類平等（Adler, 1979）。他認為這些技巧屬於天生潛能且是可發展的，但是個體為達到心理健康必須被教導和訓練。因此學校諮商可採用社會興趣為理論架構，依年級從簡單到複雜來訓練這些技巧。這些技巧可依階段實施：

1. 輔導目標

(1)預防兒童或青少年的社會與情緒問題。
(2)加強社會技巧的發展。
(3)改善教室氣氛──增進學業成就。

2.輔導課程階段

階段一：了解自己和他人

(1)設計活動以增進自我認識與自我了解。

(2)了解人類的相似性與獨特性。（主題：人的相似與獨特性，不同的家庭格調、了解個人的價值、興趣、欣賞文化和種族的多樣性）

階段二：發展「同理心」技巧

(1)設計活動教導學生認識人類的各種情緒。

(2)認可自己和他人的感覺。

(3)了解行動如何影響他人。

(4)重視他人主觀的感覺和經驗。（站在他人的立場，學習用他人的眼睛去看，他人的耳朵去聽，和用他人的心去感覺）

階段三：溝通技巧

(1)設計活動學習積極傾聽。

(2)清楚和直接的表達感覺和想法。

(3)幫助學生在人際互動中，察覺並注意語言和非語言訊息。

階段四：合作技巧

(1)學習在非競爭、合作的態度下工作。

(2)以合作性的競賽，或班上的合作學習以促進學習。

階段五：負責任的技巧

(1)要學生面對現實、負責他們所做的抉擇和導致的後果。

(2)生涯察覺課程。

(3)酒精、毒品濫用課程。

(4)拒絕技巧訓練。

(5)衝突處理技巧。

(6)做決定技巧。

(7)性教育。

以上所介紹的各種班級輔導課程實例，包括的技巧相當的廣泛，它能促進兒童和青少年各領域的均衡發展，達到心理健康和預防問題的產生。

團體諮商的優點與限制

了解團體的性質、目的與如何組成後，決定實施前，也要考慮兩種團體的優點與限制。以下先討論團體諮商。

團體諮商的優點

1.團體諮商提供一種社會情境，在這種安全、非威脅的氣氛下，成員分享所關切的事，彼此比較觀點，並彼此支持。而個別諮商缺少這種經驗和交流。

2.兒童的很多行為是在團體內學來的，同時，在團體內才能有效學習或消除某種不適行為。

3.幫助兒童處理同伴關係和社會行為時，團體諮商比個別諮商更有效。

4.團體諮商較能激勵兒童去學習有效的傾聽技巧。因為傾聽、同理心幫助成員達到某程度的了解。

5.團體諮商比個別諮商經濟，因為團體諮商一次可幫助多人。

團體諮商的限制

1. 有效的團體工作要求高度的領導技巧。團體諮商比個別諮商複雜，因為所要考慮的因素和過程的動力是複雜的。諮商員在團體中較不能控制，因為有些人需要特別注意，而且要觀察較多的互動情況和管理（Myrich, l993）。

2. 團體諮商比個別諮商更費力，因為團體組成前，團體要涉及多單位的配合，團體中要專注團體的進行方向，平均的關注團體成員和建立有效的關係。

3. 團體諮商並非適合所有的人。有嚴重的行為偏差者，反社會性格者或其他失功能者，可能不適合參加團體諮商。分裂行為者、智能太低者和嚴重的情緒問題者，可能較不可能從團體獲得益處。

團體輔導的優點與限制

團體輔導的優點

1. 團體輔導，諮商員和教師傳授資訊或教導大團體。團體輔導比個別諮商能使更多人受益，同時它能提供討論和分享。

2. 團體輔導不需要求特別的訓練——諮商理論和技術，因為它偏向於教導的方式。教師只要具有催化技巧就能成功的帶領團體輔導。

3.輔導最好透過各科教學而實施──整合於各科的教學活動中。

4.團體輔導，尤其是班級輔導加強人類各領域的發展或關係的建立，如此會改善班級和學習的環境。透過班級輔導，學生獲得各種資訊和行為技巧，這對於學生個人的教育的和生涯目標的達成會有助益。

團體輔導的限制

1.由於團體輔導較屬於教育性的和資訊性的，而非強調治療性的或個人方面問題的解決，所以對學生的行為改變或嚴重問題的解決和衝突較不可能獲益。然而，可以透過輔導活動確認這些學生，再由教師轉介給學校諮商員做進一步的調適。

2.依團體大小，互動的程度就會有不同。一般依團體性質而言，團體輔導比團體諮商在成員間的互動來得少。因此，諮商員對個人的支持、關懷來得少，且信任的發展不如團體諮商深。

3.團體輔導，尤其是班級輔導常依一般母群的共同需求而設計課程，而忽略特殊個體私人的、教育的或生涯等的協助。相反的，團體諮商集中在個人的需求和成員的期望。

4.由於團體輔導使用教導式的處理方式和技術，且團體人數有時二十五人以上。諮商員需要使用較結構性和指導式以領導活動。這種領導方式，對於較喜歡讓學生有自由表達機會的諮商員產生矛盾。

由上面的分析，可看出不同的團體形式各有優點和限制。因此在決定使用何種形式的團體時，要檢視其優缺點。具體而言，團體的一般目標、具體目標、自己的團體技術和學校對此服務的

接受與否皆是考慮的要素。

　　以上除了個別、團體和班級輔導外，在臺灣的一些實際參與輔導工作者和學者在一次國小輔導工作檢討會中，提出下面的建議：

(1)全體教師及行政人員參與輔導，並普遍加強他們的輔導知能，尤其是實際問題的研習。唯有如此，才能使全體兒童受到輔導的益處。

(2)親職教育的拓展與加強。如「父母效能團體」的提供，和家庭輔導與社區資源的運用。

(3)同儕輔導的加強。如，建立導生制度，將全班編成幾個小組以相互關懷和協助。

(4)強化輔導室的諮詢、支援與支持等功能。由於人員編制的限制，輔導室不易直接輔導全部學生，而需要加強諮詢、提供資源與協助支持等角色。

(5)注意預防性與發展性的輔導。其中從小建立健全的自我概念、友善的人際關係和正確的價值觀。

　　總之，學前與國小階段的輔導特別需要整合學校、家庭與社區：需要兼顧少數偏差行為的矯治和多數者的積極發展。

　　筆者融合以上國內專家與實務者的建議可歸納為三點，即輔導室要加強「諮詢」功能，和加強預防性與發展性的輔導，尤其是自我概念、人際技巧、價值澄清，和能解決／作決定技巧；最後是兼顧少數學生的和大多數學生的發展和預防工作。為達到上面的目標，學校要落實對少數的偏差行為兒童施以個別和團體諮商，面對大多數正常的學生施以團體輔導——小團體和大團體或班級輔導。其中極少數嚴重情緒困擾和行為偏差者做轉介。

團體領導者的特質

具有團體動力理論和實務知識，以及診斷技巧和過程技術，並不保證能催化成員的成長與改變。一般而言，領導者會將自己的人格特質、價值觀和生活經驗帶進團體。為了促進成員的成長，領導者自己也要成長。為孕育他人誠實的自我探討，領導者需要有毅力從事自我評估。假如他們希望他人過有效的生活，他們需要有尋求新經驗的意願。簡言之，成員看的是領導者所表現的而不是所說的話（Corey, 1995）。因此，領導者要培養重要特質或態度與領導技巧。Corey 提出下列特質：

1. 身歷其境的態度

以成員的立場、參考架構了解並分享他們的經驗。

2. 自　信

力量來自自信及展現其對團體的影響力。此能力會加強成員確認並建立其優點、克服問題與壓力的能力。

3. 毅　力

有毅力的，冒險表達反應、對質、分享經驗。

4. 對質自己

對質自己，反問「我的態度、價值、成見、感覺和行為對成員產生什麼影響？」

5.真　誠

真誠關切成員的福祉。還包括對成員的反應做誠實、一致、開放的反應。

6.認識自我

領導者先澄清自己內在的價值觀、生活目標與意義、期望。

7.有創意

在取向上（approach）以自然、彈性的態度引導團體，避免僵化。接受成員的獨特性。

8.對團體有信心與熱誠

相信團體會有正向的效果及熱忱。

另外，筆者認為團體領導者要具有非判斷性、接納、溫暖的態度、內外一致性、同理心。

團體領導者的技巧

George & Dustin（1988）綜合早期和現代學者的觀點，提出下列的團體技巧：

1.同理心：以孩子的立場去了解他的感受，並反應你的了解。

2.非語言專注：講話和傾聽時，注意成員的肢體語言表現。

3.澄清：注意不清楚與混淆的語言表達。

4.反應：包括反應感覺與內容。

5. 摘要：適時的作摘要，包括團體聚會結束時作摘要。

6. 催化：鼓勵成員發言，尤其對沈默者。

7. 解釋。

8. 對質。

9. 自我坦露：分享你的感覺、想法與經驗。

10. 開放性問題。

11. 阻止：犯規、洩密時要阻止。

12. 連結：尤其指出成員間發言的相似與相異點

13. 現實驗證：鼓勵成員指出觀點或可行方法的不合理或不合現實。

14. 評估。

以上技巧的詳細解釋與範例，請參閱上章「諮商理論與技術」。

社會技巧訓練團體領導過程與方法

從團體諮商與輔導的發展歷史看出，團體在 1970 年代末興起結構性學習運動。團體輔導以技巧訓練為重要趨勢。結構性應用到團體，團體催化員必須：1. 強調一個具體目標，包括幾個與目標有關的活動，2. 為達到學習強調練習，3. 評估目標的達成。Gibson & Mitchell（1990）指出：最近幾年來，小學對團體社會技巧的發展日益關切，同時在成人母群的「人際關係」和「溝通技巧」上受到重視。且根據研究，美國國小諮商員最常帶的團體是社會技巧訓練。因此，諮商員除了要熟悉傳統的晤談式諮商與輔導技巧外，還要了解社會技巧訓練的過程與方法。

社會技巧訓練是一種結構性學習，也是一種心理教育。它以「社會學習」理論及「行為改變技術」為理論基礎。綜合專家的觀點，其重要教導過程與方法如下（Gazda, 1989; Goldstein, 1993）。

　　1. 楷模：領導者示範技巧或正確行為。

　　2. 角色扮演：要求成員做角色扮演與練習。

　　3. 回饋：角色扮演時，領導者給予指正或增強。

　　4. 練習遷移：給予家庭作業，並使用增強制以利遷移學習。

在實際活動進行中，領導者要把握的重要原則

　　1. 在團體中儘量扮演催化者角色。鼓勵成員多發言、表達意見與感覺，並引導他們經由討論以激發更多的省思與領悟。

　　2. 儘可能創造一個開放、接納、安全、尊重、溫暖的團體氣氛，使成員更開放、自由表達、自我決擇。

　　3. 對成員所反應的信念、價值觀，不由領導者做價值判斷，由團體討論，讓成員下結論，然後自行做價值判斷。

　　4. 常提醒成員有關團體規則，如傾聽、守密、彼此協助等，不守規則者交由團體決定如何處理。

　　5. 讓成員每次回去後，儘可能在實際生活中練習團體中所學的，使之內化成為生活的一部分。為有別於學校作業，儘量使作業趣味化，如用畫的，以表達各種感覺。為鼓勵做家庭作業，給予酬賞，有時以團體競賽方式，或多做一次感覺表達，以強化對作業的練習。

團體規則

團體開始的第一次聚會，要宣布成員必須要遵守的重要規則（需要隨時提醒）：

1. 不遲到、不早退、全程參與。
2. 守密——團體內成員所說或分享的經驗不可外洩。
3. 一次一人講話，傾聽他人講話。
4. 在團體中要誠實的分享自己的困擾。

如何領導團體

團體諮商和個別諮商一樣，要求深入的了解諮商理論有關的知識。具體而言，二者在諮商員所應用的知識和技巧是類似的。而且，團體過程和階段也相同——歷經四個階段。首先是建立關係，接著確認問題和解決問題——檢視可行方法和策略，最後建立個人行動計畫，當最後行動計畫完成，個人目標達成後，團體諮商就結束。在團體諮商進行中，積極傾聽、專注技巧、適當的問問題、適當的結構說明、有效的溝通和領導技巧是需要的。

對兒童而言，常以「主題」的呈現方式來引導團體諮商，純語言、非結構式的團體較不適合兒童。主題的設計依階段可分成討論「事情」，接著「關係」和最後是「自我」。如此排序是依其「威脅性」的大小而設計討論主題（Gumaer, 1984）。

小團體輔導所使用的溝通技巧類似於諮商和班級輔導所使用的技巧。因為小團體輔導基本上採取教導或提供資訊的模式。諮商員在聚會中使用較多的教授法和技巧。有時團體輔導只有一次聚會或

只集中在某一學習目標。如此，諮商員在時間的應用、素材的準備、團體的管理技巧、評估聚會目標是否達成是採取較指導性的。

在團體諮商和小團體輔導，領導者傾向於維持他們的領導角色，尤其是兒童團體。團體開始之初要設立團體規則，在篩選成員的晤談時也要提及規則，並在開團體的第一次聚會，或以後聚會中，有需要時要再重申這些規則。

另外在社會技巧訓練團體中，領導者在整個團體過程採取較主動的地位。在此結構的團體過程，領導者在楷模（示範）階段要說明技巧的重要性，分解技巧或行為，並示範正確的技巧或行為：在成員的角色扮演中不斷的提供回饋、增強或修正的回饋，最後激勵成員將所學的類化到真實生活中時，要設計家庭作業以提供多次練習的機會。

總之，團體諮商和小團體輔導的成功，依賴領導者有效的應用技巧、團體規則的遵守和結構的說明等。

社會技巧訓練計畫與單元書寫格式範例

在美國社會技巧訓練從 1980 年代以來，是所有技巧訓練的總稱，它是一種結構性學習。這種結構性概念應用在團體治療、諮商與輔導時，團體必須有預先訂立的目標、具體目標，並藉幾個活動達到具體目標，同時強調學習遷移。每次的活動都包括：活動主題、活動目標、活動過程和家庭作業。它適合教師或認輔志工媽媽學習，且更適用於國小學童。其目標可以是發展性、教育性或預防性與治療性。總之，社會技巧訓練能使兒童提升他們的EQ，預防和改變不良行為習慣。

情緒管理計畫實例

表 10-1

團體主題	活動具體目標	活　動
情緒管理	學會確認自己的感覺	1. 尋找感覺 2. 小明煩惱（焦慮）什麼？
	學會確認他人的感覺	1. 猜猜他人的感覺 2. 察覺他人肢體語言
	學會表達感覺	1. 火山 2. 與美美一起抵抗害怕

‧任何團體諮商計畫強調，活動、具體目標與主題三者的關連性。

單元（聚會）書寫格式範例

以情緒管理的「第二次聚會」為例：

團體諮商主題：情緒管理

表 10-2

活動名稱	小明焦慮（煩惱）什麼？
活動目標	1. 確認自己煩惱或焦慮的具體事項。 2. 藉著分享，了解他人的煩惱。 3. 藉著分享，減少焦慮。
活動過程	1. 檢視上週作業：應用增強制。 2. 介紹本次的活動： 　‧說明本技巧對日常生活的重要，引發學習動機。 　‧發下圖片，說明如何做？將小明連上他所煩惱的事項。 3. 分享與討論。 4. 強化本次的活動目標。
家庭作業	1. 以表格設計一週的作業。 2. 以多變化、有趣的方式記錄之。

摘要

團體技術——以團體方式做助人工作是諮商員養成教育的重要部分，尤其在幫助兒童有效的與他人互動。唯有透過團體方式的輔導或訓練才能促進全體兒童在各領域的發展。

本章討論以學生為對象的兩種團體：團體諮商和團體輔導。團體輔導又可細分為小團體輔導、大團體輔導或班級輔導。

團體諮商，適用於發展落後或有危機問題或高危險群的兒童。兒童團體諮商傾向於結構性——強調「主題」及動作取向活動的應用。團體諮商的組成考慮因素包括：人數、問題嚴重性、性別、聚會次數、時間和持續期間。

團體輔導本質上屬於教導性、預防性和資訊性，在團體互動上和分享上不及團體諮商深入。它常以特殊主題——學習目標或提供資訊以促進發展為主。其組成不必有特別的考慮因素。因為基本上它是所有兒童所需要的。

小團體輔導則是在大母群中的少數部分人所需要的，其組成考慮因素和團體諮商類似。班級輔導是以課程方式實施，使全體兒童達到各領域最大發展的方式，本章提出Gazda的「生活技巧」和阿德勒的「社會興趣」做詳細的說明。它們皆為班級輔導課程的重要主題。在實施團體前，要考慮團體諮商和團體輔導的益處和限制，兩種團體的優缺點在本章有詳細的說明。

本章後半部討論領導者的特質與技巧，說明社會技巧訓練的教導過程與方法，並列出二表格，以情緒管理為例，說明團體計畫表，以及每次聚會活動的書寫格式，作為讀者的參考。，最後綜合性的說明如何領導團體。

第 **11** 章
諮 詢

「諮詢」已經成為學校諮商員的基本角色之一，這個角色在
1960 年代末和 1970 年代初已經確立（Caplan, 1970; Dinkmeyer, l973;
Faust, 1968）。諮詢工作對國小兒童尤其重要，不但受到重視，也
是諮商員和教師較喜愛的活動（Dustin & Ehly, l992）。當學校諮商
員協助學生、父母和教師面對愈來愈複雜的各種問題時，諮詢仍
將會是諮商員基本的和重要的服務項目。

兒童容易受到環境的影響，尤其是他們生活中的重要他人
──父母、教師和同輩。有時兒童環境的改善比直接對個案做行
為改變的諮商來得有效（Bandy & Poppen, l986; Campell, 1992; Myrick,
1993）。因此為兒童建立正向的學習環境是兒童諮商員不可忽視
的重要部分。另外，學校諮商員唯有透過對父母和教師的諮詢服
務，才能將時間做最有效的運用與發揮，同時將輔導效力普及全
體學生。

諮詢的定義

「諮詢」這個名詞在醫學、法律和工商界並不陌生，諮詢在這些領域強調的是專業知識的提供。事實上，工商界的諮詢活動是普遍的。而諮詢在心理衛生和教育的活動不太為人所了解。

諮詢在文獻上常被發現一個問題是，它的定義不清楚（Ginteretal, 1990, Kurpius, 1985），同時它的使用缺乏明確性，以下提出幾種定義：

定義㈠：美國學校諮商員協會的界定

諮詢是一種合作過程，在此，諮商員——諮詢員協助他人處理問題和發展技巧，使他們更有效的輔導學生（ASCA, 1990）。

定義㈡：美國諮商和發展協會界定

諮詢是一種自願的關係——諮詢是（諮商員）協助個體、團體或社會單位以界定和解決與他們工作有關的問題。此問題涉及到第三者——個案或個案的系統（AACD, 1988）。

定義㈢：Zin 和 Ponti（1990）提出，是一種適合各種諮詢模式的定義

諮詢是一種間接的方法，提供預防取向的心理服務，因此，

諮詢員（consultant）和諮詢者（consultee）以合作的架構，從事共同的解決過程，此問題常與他們的工作有關連。藉此加強個案或系統的福祉和工作表現。

以上三種定義都說明，諮詢是一種間接服務且是一種合作關係。事實上，學校諮商員常被要求提供間接服務，如提供有關兒童發展和適應行為的資訊，協助解決問題和發展技巧等的服務。當諮商員面對父母和教師的這些要求時，他們所建立的助人關係是一種諮詢。在此關係中，兩人或更多人共同確認問題，建立目標，計畫達到目標的策略並指定實施策略時每人所付的責任，因此諮詢是合作關係。總之，諮詢是諮商員和兒童生活中的重要成人的互動，目的在提高他們的兒童工作效率。

諮詢的目標（目的）

諮詢的目標涉及諮詢員和諮詢者所期望去達成的。一般而言，其基本目標不但要幫助他解決目前的問題，且幫助他改善技巧，使將來更能有效的處理類似問題（Hall & Lin, 1994）。諮詢服務有兩大目標，分為長程（預防、發展、教育）和短程（矯治）。換言之，當諮詢者面對危機問題需要立即性的協助時，此時的目的常是應用行為調適或其他的調適技巧以解決問題，或透過改變諮詢者的認知或修正環境或系統。

長程目標的達成是藉著加強諮詢者的專業技巧，使他們能預防或在未來類似問題發生時，能有效的因應（Guthin & Curis, 1990），同時提升他們的工作表現。這些技能如：心理知識，技巧的獲得和發展。

　　學校輔導員常面對教師或父母的請求協助，如：「小明常在班上製造麻煩，不專心、不聽話，你是輔導員，請告訴我如何解決他的問題。」初學的輔導員容易犯的錯誤是將個案接過來做諮商。其實，首先他應反問：「誰是我的案主？」我的案主應該是提出問題的教師，與這位教師建立諮詢關係，與他共同解決此問題，或者他也可能考慮與這位教師建立諮商關係。

　　諮詢的方式可以「個別」和「團體」兩種過程實施之。團體諮詢常涉及父母與教師的訓練，或親職教育等為主，例如：良好親子、師生關係的建立，溝通技巧，教室管理等。這些較屬於預防或長程目標的諮詢活動。團體方式的諮詢可能是最有成效的方法（Mathias, 1992）。

諮詢模式（種類）

　　諮詢有多種模式或理論。其中三種模式最適合於學校背景，這些是「過程諮詢」、「心理衛生諮詢」和「行為諮詢」。這三種皆以解決問題為首要目標，預防問題為次要目標（Medway, 1989; Zin, 1993）。而 Schmidt（1996）認為學校使用較廣泛的諮詢模式，包括：教育性的、資訊性的和解決問題。例如有些情況下，輔導是幫助學校做些預防問題產生的諮詢工作。另些情況，諮商員幫助教師、父母和行政人員計畫一些活動——滿足學生的發展性需求。Gumaer（1984）將諮商分成三種：1.危機諮詢，2.資訊諮詢，和3.發展性諮詢。

　　雖然上述模式呈現多樣化，但它們的相似性大於相異性。的確，在人類服務領域中，諮詢似乎正導向一致的定義和特性的描

述（Zins, Kratochwill & Eiott, 1993）。以下是重要模式的簡要說明：

三人組型基本模式

傳統的模式強調基本的諮詢過程——即三人組型模式（tri-adic model）。是由 Tharp & Wetzel 在 1969 年所提出的。在此模式，諮詢服務是直接透過中間人（第二者）對目標個案（target）的協助，而不對目標個案做直接的服務與接觸。Dustin & Blocher（1984）認為在此模式中，諮詢員與另一人——教師、父母或其他專家者，共同協助他們的子女、學生、雇員、病人。總之，諮詢主要不是為個別諮詢者的私人問題，除非其私人問題與其工作表現有關。

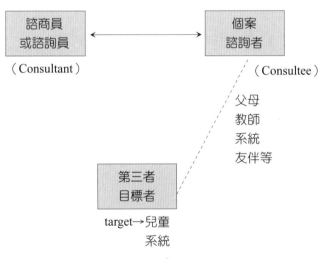

圖 11-1　諮詢關係圖

資訊的諮詢

此種類型的發生是，當諮詢者向諮詢員要求特殊的資訊。這些資訊還包括：不知如何採取行動、對個案更加了解和如何涉入及改善溝通，此時諮詢員扮演「資源人物」。

在學校的諮商員常提供資訊給學生、父母和教師，如有關職業和教育的資訊，以協助學生做升學和就業的決定。另外父母與教師的資訊提供也是很多樣化──父母教育、教師輔導知能等。但後兩者，如在職訓練及教育性諮詢服務又被Schmidt（1996）稱之為教導性諮詢（instructional consultation）。這種教導性的諮詢與教學不同，在此，諮商員避免變成專家只扮演學習過程中的催化者而不做評估（evaluation）。

過程諮詢（合作模式或解決問題模式）

「過程諮詢」是由 Shein（1978）所提出的。過程模式的諮詢與合作諮詢很類似。在此模式中，諮詢者與諮詢員共同分擔責任。顧名思義，過程諮詢它不扮演專家的角色，而是強調學習解決問題的過程。解決問題過程的每一步驟皆需要兩人共同合作，如蒐集資料、界定問題、產生可行方法，選擇一種方法或策略，實施策略和評估結果。這種合作模式是學校諮商員常使用於父母、教師的諮詢服務。尤其是個別方式的諮詢。甚至使用於學校行政人員，社工和其他專家者的諮詢（Schmidt, 1996）。

過程諮詢（理論上）是發展取向的。假如一個人要求被協助，而接受專家的勸言，他可能解決了目前的問題，但他可能未學到

將來類似問題發生時如何處理，也就是未學到技巧（Shein, 1987）。

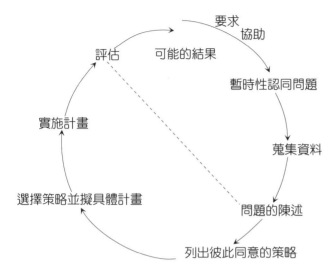

圖 11-2　過程諮詢（Process consulation）

圖 11-2 說明：首先協助的請求可能來自教師、父母或行政人員，教師向諮商員提出一個問題。諮商員藉著詢問教師有關的問題而得到暫時性的問題認同。然後便開始蒐集資料，其中包括學生、父母的會談、做測驗等，獲得有關學生的資料再來做觀察以驗證其確實性。若資料顯示證明教師的觀點是正確的，則進行下一步做「問題陳述」。針對問題，兩人共同研究行動策略，列出一些可行方法，再從中選擇適當的方法，建立具體計畫，一步步進行。假如所選的策略在實施後，所做的評估是無效的，可從「問題陳述」重新開始，另選適當的策略。總之，過程諮詢是為教師提供學習經驗，並增進其解決問題的能力。

　　最近 Fuqua & Kurpius（1993a）提出四種廣泛的諮詢模式。這四種模式為——專家模式、處方模式、合作模式和調停模式。在專家模式中，諮詢員回答有關的問題，對學生、父母和教師提供專業的資訊——此類似資訊諮詢。第二種處方模式，諮商員的角

色是蒐集資訊，診斷情境並建議解決方法。第三種合作模式，諮商員與諮詢者共同界定問題和設計策略去影響改變。第四種調停模式，在此模式中諮商員扮演妥協者（negotiator）、調停者（mediator）——諮商員在衝突的雙方找出中間點，並協調讓步。

總之，筆者認為學校輔導的諮詢模式可分成主要的三種，即1.資訊模式，2.教導模式——訓練各種技巧，如社會技巧或教師在職訓練等，3.過程諮詢模式——類似於解決問題和合作諮詢。

諮詢過程與技巧

諮詢過程是指諮詢員與他人合作，以達到諮詢目標——大部分所有的諮詢模式，都有列舉其進行步驟。Dougherty（1990）主張所有的諮詢包括建立關係、確認問題、實施計畫、評估和結束階段。本節只描述兩種諮詢模式的過程，首先是諮商員提供「資訊和教導性諮詢」時的過程，其次是「解決問題模式」的步驟。

資訊性和教導性諮詢

傳達資訊和教導所使用的過程和技巧是類似的。諮商員和教師設計計畫，領導父母親職教育團體，以及教導新技巧和其他各種活動所使用的方法類似於教師的班級教導。但不同點在於不做評估，強調催化、鼓勵、問問題與分享看法。基本上，資訊性和教導性諮詢是以團體方式進行，是一種教育、預防和發展取向的，同時適合全體父母、教師和學生的活動。諮詢員在過程中較扮演專家角色或內容專家（content expert）。

有關教導性諮詢活動的內容在以後的章節會有詳細的討論。

解決問題諮詢

解決問題諮詢的過程分為下面四個階段：建立關係（或介紹），探討、實施和評估等階段，在過程中諮詢員的角色是催化者，而諮詢者要積極參與諮詢過程（Schein, 1987）：

1. 建立關係

此階段活動包括彼此介紹、陳述面談目的、傾聽關切的問題。而諮詢員要協助諮詢者去確認和表達問題。兩人建立良好關係並開始蒐集資料。蒐集資料可透過觀察，做測驗、評量表、記錄和面談。首先不評估資料，後來才做評估以確立方向。

2. 探討階段

關係建立，清楚了解問題後，要清楚探討兩人的角色。個別的責任是什麼，接著考慮策略。通常會以腦力激盪方法擴大可行方法的提供。評估其後果，然後窄化可行方法，最後確認並選擇一種或多種方法實施之。

3. 實施階段

根據兩人所選擇的策略去設計行動計畫，指定個別的責任並承諾去完成該做的事。行動計畫讓彼此知道要什麼時候完成。

4. 評估階段

成功的諮詢要包括追蹤和評估才算完成。若參與工作者未完

成該做的事——不依計畫完成指定的事，則諮詢回到探討階段，做進一步角色的澄清和檢試策略。若所有的指定任務完成，然後做改變的評估。若達到目的，則結束諮詢關係。

從以上的階段描述來看，它與助人關係三個重要階段相符合，即確認問題、發展改變計畫、產生改變（Egan, 1990），它是一種過程諮詢，可參閱圖 11-2 來說明更清楚。

諮詢技巧

諮詢技巧和諮商技巧相類似。專注、傾聽、問問題、摘要、澄清、具體、面質、解釋等皆為重要技巧。另外，同理心、接納的表達、正確的回饋、驗證可行方法、支持和發展行動計畫等配合的使用是必要的。

下面表 11-1 是 Schmidt（1996）將階段、技巧和目標綜合之，將提供讀者更清楚的描述。

學校的諮詢活動（服務）

學校諮詢的主要對象是教師、行政人員、父母和其他專業人員。其中以教師和父母的諮詢服務對兒童的影響最大。以資訊為主的諮詢包括：對學生或子女的成長與發展和適應問題為主。此外，對父母與教師的訓練包括：溝通技巧、親職教育、教室管理等這些活動，對學童或子女都會產生正向的影響。

表 11-1　諮詢階段、技巧和目標

階　　段	技　　巧	目　　標
關係階段	專注與傾聽 反映內容和感受 澄　清 摘　要	建立良好問題 確認關切之事和問題 蒐集資訊
探討階段	問問題 結　構 焦　點 澄清角色 解釋資料 教導／告知 腦力激盪	窄化問題 列出各種選項 找出共同點（彼此同意） 導向行動
實施階段	調停／協議 對　質 安排優先順序 計　畫	選擇策略 指定分配責任 設定目標和時間
評　估	觀　察 考　證 評　估 摘　要	評估結果 追　蹤 結　束

資料來源：Schmidt（1996）；Counseling in schools。

　　親職教育的內容，根據 Ritchie & Partn（1994）的問卷調查研究，發現如何增強子女的正向自我概念的教導占 89.5%；如何增進學習的占 85.2%；如何做行為和紀律管理占 82.4%；教導做決定占 82.4%。在其他問題中以教導父母基本的溝通技巧最受歡迎。有 84.5% 的受試回應，很需要做父母溝通技巧訓練。

　　筆者在 1999 年為「國小認輔志工」的需求設計「父母輔導知能」課，其主要內容如表 11-2：

表 11-2

單　元	內　容
1.了解兒童	・發展領域的均衡發展與問題的關連 ・兒童期的發展任務 ・兒童的需求
2.兒童輔導的目標	・基本目標 ・短期目標 ・長期目標
3.了解兒童不適行為	・兒童與成人對不適行為的評估 ・不適行為三層次的輔導原則 ・自尊、歸屬感與問題行為的關連
4. Adler & Dreikurs 的行為理論	・四種錯誤行為目標與情緒需求 ・尋求注意、尋求權力 ・尋求報復、自暴自棄 ・消極與積極的輔導原則
5.人類基本心理功能	・認知、情感與行動三向度彼此相互影響 ・認知向度輔導技術──改變態度、信念、想法 ・情感向度輔導技術──改變感覺 ・行動向度輔導技術──改變行為（習慣）
6.鼓　勵	・鼓勵的重要性──預防問題的產生 ・鼓勵與讚美的區分 ・鼓勵的原則
7.有效的溝通㈠	・專注技巧 ・傾聽技巧 ・同理心與「我──訊息」
8.有效的溝通㈡	・如何明確使用語言於與兒童互動上 ・如何明確的做行為反應 ・如何明確的做同理反應 ・如何避免不良溝通陷阱

　　另外，由美國輔導協會所提供的「有效教學的系統訓練」
（SystematicTraining for Effective Teaching, STET）和「有效能父母
的系統訓練」（Systematic Training for Effective Parenting, STEP）
也常被使用。這些都屬於團體方式的訓練。但是父母或教師的特
質、需求、問題和目的可能有所不同，因此最好先做需求的調
查，再列出優先順序才實施。

父母輔導團體

　　父母對個別家庭成員的影響是不可低估的。大部分兒童是在
其家庭系統發展他們的價值和對己、對他人信念，和行為一般型
態（Adler, 1931）。同時其他學者也應用系統概念諮商個案。因為
他們相信唯有透過社會背景才能了解個案。而家庭是最初和最重
要的背景（Lafountain & Mustaine, 1998）。甚至學者主張，諮商員對
問題學生的了解，或要能成功的調適學生必須要考慮家庭的影
響，即家庭是最初的社會系統（Kraus, 1998）。因此，學校諮商員
要透過家庭諮詢，對學生才能有較深的、較正確的了解（Mullis &
Edwards, 2001）

　　父母輔導團體是學校諮商員要重視的諮詢活動，因為它對於
兒童預防性的輔導扮演重要的角色。家庭是兒童接觸最早、最頻
繁的環境，而兒童早期的發展與經驗，他們對世界和周遭人的基
本態度，受到父母的態度、管教方式、言行、舉止所左右。兒童
的人格發展受到父母的身教及言教的影響很大。

　　父母團體分成：開放性團體、半結構性父母團體，及父母教
育團體。

1.開放性團體

屬於非結構性團體。它未預先設定主題，由成員提出，而此問題就變成團體討論的主題。

2.半結構性父母團體

此為較有結構的團體，事先準備討論的概念或主題，以激勵父母討論、刺激他們去思考，或者事先讓成員讀一篇文章或小冊子，領導者做有意的指導。

這些主題可由父母或輔導員提出問題情境，然後成員做深入探討。Gorden的十二種溝通障礙也常被提出作為討論主題。另外也可教導一些溝通技巧，如：「積極傾聽」，「我──訊息」──皆能幫助父母與子女建立良好關係。

3.父母教育團體

親職教育的重點在幫助父母熟悉兒童的成長與發展，家庭互動類型、學習行為改變技術、解決問題、做決定等技術。在此僅介紹有效父母的系統訓練，它分成九次聚會。內容如下：

(1)兒童行為及不端行為（misbehavior）的了解。

(2)更了解你的孩子以及為人父母的你。

(3)鼓勵──建立兒童的自信心及自我價值。

(4)溝通──如何傾聽兒童。

(5)溝通──探討可行方法並表達你的觀點和感覺給兒童。

(6)自然或邏輯結果──發展責任心的訓練方法。

(7)應用「自然結果」到其他日常生活上。

(8)家庭集會。

⑼發展自信心及善用潛能。

教師團體

　　教師對兒童的影響很大，其平日對兒童的態度、語言與非語言的溝通會影響兒童的自我概念及自尊的發展。而教師對教室氣氛的營造更影響兒童的學習和心理需求的滿足——歸屬感等。對於教師的諮詢活動是學校諮商員要關切的，其實施方式如下：

　　1. 自我成長與發展團體：此類似父母開放性團體，屬於非結構性團體。

　　2. 有效教學的系統訓練：分成十三次聚會，內容如下：

⑴了解行為理論和探究不端行為原因。

⑵進一步了解學生和你自己——重點是「生活型態、目標和家庭氣氛」。

⑶鼓勵：討論鼓勵與讚美之異同。

⑷反映傾聽。

⑸溝通——表達感覺，「我——訊息」的練習。

⑹溝通——個案研討，解決問題步驟的練習。

⑺訓練是一種教育過程：如何避免紀律問題以及如何使用「自然結果」在紀律問題上。

⑻訓練——教室紀律之預防並介紹鼓勵的重要性。

⑼團體動力——討論行為的社會意義及團體動力與不端行為關連性的探討。

⑽班級是一種團體——團體領導技巧的介紹。

⑾教師如何引導團體輔導以及班級輔導的重要性。

⑿班級是一種團體：班會——介紹班會的功能及規則。

⒀了解學生的特殊需求。如何幫助特殊學生？

⒁幫助父母：如何與父母建立合作關係，當父母討論兒童的不端行為，幫助父母改變子女不適行為的方法。

另外需補充的要點是，成長團體人數最好不超過十二人，超過的人可列在等待名單，或另開一個團體。

4.教師技術訓練團體

主要內容為溝通技巧，尤其是積極傾聽訓練，和正確的回饋——反應感覺等技術的了解與練習，並落實在日常與學生的接觸上。

從上面兩種有系統的訓練與在職訓練——對父母的 STEP 和對教師的 STET 課程，可看出基本上是採用阿德勒的重要概念，如：社會興趣、鼓勵和不端行為的了解等，它代表一種教育性和解決問題，同時也是預防策略。阿德勒取向的諮詢很適合學校諮商員。它鼓勵教師創造班級民主的氣氛——了解、鼓勵學生、尊重與發展自尊，從社會環境了解行為。研究也發現，它的確能產生正面的效果——加強學業成就、增強自我概念與改善教室管理技巧（Bundy & Poppen, 1986; Cecil & Cobia, 1990）。

諮商員在國小的諮詢角色是很重要的，也是最受到教師的歡迎，因為它是影響心理健康和促進多數兒童發展的最有效方法（Camplel, 1992）。同時因為對一個教師的諮詢服務，其效果會及於全班學生（Myrich, 1993）。同樣，二十至三十個教師接受諮詢訓練會正向的影響幾百個學生。

師生溝通訓練的諮詢實例

諮商員的一個角色是諮詢員（consultant）。它已經被確認是小學諮商員主要角色之一。兒童的發展是諮商的重要目標，而孕育兒童發展的最好方法是透過教師諮詢，尤其是透過溝通過程。因此教導或改善他們對學生的溝通是重要的。這個溝通訓練諮詢活動內容包括兩個重點：「察覺」和「建立技巧」。察覺即協助教師對溝通過程變得更敏感，建立技巧即學到基本的傾聽技巧，同時於師生互動中應用這些方法。（Hawer, 1989）

以下的訓練模式可透過個別諮詢或教師團體的在職訓練。其訓練方法是可變化的，從教導性到經驗性活動均可。這兩種方式對技巧訓練都是有用的。

師生溝通訓練大綱

1. 介紹主題

(1)成人角色對兒童的重要性。
(2)溝通技巧。
(3)教師的察覺活動。

2. 傾聽技巧

(1)介紹傾聽技巧。
(2)傾聽的練習活動。

3.鼓　勵

(1)鼓勵的重要性。

(2)接納的語言。

(3)接納的活動。

(4)讚美與鼓勵。

(5)鼓勵的方法。

(6)鼓勵的練習活動。

4.討　論

(1)複習教材。

(2)強調本課程重點。

　　從課程摘要看出講解概念，然後接著實地練習活動。以下就以「傾聽技巧」為例說明進行過程。

傾聽技巧介紹

　　「傾聽」是有效溝通所必備的元素，它是一種接納的語言。好的傾聽要求語言和非語言技巧——即眼睛的接觸和適當的姿勢，表示「我正在傾聽」。另外要專注兒童所說的內容——焦點是話中之意及行動，也可問問題以了解孩子所重視的是什麼？由於專注技巧讓成人了解話中的感覺，並回應給他——反映感覺技巧。如兒童說：我就是不會算術，回應：「算術對你很難，你不喜歡。」

　　此例子表示「回應感覺」涉及到企圖了解兒童的感覺和意義，並將你的了解和接納回應給他。此外非判斷性才能使兒童繼續講話。總之，專注、敏感於感覺、有能力表達是重要的。總

之，傾聽包括：觀察、複述、問問題、鼓勵（阿哈、點頭、我了解）、反應感覺。

傾聽活動

此活動將教師分成兩人一組，輪流扮演——先是不對的，接著再扮演正確專注的傾聽技巧。活動包括討論、表演和發表感受等。

🌹 摘要

諮詢強調對兒童生活和教育環境的改善。環境——父母、教師和同輩的改善能助長兒童的心理健康和行為的改變。

諮詢是諮商員重要角色之一，也是教師對諮商員最期望的服務項目。透過諮詢能使諮商員以有限人力得到最大的發揮，同時父母與教師接受技巧的訓練，使輔導效力達到全體兒童。

首先本章介紹諮詢三個重要定義。諮詢是一種間接、合作的關係——共同解決兒童問題，並提升父母與教師的輔導知能。

諮詢的目標不但協助諮詢者解決目前的問題，且幫助他們改善技巧，將來能有效的解決類似的問題。

諮詢的模式很多，但適用於兒童，且常被使用的有專業資訊、技巧教導模式和過程諮詢，過程諮詢與問題解決合作模式相類似。諮詢的進行有其步驟，其過程與助人關係的基本過程一樣，只是過程中各階段強調合作。諮詢員是扮演催化者，而諮詢者也被要求積極努力參與以達到諮詢目標。

　　諮詢所使用的技巧與諮商類似──傾聽和專注技巧都很重要。在諮詢過程中，諮詢員的語言和非語言行為對諮詢者的行為產生很大的影響。

　　本章最後具體的舉出學校的諮詢活動──父母和教師的各種輔導團體和教育團體。其中以系統的訓練團體做較詳細的說明，並以師生的溝通訓練實例作為結束。

第 **12** 章

遊戲治療

　　遊戲是一種溝通方式，它被引進兒童諮商始於 1921 年。最初的目的是對七歲或更小兒童做治療和分析（Lebo, 1955）。遊戲是表達感覺的工具，它能減少緊張和焦慮（Gil, 1991; Fall, 1955），因為兒童會對引發焦慮情境的想法和感覺投射到玩具，有利於在遊戲治療中做進一步的探討。遊戲治療適用於所有正常兒童及情緒困擾、特殊情境問題的兒童，甚至可用於預防性的兒童輔導。

　　小學輔導員最好是有遊戲治療的訓練，因為有些兒童尤其年紀小的兒童，缺乏使用語言做「自我探討」、「自我理解」的能力。有些兒童在語言表達上較有困難，這時可透過各種媒介表達感覺與想法。因此，透過吸引兒童的遊戲和動作取向的活動做兒童輔導將會較容易和有效。

　　遊戲治療是使用各種玩具、競賽、玩偶和其他媒介——這些都會很自然的，普遍吸引兒童的，而且是他們喜歡涉入的活動。當兒童開始遊戲時，存在於治療師和兒童間的緊張會減少。一旦治療性關係建立後，兒童被鼓勵去使用想像的遊戲，並表達感覺

和行為——導致焦慮的減少，最後獲得問題的解決。

重要概念

　　遊戲治療所使用的重要概念是源自佛洛依德的心理分析和羅傑士的個人中心兩種諮商理論。有關這兩種理論的重要概念在其他章節有較詳細的說明。在此節只述及與遊戲治療有關的部分：

1. 認同作用

　　為加強自己在世界的地位和他們的自尊，兒童常認同或「接收」他們生活中重要他人的特徵和行為。這些如父母、運動或卡通明星等。有時兒童被離婚的父母所拒，可能為了重獲失去的愛而形成強烈的認同，諮商員不可輕忽此現象。

2. 替代作用

　　兒童可能無法在學業成就獲得注意而轉向不端行為。

3. 壓抑作用

　　兒童經驗過多的焦慮可能會將此威脅逐入潛意識。使用壓抑因應緊張，用得愈多，愈無法處理其現實問題。

4. 投射作用

　　兒童感到過多的焦慮或罪惡感，可能將此焦慮轉向一個客觀的恐懼。這種轉向常由於怕處罰，如：兒童可能打妹妹而感到罪惡，反而說：「妹妹常罵我」來做投射轉移。

5.潛意識作用

遊戲治療主要是為發現兒童的潛意識經驗。兒童常將引發焦慮的情境和情緒逐入潛意識中，面對這些記憶或帶回到意識層面會產生焦慮，因此透過安全的遊戲氣氛才能減少這些焦慮。

6.抗拒作用

在諮商過程中，兒童會偏離主題，或沈默下來，或退縮，這在心理分析理論中被解釋為抗拒作用。一旦此情況發生，可以變換遊戲媒介，或應用Axline（1947）的諮商八種原則（參閱諮商理論部分）。

7.移情作用

移情作用是兒童投射其過去與他人的關係於治療師身上，它應視為健康的現象，假如兒童投射焦慮於諮商員，諮商員要接受並要反映這些感覺給個案，使個案更了解自己。後來，諮商員可扮演其父母親的角色，讓兒童與他交談，或者再做角色交換。

8.反移情作用

反移情是治療師投射其未解決的衝突，未滿足的需求，和其過去的關係於治療關係中。

有關羅傑士的重要概念的詳細說明請參閱諮商理論部分，尤其是Axline的八大原則是應用羅傑士的理論於遊戲治療。筆者認為其遊戲治療的八大原則反映出遊戲治療時的三種主要態度——表達信心、表達接納和尊重。

遊戲治療關係的特性

羅傑士的諮商理論又稱為關係諮商，他的理論是在所有諮商理論中最強調關係對成功治療的重要。良好的諮商關係能使一個人成長和發展，諮商員在遊戲治療中要表現並傳達三種態度：真誠、溫暖和同理心，也就是要表達對個案的信心、接納和尊重。

1. 信　心

「信心」使兒童相信自己是重要的：他能為自己做決定並實行決定。信心的表達如：「由你決定」、「你是最好的判斷者」或「重要的是你要做什麼？」然而表達時要避免不信任或諷刺的口氣。

2. 接　納

接納不僅只是一種沈默的表達，也不全然是被動過程。接納表示治療師的專注態度：在治療中兒童感到被接納，接納表示主動的接受兒童的感覺、他的觀點和對他個人的意義。治療師可以下面語言傳達，如「啊哈」、「我了解」、「那是你的感覺」、「你看它像什麼就是什麼？」。

避免對兒童批評或讚許，因為兒童會只表現你讚許之事，而不表達內在衝突的感覺。

3. 尊　重

治療師尊重兒童所表現的一切，如「這是你的感覺，你可以

擁有這種感覺，你可以恨，可以感到悲傷……等」，不必因為你就是你，而感到羞恥。

信心、接納和尊重在治療關係中彼此有關聯。信心是相信兒童有潛力解決問題，且能發現最適當的方法。接納的態度能鼓勵兒童完全表達他的感覺，徹底探討他的態度。尊重傳達給兒童的是——他是重要的，且是有價值的。

遊戲治療的基本技術

如何將「理論」應用於「實務」是很重要的。遊戲治療需要利用兩種技術來銜接理論與實踐：即遊戲媒介和反映（Responding）（Gumaer, 1984）。

遊戲媒介

選擇媒介考慮要素

選擇遊戲媒介的基本考慮是耐用性、不昂貴和安全。Neison（1968）建議選擇媒介的標準：1. 多用途，如黏土、畫畫等，2. 激勵溝通的素材，如玩具電話，3.激發攻擊的表達，如玩具槍、釘鎚等。Ginott（1961）建議玩具的選擇應該：1. 有利建立關係，2.鼓勵發洩，3.加強頓悟的機會，4.現實驗證，和5.提供昇華作用。

　　Geldard & Geldard（1997）認為媒介或活動的選擇要考慮下面
三個因素：

　　1.兒童的發展年齡；2.使用在個別或團體方式；3.諮商目
標。例如：書或故事最適合的年齡為二至十歲，而十四至十七歲
較不適合；玩偶較可達到情緒表達的目標；競賽遊戲較適合達到
社會技巧的發展；積木可能較適用於個別諮商情境；而黏土適合
各種情境等。筆者認為媒介或競賽活動的使用在年齡、目標和情
境的考量固然有其需要性，但往往它們不是那麼絕對的。

媒介和活動項目

　　有關遊戲室的設置品、裝備、玩具和素材，專家的看法相當
類似。Geldard & Geldard（1997）認為遊戲治療室都備有各種玩
具、遊戲素材和媒介，因為不同的玩具、素材和媒介會引出不同
種的遊戲。素材如：積木、力高和硬紙板箱會引發建造性的遊
戲。衣服和家務用品會鼓勵扮家家酒和想像的遊戲。

設備及有關的物品

　　玩具爐、廚房用具、玩具水洗槽、兒童桌椅、沙包等。

　　玩具：玩具家庭──床、嬰兒車、床上用品、電話、奶瓶、
玩具衣服、玩具熊、玩具車、購物籃、假鈔等。

設備和素材

　　沙箱、黏土、紙張、筆、蠟筆、玩偶、硬紙箱、水管、膠
水、剪刀、積木。

小動物和人物

　　農村動物、動物園動物、人物──英雄人物。

服飾：各種衣服、珠寶、假髮、劍和手提包、醫療用具、各種面具。

書：書、故事書和漫畫書。

競賽遊戲

各種競賽遊戲，如橋牌、骨牌等。

玩具袋

遊戲治療並不一定在遊戲室，有時可以在任何地方。此時玩具袋就能適用。袋子可能是小提箱或購物袋。

許多玩具都能促使諮商員與兒童接觸，如小動物、洋娃娃、電話、打字機，及各種畫筆、蠟筆或水彩。玩具依其目的可分成以下的幾類：

(1)複製現實生活經驗的玩具：各種動物、交通工具、燈、車子、鈔票及家具。

(2)激發情緒的玩具：積木、小工具、釘子、鎚子、木板、工藝工具等。

(3)幫助發展和加強自我概念的玩具：建築模型、迷題遊戲、剪紙、拼圖。

(4)幫助昇華其攻擊力的玩具：沙、水、畫圖、泥土、炊具、故事用的工具及圍棋等。

(5)發展動作協調並加強自我概念的玩具：如：跳遠、跳高及各種球賽。

輔導員依其輔導目標，選擇達到目標的適當玩具裝入玩具袋中備用。

反應（responding）

在遊戲治療過程中，諮商員最常使用的技術是反應。當治療師獲得一些資訊了解兒童對自我和他人的感覺，以及其發展層次後，諮商員接納並對兒童所表現的行為做反應。這些反應包括反應和澄清感覺、思想和行為。詳細內容參閱「諮商理論與技巧」那一章。

遊戲治療過程

遊戲治療似乎遵循著一定的過程。從輔導情緒困擾的兒童身上可以看得較清楚。然而，對於正常兒童，只是時間較短較不明顯而已。

階段一

在治療之初，情緒困擾兒童表現較散布性，不分化。表現出的感覺往往是負向的，不涉及到引發挫折、憤怒、恐懼或罪惡感的特定人物或情境。換言之，他們的情緒不與特定情境發生關聯，並顯得較激動。

敵視、焦慮和退化的態度很廣泛的在遊戲室表現出來。兒童很生氣或害怕，但不具體的集中在某人或情境。他們幾乎害怕任何事、任何人，有時候要毀滅所有的人或完全不理人，或想退回到單純，不與人接觸。例如，生氣的兒童直接打擊玩具，藉著打碎、打擊或撕破等行為以發洩內心的氣憤，這些打擊似乎沒有目

的。因為在治療情境中沒有人激怒他，此時不去管他的衝動。重
要的是治療師和個案的關係能決定「敵視表達的質與量」。兒童
愈信任治療師，且治療師表達的接納與尊重愈多，兒童會愈專注
於氣憤的表達。

階段二

敵視的態度逐漸尖銳化和具體化。生氣的表達會較直接涉及
到特定人物或經驗上。打擊和搗碎行為繼續著，甚至會有表達殺
人的意願。此階段攻擊的對象可能是父母、兄弟姊妹或全家人，
或與他不相關的人也可能被攻擊、被威脅。當兒童表達並釋放出
愈多的負向感覺，並導向激怒他的人。假如這些情緒受到接納
時，負面的感覺就會減弱，而整個經驗的影響減少。因為他的負
面感覺被接納，使兒童感到自己是有價值的人。

階段三

兒童感覺的表達不那麼負面了，生氣對象仍是具體的，同時
表現出對某人各種衝突的情感。例如，兒童對其小弟或小妹會有
時表示友愛，餵他吃東西或呵護他，也有時打他或不友善的表
示。這種衝突的反應開始時很強烈，但由於被接納、尊重，強度
就愈來愈小了。

階段四

在此最後階段正面的感覺會隱約出現。此外，兒童會更合乎
實際的看自己及「他與別人」的關係。他可能仍然不喜歡小妹，
但不會再恨她了。

總之，「生氣」之治療過程可歸納為四個階段。第一階段表

現的對象是擴散並普遍化，情緒是負面的；第二階段情緒導向具體人物，如父母、手足等或生活中的具體人物，情緒仍是負面的；第三階段：生氣的對象仍是具體的，但同時參雜著正面態度；最後階段：正面與負面態度分開，並與實際一致──態度與現實一致。感覺的強度隨著表達而轉弱，最後表現較適中。

再以「焦慮」為例，焦慮情緒也經歷同樣的過程。開始時，焦慮可能很擴散而模糊不清，且兒童往往會退縮、害怕、緊張、過份擔心整潔或秩序的破壞。這種態度常擴大而使兒童不敢動，久久不能開始。兒童不知如何開始，不知道要做什麼。恐懼可能表現在一般的惡夢，怕動物或某物件。開始階段，恐懼常使兒童無法控制不去想它，下個階段表現較具體，可能怕父親或母親或特定的人。然後，恐懼可能混雜正面態度，表達較適中，最後兒童對某人正面與負面的態度分開，而與實際情境一致。此時，兒童負面感覺會逐漸轉弱而達到適中的強度。

兒童的態度會反映在他的情緒和症狀，因此，當態度改變以後，問題和症狀也消失了。但是要牢記一點是，這些改變過程並非很明顯或常可觀察得到，有時在治療時會出現階段的重疊。

治療過程並不會自動的發生在遊戲情境中。它的成功有賴於治療師不斷的敏感到兒童的感覺，接納兒童的態度，並傳達對他們的真誠、信心和尊重（Moustakes, 1974）。

時間限制的遊戲治療

以上有關遊戲治療的基本概念、關係的建立、技術和過程的描述皆應用傳統的「心理動力」和「個人中心」理論。它們所花的時間較長，然而近來的諮商發展一種「短期諮商」──強調解

決問題而非在探討問題的原因上。同時也有一些兒童工作者——
他們採用短期治療,同時不放棄他們的心理動力取向(Lazarus &
Fay, 1990)。另外,在強調績效下,1990 年代在遊戲治療中發展
了時間限制遊戲治療(Time Limited Play Therapy)。

在治療過程中,時間限制遊戲治療(Sloves & Belinger Peterlin,
1994)使用在兒童時採用短期治療和心理動力二者合併的一種方
法。首先對兒童問題做簡短評估,然後治療師選擇問題的中心主
題,治療工作只限於這個主題,其重點在加強能力、適應和自我
的強化。它著重未來不注重過去,其治療時間不超過十二次。這
種形式的治療傾向於指導性和解釋性,當然這種治療法只適用於
某些人。治療師可能會因個案的不同而選擇不同的治療法。

媒介和活動與遊戲目標

Geldard & Geldard(1997)將媒介和活動分成下面幾個重要項
目:
　　1.書/故事。
　　2.黏土。
　　3.積木。
　　4.畫圖。
　　5.手指畫。
　　6.競賽。
　　7.心像旅程。
　　8.想像的遊戲。
　　9.小動物。
　　10.畫/拼貼畫。

11.玩偶／布偶（軟性）。

12.沙盤。

13.象徵物／人物。

14.作業單。

他又將遊戲媒介和活動要達成的目標分成下面八項；

1.學會控制事件和問題。

2.透過身體表達獲得力量感。

3.激勵情緒的表達。

4.發展解決問題和做決定的技巧。

5.發展社會技巧。

6.建立自我概念和自尊。

7.改善溝通技巧。

8.發展洞察（了解）。

目標與媒介的選擇和應用

1.學會控制問題和事件

控制過去的事件和目前的問題，小孩要做下面的事：

- 透過重新扮演或演出和解釋，再次的經驗過去的事件或創痛。在此過程，孩子要想像，對過去事件假如他改變角色或做某動作，可能使自己感到自在或改變後果。如此，獲得對事件或創痛的控制感。

- 模擬一個事件，此事件使他經驗到控制感與力量感，這是他從未有的經驗。

為了獲得控制過去的事件，孩子需要媒介創造想像的環境，

在此他扮演有力的角色。例如,他有超人般的能力,可以處理社會和實際的問題。適合的媒介如下:

- 書和故事,能鼓勵孩子改變角色。孩子能投射其喜歡的結果在故事各角色中。
- 畫畫讓孩子畫出創傷事件。在畫中,他描畫自己是有力的,或控制者。
- 心像旅程邀請孩子再次重溫重要的生活情境。在想像中,引進新行為以達到控制情境,克服從前的無力感。
- 想像的遊戲表演或扮演有力的角色。
- 畫畫或拼貼畫與畫圖類似。
- 玩偶和布偶讓孩子扮演有力的角色。
- 沙盤讓孩子創造幻想的環境,在此使他感到控制力。
- 象徵物或人物與玩偶相同,適合較大的兒童。

2.透過身體表達感到自己是有能力的

假如兒童見證自己有能力影響他的環境,會感到有力的。諮商中可選擇媒介或活動,使他控制媒介,且去改變媒介,或演出有力的角色。例如:

- 黏土——孩子將一堆黏土打擊成扁平狀。
- 使用手指畫——兒童能改變或摧毀畫中的人物。
- 想像的遊戲中——兒童用玩具箭攻擊裝豆子的枕頭。
- 使用玩偶——演出善與邪惡的嘲弄戰爭。
- 使用沙盤將壞人埋藏起來。

這些活動可讓孩子宣洩情緒,並象徵性的藉著具體方式感到有能力控制其環境。

3.鼓勵表達情緒

鼓勵表達情緒是有益處的且是重要的。有些媒介或活動更有助於表達情緒，例如：

- 黏土會促進生氣、悲傷、害怕和煩惱的表達。
- 畫畫使孩子接觸其投射的想法和其情緒感覺。
- 手指畫可產生愉快、慶祝和快樂的情緒。
- 拼貼畫也能表達情緒的感覺。

4.發展問題解決與做決定的技巧

諮商時，有時個案需要探討可行方法，做決定、去冒險和挑戰與改變行為。適當的媒介包括：

- 書和講故事用來探討可行的解決方法。例如，小紅帽與野狼故事中，在她被吃以前，她可讓狼掉入陷阱以拯救其祖母。
- 玩偶的使用——讓幾個玩偶對話以解決問題。
- 沙盤的使用——孩子可重新安排一種看得見的圖，提供不同的需求。
- 象徵物或人物的使用——類似玩偶。
- 工作單——用來直接練習解決問題和做決定的技巧。

5.發展社會技巧

為了未來有好的感覺，很多孩子需要發展社會技巧。就是學習交朋友、滿足需求、適當的肯定自我和與人合作的方法。為發展適當的社會技巧，孩子必須了解和經驗社會行為的後果。為達到目標，可使用下面媒介：

- 設計一種競賽活動，給孩子回饋。
- 想像的裝扮遊戲——幫助他們認識和練習技巧。
- 玩偶的使用可幫助孩子——學習並練習社會能接受的行為。
- 作業單提供具體的社會技巧練習。

6. 建立自我概念和自尊

當兒童經驗到困擾或創傷事件時，其自我概念和自尊會有負面的影響。為建立自我概念和自尊，諮商員需要選擇媒介或活動，以促進自我滿足和獨立，讓孩子探討、接受和重視他們的優點與弱點。可應用的媒介如下：

- 畫畫——創造一個連環畫可顯示孩子優點的發展：例如：兒童可表示出，從嬰兒到目前的重要里程碑（重要小成就）。
- 手指畫——可畫出一個任何可接受的成品（不需要技巧）。
- 針對孩子某具體技巧選擇一種競賽，讓他有表現好的機會。
- 想像的遊戲——讓孩子經驗領導或助人的角色，以發現他獨特的優點。
- 畫畫和拼貼畫的用法類似手指畫。
- 設計作業單。

7. 改善溝通技巧

有時兒童在描述事情時，常出現混淆、前後不一致。為改善，可設計活動以協助他們指出故事的要點、重要主題、了解重要事件，以及在不同時間的感覺。例如：

- 講故事幫助孩子發展溝通技巧。
- 心像的旅程——讓孩子接觸他們的記憶，然後，較易敘述

對事件的知覺。

- 透過戲劇表演，鼓勵溝通。
- 小動物提供視覺圖像，鼓勵兒童談談關係的知覺。
- 玩偶——讓孩子使用語言表達對角色的感覺和知覺。並投射他的知覺到角色人物上。
- 沙盤上使用人物——依其經驗排出一個圖像，並依年齡置放。此圖可讓孩子講他的故事並練習溝通技巧。

8.發展洞察（了解）

假如孩子要了解自己和他人，他可能必須了解他怎麼涉入所發生的事，以及他的經驗對較大的社會系統是否合宜。例如：

- 使用書和講故事，以說明人類行為的真實面，以及行為不可避免的後果。
- 畫畫讓孩子了解他如何涉入事件。為達到目的，要求他畫連環圖以表示出過去事件的後果。
- 心像旅程——讓孩子回憶過去涉入的事件和經驗，如此獲得洞察。
- 想像的遊戲——遊戲中讓孩子扮演他人的角色。如此了解自己和他人的動機和行為。
- 使用小動物——讓孩子了解它們彼此的關係。如哪些較靠近或哪些消失了。
- 玩偶和布偶——使用方法與想像的遊戲一樣，人物適合較大的兒童。
- 沙盤——透過視覺圖，幫助兒童了解過去事件怎麼發生、或應該怎麼發生。

從以上的說明可看出，一種媒介或活動可達到多種目標。諮

商員對問題的了解、媒介的選擇與活動設計，以及過程中如何引導個案是重要的。

個案實例

小明是個八歲的男孩，他食慾差，經常吐出剛嚥下去的東西，他像嬰兒般的吐食。愛哭又時常跟弟弟打架，他好像很緊張，也很神經質。

小明因父母分居，他和他的弟弟被送往寄養家庭後，就不再有安全感了。

第一次個別遊戲治療

小明走近輔導室，在桌子旁邊坐下。他手中玩弄著一只哨子，表情嚴肅，避免與治療者的眼光接觸。

小明：「我來這兒只是出於好奇心。媽媽說你可以幫助我解決我的問題，但是我並沒有問題。」

治療者：「你自己覺得沒有問題，但是你的好奇心使你想來這兒看看。」

小明：「對啊！我一直是很有好奇心又愛管閒事的。因此覺得不妨來看看。」

治療者：「你想來看看輔導員怎麼一回事。」

小明：「輔導」，這名字以前沒聽說過。反正，我沒有問題。（停頓）……，只是我父親，其實是我的繼父，我實在無法忍受他，他也討厭我。當我們同時在家

時，家裡必是雞犬不寧。他不是嫌我太吵，就是嫌我把腳擺到桌椅上，我好像處處都妨害了他似的。我們就是處不來，只有當他不在時，我才能忍受待在家裡。

治療者：「你跟你的父親合不來。」

小明：「我的繼父。」

治療者：「你的繼父。」

小明：「我沒有問題。」

治療者：「你雖然跟你的繼父合不來，但你不覺得自己有任何問題。」

小明：「……，也不是。所有的同學都故意找我麻煩，他們都不喜歡我。我想不出有什麼好說的。媽媽說我應該告訴你我的問題，但我沒有問題。」

治療者：「不管媽媽告訴你該說什麼，想想看，你自己想跟我談些什麼。假如你寧願什麼都不說，也沒有關係。」

小明：「像上星期那件事！你想知道嗎？他們合起來打我，只因為我說了『我要把痰吐在國旗上跟希特勒說萬歲。』其實我並沒有把痰吐到國旗上，我只是這樣說，好激怒他們。相信我，我真的沒做。」

治療者：「如果要激怒他們，那你確實成功了。說那兩句話就會引起別人的注意。」

小明：「我也不知道為什麼說那些話，但我真的沒有把痰吐到國旗上。我是個好國民，絕不把痰吐到國旗上。而他們合起來打我，那麼多人對我一個。」

治療者：「你不知道自己為什麼做那樣的事。」

小明：「不！也不是因為我被揍。只是，……，反

正，我沒有問題。」

治療者：「你不承認自己有問題。」

小明：「大概是吧。其實我的問題比別人來得多。我的繼父、那位代表老師她真凶，似乎沒有一個人喜歡我，我也不知道為什麼。我想這世界上沒有一個人是沒有問題的。」

治療者：「你相信這世界上人人都有他的問題，因此你跟其他人並沒有什麼不一樣。」

小明：「我承認自己有困難，有些人不肯承認。」

治療者：「你願意承認自己有問題。」

小明：「我的生活實在不好玩。」

治療者：「你不快樂？」

小明：「其他人會知道我在這裡說的話嗎？我媽媽或任何人？你是不是把我的話記下來？」

治療者：「我是做些記錄。但是我不會把你在這段時間裡說的話告訴任何人。」

小明：「你知道這情形實在很特別，你正在記錄我的話。」

治療者：「某些，但只是作為我個人的紀錄。」

小明：「好吧！……老師們一點也不在乎學生的遭遇，沒有一個人在乎。現在已經放學了，而你又不是我的老師，我不應在這兒煩你。可是……。」

治療者：「你不覺得人們在乎其他人的遭遇，可是……。」

小明：「我覺得好奇。」

治療者：「你覺得好奇？」

小明：「當然。沒有事情真能影響到我，我不讓它影響到我。」

治療者：「你覺得自己能夠妥善的控制、安排所有的事。」

小明：「對。只是……，反正也沒有什麼話可說的，我沒有問題。」

治療者：「假如你不覺得有什麼好說的，就不說好了。下星期四若想再來，我會在這裡。如果不想來，希望在三點鐘以前通知我。」

小明：「好的。」

治療者：「如果你想家，現在就可以離開。如果還想待一會兒，也無妨。這段時間你可隨意使用。」

小明：「好。」（他脫下已穿上的大衣）「我並不急著走。」

治療者：「你願意再待一會兒？」

小明：「我可以四處看看嗎？你不在意嗎？」

治療者：「不會的。」

小明（看房屋的每一樣陳設，拾起一個玩偶）：「這倒蠻有趣的。我可以就自己的經驗演出許多木偶戲，只是我的自傳足以使觀眾們流淚。」

治療者：「你認為自己的生活是段辛酸史。」

小明：「至少充滿了種種事故，我總是會有麻煩。」他將木偶套入指中：「看看，假如你不照我的話做，我會殺掉你。」（語氣一下變得很低沉，充滿威脅。）

治療者：「這玩偶覺得想殺人。」

小明：「我有時也這樣覺得。當然，（笑）我不會

真做。告訴你，下次來的時候我演一齣木偶戲給你看。第一幕：我的生活與麻煩。」

治療者：「好的，下一次就演出你的生活與麻煩。」

小明（玩弄著不同的木偶）：「我想我能自己做個像這樣的玩偶。」

治療者：「你認為甚至可以自製些木偶？」小明繼續玩著那些木偶。「你今天的時間到了，小明。」

小明：「好吧：拜拜！下星期四再見。」

從這以後，小明大部分的會談時間都花在木偶戲上，他藉著這些木偶演出他的家庭問題，表現出對父親、妹妹以及學校累積下來的怨恨。

第一次團體遊戲治療

小明在第二個星期四要求讓同學來看他的木偶戲時，表示其內在某種正面的力量已經開始作用。第二個星期四，他把全班同學都帶來了，當治療者告訴他只能容納六位時，他就選了三個男孩、三個女孩。他選擇觀眾的標準──一個能產生影響力的以及一個比自己更壞的──相當具啟發性。因此，有時由個案指定團員更好。這些被邀請來的孩子對小明有了新的認識，同時小明逐漸能夠成為其中的一份子。

小明：「我們在這裡將組成一個像木偶俱樂部似的東西。」

西達：「好，我們就坐在這兒。看那些黏土！」

珍妮：「我從來沒玩過黏土。」

瑪沙：「我們該做些什麼。」

小明：「老師，你照顧女生，我管男生。」

約翰：「我們管你才對！」

小明：（唱著歌）「反正我們好好在一起就對了。老師，你告訴我們該做什麼。」

治療者：「我們暫且這樣決定，你們以後每星期四下午三點十分至四點到這裡來，隨便你們怎麼利用這段時間。」

小明：「好極了，終獲自由。」

治療者：「你喜歡能照自己的意思行事？」

小明：「我必須承認說是。」

（女孩子們圍桌坐上，開始做起黏土來。）

瑪沙：「小明說我們是到這裡來做木偶的，我們應該依照原定計畫行事，你說我們如何開始。」

治療者：「你要我告訴你們怎麼開始？」

瑪沙：「你是老師啊！」

治療者：「假若忘記我是老師，你還要我告訴你們該做些什麼嗎？」

瑪沙：「小明說我們是來做木偶的。」

小明：「對啊！我說要做木偶。而老師說你可以用自己的腦子想隨便怎樣做都可以，你這樣不停的哇哇叫，你的腦子到哪裡去了？」

瑪沙：「我只是喜歡做應該做的事。」

治療者：「只做那些別人要你做的事，對你很重要？」

瑪沙：「對啊！那是很重要。要不然人家會不再喜

歡你。」

小明：「而你最在乎別人喜不喜歡你，恨不得所有人都為你瘋狂。」（小明把一具玩具家庭拿出來。）「看！他們也可以當作木偶吧。看！……。」（小明把一個女娃娃頭髮拔下來）「哦！我來把這娃娃修一修，她的頭髮一半已經掉下來了。你們可以看出她一定是個壞孩子。」（其他孩子們笑起來）

治療者：「你們不喜歡壞孩子？」

小明：「嗯。」

（男孩子們聚過來看，小明又把娃娃爸爸抓出來。）

「我真高興這娃娃爸爸少了一隻腿。但為了你們，我會把它修好。」

治療者：「就你自己來說，你並不在乎娃娃爸爸少了一條腿，但為了其他同學，你要修好它。」

小明：「對。我今天得先走，我找到一份賣冰淇淋的工作。」

約翰：「他昨天晚上差點被壓死。那人幾乎撞倒他，而且是故意的。」

治療者：「有人故意撞你？」

小明：「嗯！但是那是我的錯。」

約翰：「你的錯？你今天在樓梯上不是告訴我說都是他的錯。現在怎麼又說……？」

小明：「是我的錯。我先取笑、挑逗他那樣做的。」

傑克：「但你今天在班上說……。」

小明：「在這裡，我是誠實的。看！我承認那是我的錯。其實大部分的麻煩都是我自己找來的。」

治療者：「在這裡你是誠實的。你願意承認可能大部分的麻煩都是自己找來的？」

小明：「可是我不在意那麼多麻煩了。」

（女孩子們討論起那木偶戲臺）

瑪沙：「那是什麼？」

小明：「那是我的木偶戲院。」

約翰：「那倒是蠻有趣的。」

小明：「是學校跟我的。」

傑克：「不是學校，也不是你的。」

小明：「我也有份，我利用它演木偶戲。我是木偶，木偶也是我。」

傑克：「哦！」

（沉默了好一會兒）

小明：「我今天沒有準備木偶戲的角本。」

傑克：「為什麼。」

小明：「我不覺得今天有什麼特別好說的。我總是即興式的演出當時的感覺，不預先計畫，也沒有預言。這正是它的美麗處，你拾起一個木偶，隨時表現出當時所想到的。」

約翰：「像什麼？」

小明：「你就讓自己漂流出去，然後變成各色各樣的木偶。」

傑克：「表演給我們看看。」

（小明拿起一個木偶，他的聲音突然改變。）

小明：「各位先生女士們！看，我有多頑皮倔強！我是羅烈，那個壞兒童。」

小丑：「喂！喂！你到那裡去了？」

羅烈：「啊──呼──」

（一口氣把小丑吹走了。）

（這木偶頭和身子是可以分開的。他只剩下頭出現。）

小丑：「我的身子到哪裡去了？我的身子呢？」

羅烈：「我要把你所有的活力連根拔除。」（木偶打成一團）「你們看，我就是這種人，而兒童們喜歡看。打鬥愈多，愈猛烈，他們愈喜歡。」

（小女孩木偶出現）

小女孩：「喂！我要──。」

羅烈：「你要媽媽對不對？可是你知道你將得到什麼嗎？──這個。」

（一場大戰，羅烈得勝）

小明：「時間到了，我必須走了，這份工作我得好好的表現。」

治療者：「你真決定遵守規則，好好做這份工作？」

小明：「拜拜！下星期見。」

（小明離去。孩子們聚過來一齊用黏土開始做各樣的玩偶。）

瑪沙：「小明在學校不再像以前那麼壞了。」

珍妮：「他真是有趣。」

西達：「他確實很有趣。今天一天他都低聲哼著歌。」

傑克：「這差點把老師氣死。當他問小明今天是怎麼一回事，他說覺得很高興，因為今天是星期四，難道

> 高興也犯法嗎？」（所有的孩子都笑出聲來）「這就是
> 小明，永遠想到什麼就說什麼。」
> 　　約翰：「這樣給自己找麻煩。」
> 　　西達：「他自己也知道。」
> 　　約翰：「小明其實很聰明的，他編的木偶戲很有
> 趣。」

　　這段紀錄說明了團體中互動的歷程。開始時瑪沙顯示不安全的感覺，治療者試著把這種感覺回饋給他，幫助他了解自己的行為。如此，其他參與團體的兒童也能由此經驗中受益。

　　小明生動的描述出他如何與戲中的木偶融合，演出自己的經驗和感受。那場即興表演中再次顯示他心中的問題——對妹妹的攻擊感。其他孩子們對那一場打鬥的反應使他驚奇，但也使他的罪惡感減輕。愛斯琳認為這一點給了他更深入了解自己感情的勇氣。他體會到周圍環境的支持與寬容。

　　小明對診察室與教室之間所做的區分極具深意。他說「在這裡，我是誠實的。」而當他誠實的檢視自己的行為時，他承認：「大部分的麻煩是自己造成的。」

　　所謂治療，即是誠實的不斷自我檢視，檢討當中重組自己的態度，因而能夠獲得自我引導的力量與勇氣，對應該當如何去實現自我產生頓悟。（程小危等譯，1982，張老師出版）

❀ 摘要

兒童輔導和諮商不能僅使用語言的諮商技巧，還需配合其他策略，例如：遊戲、玩具、黏土和講故事，或其他的藝術活動，才能達到治療的目標。

遊戲是一種溝通方式，它最吸引兒童並能使他們涉入活動。它能幫助建立關係、表達感覺和減少焦慮，最後獲得問題的解決。

遊戲治療所使用的重要理論概念包括：心理分析和個人中心理論。基本概念如：心理防衛機轉、潛意識等概念，以及接納、尊重、信心和同理心等基本態度對遊戲治療很重要。

遊戲治療的基本技術，首先要考慮的是「遊戲媒介」和「反應技術」。遊戲或活動的選擇要考慮兒童的發展年齡和諮商目標。遊戲室和玩具袋所需的玩具在本節有詳細的討論。

遊戲治療似乎循著一定的過程。階段㈠的兒童表現較擴散性，情緒是負面的；階段㈡負面情緒更尖銳化，且對象較具體化；階段㈢出現正、負面情緒和階段㈣正面的感覺出現，更合乎實際的看自己。在過程中，治療師不斷的傳達「信心」、「接納」和「尊重」給兒童，以及反應感受。

近來隨著「短期諮商的發展」，遊戲治療也採用短期治療，即時間限制的遊戲治療。它不注重過去，只重視未來。在做簡短評估後，根據問題做治療，偏重適應力和自我能力的加強。

最後以程小危等所譯的個案實例說明遊戲治療，第一次是個別治療，第二次是團體治療。在實例中，治療師不斷的應用反應技術——反應感覺和想法給個案，同時傳達其尊重、接納和信心。

第 **13** 章

圖書治療

　　自從早期希臘的哲學家，詩詞的作者和各種形式的戲劇都影響了讀者的價值、感覺、態度和行為。現代的教師、精神科醫師、心理治療師或諮商員，也常指定一些閱讀書籍或資料給學生或病患閱讀。書籍不但對人們的生活適應有影響力，且是協助處理行為和情緒問題的一種工具。

　　圖書治療也可稱為圖書諮商法，它適用於個別諮商，也應用於團體諮商。當諮商員使用故事或編故事作為諮商工具時，它又稱為故事諮商（story book counseling），它主要是一種教育性服務。往往父母遭遇到某些困難而要求提供某些書籍，以作為幫助兒童解決問題的方法。

　　圖書治療（Bibliotherapy）是由兩個希臘字合成──biblion & therapeio。Biblion 指「books──書」，而 therapeio 指「healing──治療」（Moses & Zaccaria, 1978）。圖書治療在 1930 至 1940 年代開始應用於臨床上，1960 年代教師和諮商員開始在教育上使用。它常利用有關的情感教材於諮商中。其材料如：發展對自我與他

人的了解。故事主題常關於朋友、分享、手足之情、解決問題、做決定等。但是近來更要包括特殊主題,如:被虐待、家庭暴力、離婚以及保護行為等。圖書諮商最大的困難是尋找適當的書籍或故事。

根據文獻探討發現,圖書治療的評估結果是不一致的(Schrank & Engelx, 1982)。但是對兒童而言,圖書治療研究發現,它最有效在於改變兒童的態度,其次是增進兒童的自我概念,學習成就和減少恐懼(Schrank, 1982)。

♫ 圖書治療的價值

幾世紀以來,心理衛生機構都在使用「書籍」作為治療的方法。因為它比口語溝通更不會讓兒童產生防衛、感到被侵入、或被強求。就如遊戲、藝術和音樂一樣,它能讓兒童接觸其敏感的生活事件,而較少防衛的表達自己。

今日的兒童比其他世代的兒童,更世故和更有知識。他們暴露於犯罪、藥物濫用、政治醜聞和成見。透過媒體、網路,他們更了解以前的禁忌主題,以及有關死亡、離婚、性、墮胎、藥物和暴力。孩童強烈的認同所讀的,他們的價值和態度被影響,甚至被改變。因此要選擇好讀物給兒童,避免錯誤的認同。

圖書治療最重要的價值是,催化輔導員與兒童的互動,透過認同、頓悟、發洩等重要過程,以強化問題的預防和問題解決。另外,在輔導過程中使用圖書可達到教育目的。書是教育兒童去擁有重要信念和行為的方法。近來由於社會的複雜性,圖書的主題更要包括:保護行為、陌生人的危險、祕密、不當的觸摸或練

習說「不」。

「書／講故事」適用的年齡、情境、特性、目標與引發反應

　　Gerldard & Gerldard（1997）將「書與故事」，列入遊戲治療的重要媒介和活動之一。其他媒介和活動如黏土、積木、畫畫、手指畫、競賽、想像旅程、沙盤等。以下以表格簡述「書與故事」適用的年齡、情境、目標、特性與引發的反應。

表 13-1　「書／故事」適合的年齡、情境、目標、特性與引發反應

項　目	最適合	適　合
年　齡	2～5 歲，6～10 歲	11～13 歲
情　境	個別諮商	團體諮商或輔導（筆者觀點）
目　標	(1)控制問題和事件 (2)解決問題與做決定 (3)改善溝通技巧 (4)發展洞察	(1)透過身體表達獲得力量感 (2)建立自我概念與自尊 (3)發展社會技巧 (4)情緒發洩
特　性	(1)開放性與無限制性 (2)熟悉與可重複性 (3)教育性	功能（作用）性與獲得滿足
引發反應	認知的	(1)互動的和冒險的 (2)簡單與重複性

　　從上表看出，書與故事，可達到多種諮商目標，筆者認為雖然故事最適合某些年齡層，但書籍的使用是無年齡限制的，尤其在臨床機構病患的使用可看出是超越年齡的。書與故事不但使用

在一對一的諮商，也適用於團體諮商。圖書治療偏向認知反應，因為它鼓勵個案去思考、反駁、比較哪些概念與自己相同和不同，同時評估行為結果。至於其他項目的詳細解釋，請參閱原書。

圖書治療法的基本過程

圖書治療的過程，首先經過自我協助過程，然後與諮商員的互動過程兩階段。其基本過程包括：

1. 認同主角。

2. 發洩情緒。

3. 頓悟，以解決問題。

小孩往往認同書中人物或主題，發洩情緒，繼而得到頓悟以解決問題。圖書治療的基本假設是，一旦小孩的認知改變了，其態度或行為也就跟著改變。

書的內容應適合小孩的閱讀能力。較小孩子可用念的，或藉助錄音帶、錄影帶。較大兒童可自己閱讀。為達到治療的目的……認同、發洩、頓悟，諮商員要與兒童互動或討論。

輔導員可與成員討論的問題

・綜合故事內容。

・討論主角的感覺。

・從他們生活中指認類似發生的事。

・探討某些行為或感覺的後果，並作個人的結論。

從兒童團體諮商可以幫助兒童學習如何處理、克服適應性問題或發展性需求。

更具體些，可問兒童下面的具體問題：

- 告訴我多一些這故事的事。
- 你覺得主角的感覺怎麼樣？
- 假如你是主角，你會有什麼感覺？
- 主角如何解決問題？其優點在哪裡？
- 這個故事告訴我們什麼？或從這故事得到什麼教訓？

圖書治療的教材、活動與應用

多數諮商員認為教材大部分涉及到故事書，其實可使用多種材料，包括書（小說、寓言、傳記、自傳等），其他如影帶、錄音帶、影片、詩詞、雜誌、期刊、寫信和日記。其中以故事書的使用和編故事為最常用，因此以下詳述這兩種。

故事書的使用

兒童的故事書內的角色可以是真人、動物、想像人物以及各種無生命的物體，如火車等。他們會將這些賦予人格、信念、想法、情緒和行為。他們聽故事時會認同主角、主題或故事中的事件。此時會反映其生活情境。他們會學到如何解決自己的情緒困擾等。

編故事

除了閱讀故事或聽故事外，也可鼓勵孩童編故事。孩童會投射自己和他的生活情境於故事中的主角和主題。此時讓孩子有機會探討他自己的觀點、想法、情緒和行為。（投射性的或直接的）

圖書治療的目標——故事書與編故事

使用故事書或編故事的一般性目標

- 透過認同故事書中的主角或情境，幫助小孩認識他自己的焦慮和困擾。
- 幫助小孩發現其生活中常發生的事件（主題）和有關連的情緒，如怕被冷落、被出賣、為他人負責的強烈感覺。察覺後並進一步解決。
- 幫助小孩談談，並探討解決的可行方法。為達到此目標，可改變故事使有不同的結果。

使用故事書的特殊目標

- 幫助小孩意識到別人也有類似的經驗，自己並非是唯一獨特的，因此可選擇與其經驗有類似的書。
- 幫助他們減少創傷經驗，如性侵害、家庭暴力和家人死亡。

書中若其他小孩有此類似經驗，會使他們感覺好些。

- 幫助小孩認識有些事件是無法避免的，如生病、住院。閱讀有關的書，使他們認同，以減少害怕，並對未來有希望。

編故事的特殊目標

編故事幫助小孩表達願望、希望和幻想。尤其當他們經驗到痛苦的生活情境時特別有用，他們會講不實的故事，以逃避面對現實的痛苦。例如，小孩沒父母會覺得羞恥（不同於他人），可能講實情會太痛苦。結果，他可能說他的父母是有名的人，在國外工作。透過講故事，輔導員要幫助孩子承認其故事是不實的，但是可將它當作是願望的表達。

使用圖書以達到教育目標

協助孩童擁有適當的信念和行為是重要的。例如教導他們保護行為、憤怒管理和社會技巧，以達到預防的目的。

如何講故事和編故事

講故事

講故事是輔導員和孩子的一種互動過程。使用的要點是，儘量使講故事變成一種容易的、有趣的正向經驗。往往，當他們講

故事，我們寫下來，有時使用錄音機錄下來，然後重播一次或多次。

一般而言，孩子需要輔導員先示範，以了解編故事的過程。可以告訴小孩：「今天我們要一起講故事，我先開始，有時我會停下，而由你們接上。」首先，輔導員選擇一個主題，並鼓勵孩子探討適合他們的問題。

同時告訴小孩：「故事要有開頭、中段和結尾」，我開始：「很久很久以前，有一個公主，而這個公主喜歡……。」

輔導員停下來並要求孩子接上公主喜歡什麼。孩子可能反應：喜歡到鄉下騎馬。輔導員繼續：當他在鄉下騎馬時，她察覺到……。

又一次輔導員在句中又停下，於是由孩子再接上。故事以此方式進行，直到有一個結局。當故事完成（故事常被錄下來）我們再倒帶聽一次，使小孩認同故事中的角色，並問：你們最喜歡故事中的什麼？

輔導員問：假如你是公主你會做與她一樣的事嗎？或不同？會做什麼？如此進一步探討他自己的行為。最後輔導員謝謝他們講的故事。

看圖畫或相片講故事

另一種方式是要孩子看一張圖片講故事或編故事。諮商員從雜誌選圖片，或一張相片，要孩子看圖片中的人物、動物或物件編故事。再提醒，故事要有開始、中段和結尾。然而，故事可短和簡單。由此，讓諮商員更了解兒童的問題，進而解決問題。

相互講故事（mutual storytelling）

相互講故事是要兒童先講故事而錄起來，然後輔導員臆測同一故事的意義而講他的故事。故事描述相同的主角與背景，其區別在於故事採用較健康的方法，及衝突解決方式。這個方法是小孩保持主動，同時參與故事而非被動的聽講。Gardner（1971）使用此技術治療了很多問題，如憤怒、低自尊及對離婚的反應等。

故事書、童話、虛構故事

有些小孩不會講故事，但他們熟悉的故事書、童話故事也有用。幫助小孩認同故事中的內容，並關連到自己的個人經驗，例如小紅帽與野狼。

有關故事的內容，如家庭暴力或性侵害可幫助孩子了解其他孩子也有類似經驗。使他們感到自己非唯一的受害者，也要鼓勵多分享自己的經驗。

教育目的的圖書

書是教育孩童去擁有重要信念和行為的方法。其議題包括：保護行為、陌生人的危險、祕密、不適當的碰觸。也可用來探討未來行為的各種選擇與選項，例如鼓勵孩子對陌生人說「不」，另外，要多練習大聲說「不」。最後，以角色扮演教導適當行為為教育的目的，可將書讓小孩帶回家並與其家人分享。

圖書和講故事的一般主題

我們可以使用具有不同的主題和情境的故事書，包括下面的主題：

- 交朋友。
- 家庭（人）。
- 拒絕。
- 魔術（魔法）。
- 巨獸。
- 童話故事。
- 神話、傳說。

重要的是，利用這些書鼓勵孩子。投射性的或直接的談談自己、他們的家人（家庭）和重要他人。另外，書在幫助孩子認同和承認感覺是有用的。例如，有關說謊、欺凌弱小和發脾氣有關的書籍。

🎵 實例：兩則故事

鮭魚岩石的教訓：打架導致孤獨

輔導目標

1. 了解目前的抗拒與攻擊行為和過去的分離、喪失或被遺棄等問題有關連。

2. 確認和表達與過去分離、喪失或被遺棄有關連的感覺。

3. 減少抗拒和攻擊行為的嚴重性與頻數。

4. 透過語言和健康的身體發洩來表達感覺。

5. 表現同理、關懷和敏感他人的想法、感覺和需求。

輔導過程

1. 輔導者先閱讀此故事：它是有關阿拉斯加一隻棕色熊——貝貝的故事。由於被其父親所遺棄而變得很會攻擊。藉著其力量與攻擊變成熊王，但終究發覺自己很孤單。最後他察覺做其他熊的好朋友會感到更多的快樂和力量。

2. 建立放鬆的氣氛：先花幾分鐘與兒童聊天，很舒服的坐著，然後聆聽故事。（講故事時，在表達時要有精神且很自然）

3.分享故事的目的是幫助兒童了解和察覺──抗拒和攻擊行為如何和過去與重要他人的分離、失去所愛的人、被遺棄產生關連。藉著支持氣氛，希望兒童能打開自己的心窗，並分享其經驗。領導者要注意傾聽時與問問題時的語氣。

4.下面的問題提供你參考，要敏感兒童的回答。（回答不出時，不勉強）

(1)故事中，貝貝由於父親（比爾）的離開感到生氣。假如你是貝貝，你會對比爾說什麼？

_____

_____

(2)假如你有相同的經驗（分離、失去），你會對父親說什麼？

_____

_____

(3)當你第一次經驗到與親人（父、母）分離或失去時，有什麼感覺？

_____

_____

(4)目前對於分離或失去，有什麼感覺？

_____

_____

(5)故事中，貝貝以生氣和攻擊表達與父親分離，以及被凱恩打敗的的反應。你是如何（至今）表達生氣？

_____

_____

(6)小可幫助貝貝察覺，他的打架終究引發自己感到孤單。你的打架或攻擊如何影響你與家人、朋友或同輩的關係？

_____

_____

(7)指出三種你表達生氣的方法。同時，此方法能讓他人知道你的感覺，但不會傷害到自己或他們。

A_____

_____

B_____

C_____

(8)小可幫助貝貝發現分享和做朋友的力量。指出你能與他人分享和做朋友的方法。

A_____

_____

B_____

C_____

故事開始……

　　阿拉斯加是地球北方的邊界。它是一個獨特的地方，因為這裡有其他地方所沒有的北極熊；阿拉斯加還有棕

色熊和美洲熊。這三種不同的熊象徵阿拉斯加野地的美與力量。

貝貝是隻棕色的熊，生活在阿拉斯加。在一個寒冷的冬天出生，母親叫安娜，父親叫比爾。整個冬眠中，他們住在山洞裡，他依偎在母親的懷中；春天時，他們被昆蟲的吱吱叫響吵醒，他以青春有力的姿態躍出山洞。他的父母告訴他，他們要離開山上的家，要下到山谷去。

然而，下山後，他們發現很多最好的掠魚地點，已被最大的棕熊占去。很快的，比爾發現一個最好的抓魚地方，但一個 1,500 磅重的大棕熊卻出現在樹林中。他粗暴的命令比爾和其家人離開此河邊。這隻熊很生氣並猛烈撲上比爾。比爾勇敢的作戰，但無法與又大又強壯的熊對抗。比爾最後失敗的逃離，他被羞辱且在家人前感到羞愧，那天晚上他都不說話。

貝貝隔天一早起來發現父親不見了。他向曠野大聲喊叫，到叢林與河邊尋找都找不到。那天他一直等到晚上都沒見到父親回來。他又繼續尋找了一星期，但都感到傷心且很混亂。他不敢確定父親是否受傷或僅是羞愧而離開。貝貝告訴母親他要出去尋找父親，安娜從語氣上，可以感受到兒子的傷心和生氣，便同意讓他走。於是，貝貝開始了尋父之旅。

那個暑假過去了，溪流裡充滿了跳躍的鮭魚。貝貝每天在河邊看有多少美味的魚可以抓，所有的鮭魚都努力的往上游到他們最後的目的地。貝貝很驚訝看到那麼多的魚。當他一起與他們往上走，他來到一個六英尺高的瀑布。瀑布的頂端有一些小的和中等大小的岩石形成

一個橋，此橋可以到達一個大岩石的地方。貝貝爬上岸邊到瀑布頂端，且沿著石頭小徑到大岩石邊。他爬上、站上岩石上，準備去抓跳上來的魚。一隻魚突然跳出像高射砲一樣高，貝貝準備去抓他，但突然間，他感到腳底岩石的震動，在他眼前出現了隻大熊。那一隻熊凶猛的向他吼叫，說：「你在鮭魚岩石上做什麼？我叫凱恩，是熊王，鮭魚岩石屬於我的！」貝貝感到驚慌。他回答：「發生了什麼問題嗎？這個岩石夠大為我們倆共用。」凱恩喊叫著：「離開我的岩石，我不想再看到你來到這條河。」他用大爪拍打貝貝，貝貝跌落水中，被沖到瀑布底下。水的衝力那麼大，使他無法再往上游。貝貝努力靠近河邊游去，最後，抓住一根樹，讓自己攀上岸邊。貝貝抖掉身上的水，並希望他父親在岸邊為他打氣。貝貝的內心充滿了憤怒和羞愧。同時，他發誓他絕不再受這種待遇。他自言自語說：「我明年會再來，變成新的熊王，我會重新站回鮭魚岩石。」

秋季很快過去，貝貝找到一個舒服的洞穴作為冬眠之用，以度過漫長的冬天。冬天過去後，他又到山丘下的河邊，記得他的誓言回到鮭魚岩石。在回到鮭魚岩石行程中，他與其他熊打戰，以測試自己的體力。他打敗十隻熊，但並未在可抓魚的地方停留，他要去的是最重要的地方——鮭魚岩石。貝貝最後來到鮭魚岩石，大聲吼叫讓凱恩知道他的存在。凱恩立刻站起來，大聲咆哮說：「我記得我警告過你不要再回來，而你不理會我的警告。這次我會比上次更厲害的對付你。」貝貝回答：「我已經不再是以前的熊啦！你很快就會發現。」貝貝

跳上岩石，接著是一場廝殺之戰。這次，貝貝抓住凱恩的身體並將他丟入水中，凱恩很快的被水的力量衝向下游。當凱恩隱浮水面時，貝貝吼叫：「我是新的熊王，我實現了我的誓言，現在是你必須離開，不能回來。」貝貝的消息傳遍了鄰近的山和平原。新來者常來向貝貝挑戰以爭取熊王頭銜，但每次都失敗。貝貝變得更有自信。

有一天貝貝離開岩石出去採草莓。當他不在時，一隻小的、天真的熊，名叫小可，爬上岩石抓魚。當新熊王看到了小熊在他的寶座上時非常的生氣，命令他離開。貝貝很驚訝，這時小可抬頭看他並說：「我想這地方夠大為我們倆共用，是不會有問題的。」這正是以前他跟凱恩說的話，貝貝用爪攻擊小可使他掉入水中。貝貝說：「你不可再踏上鮭魚岩石，我是熊王。回到你的家與家人在一起。」小可大聲的回應：「我會回家，且當我看到今晚北方星辰閃爍，我與家人在一起會很快樂，然而，你會感到孤單，一個人在冰冷岩石上，只擁有熊王的頭銜。我想我不需要再回來了。」

那晚，當北方天空星辰閃爍時，貝貝坐在岩石上，小可的話回繞在心中，而他真的感到孤單。貝貝努力告訴自己是熊中最有權力的，藉此嘗試去消除孤單的感覺。然而這種自我一再的保證，還是無效。他首次察覺到，由於他的生氣和凶猛，嚇跑了任何可能成為朋友的熊。貝貝心情崩潰了並流下淚來，他為失去父親哭泣、為離開母親哭泣、為自己沒有朋友感到孤單而哭泣。

貝貝幾乎不動的留在岩石上兩天。第三天，他決定

離開鮭魚岩石，到其他地方尋找食物。在行程中，他偶然碰到一個熊家庭在水中抓魚。貝貝有趣的看到，最小的熊很努力抓但抓不到而很挫折的樣子。貝貝靠近看，驚訝的發現，原來那隻熊竟是小可。貝貝大喊：「小子！怎麼回事！不能抓到魚嗎？」小可回答：「喔！不必管我，我一直沒回到鮭魚岩石打擾你，所以我不需要你到我家來捉弄我。」

貝貝突然有一種陌生的感覺。他看著幼小的熊且讚嘆他的勇氣。貝貝說：「跟我到一個地方，確保你能抓到魚。跟我到鮭魚岩石，那裡有足夠的地方為我們倆。」小可說話前猶豫了一下：「我想你不會讓任何人在你的寶座上，我怎麼能信任你不會又將我丟回河裡。」貝貝說出自己的感覺：「我發現你說的話是真的，我發現當自己一個人單獨坐在上面，鮭魚岩石是一個寂寞的地方，我喜歡你能回來和我一起抓魚。」小可勉強要求：「我可不可以帶家人一起來？」

貝貝和氣的回答：「當然。」

貝貝讓小可和他的家人回到鮭魚岩石。鄰近的熊很驚訝看到貝貝分享他的空間。日子過去了，貝貝發現與小可家人一起分享，比自私和孤單更快樂。他感到與他人分享多麼好，貝貝確信所有的熊都有公平的機會在鮭魚岩石抓魚。藉著分享，貝貝發展交朋友的能力，他不再滿足於當熊王，而是認識到在做他人的好朋友時，能找到內心的平安。

貝貝與其他很多熊分享鮭魚岩石且生活得很好。同時，當東方的星辰很炫目的在夜晚呈現時，小可就在他

的身邊一起享受美景。啊！阿拉斯加！地球上沒有一個
地方像你一樣美。

哈利克服他的害怕

活動目標

1. 提升自尊。
2. 確認可做哪些具體活動或任務，以增加自尊。
3. 認識個人的不安全感阻礙嘗試新任務或從事適當的同
   年齡的活動。
4. 減少害怕失敗、害怕被拒或害怕被批評。
5. 了解某人指認的好處，會給你自信。

活動說明

　　本故事「哈利克服他的害怕」是描述一隻小鴨學習
克服飛行的害怕。哈利缺少自信與自尊，但由於一個不
像是真朋友的鼓勵與勸告，他克服了害怕並學會了飛翔。

　　1. 講故事是一個有用的方法，能讓兒童開始加入談
談他們的不安全感或低自尊。在聽故事以前，儘量創造
一種輕鬆的氣氛。先與兒童閒聊，很自由的坐在地板上。
領導者必須事先閱讀並熟悉故事，如此會使你講得更生
動、更自然。

　　2. 故事「哈利克服他的害怕」的目的是幫助兒童確
認他的不安全感或疑慮，這些使他們逃避新任務或同輩

的活動。希望創造一個支持的環境，使兒童能很自在的分享他們的不安全感。故事閱讀後，問一些有關他們不安全感或害怕的問題。

　　下面的問題，可以幫助兒童確認和討論他的不安全感或害怕。這些問題是一種引導，你可選擇適合的問題，不必全選。你要敏感於兒童對故事和問題的反應，不要強迫或加壓力（可能他未準備好）。這些問題可在在團體中，或先回答，等下次再與領導者或治療師討論。如此，可以協助兒童找出減少害怕或不安全感的方法，以便去做些健康的冒險。

1. 過去，你一直害怕嘗試什麼？

　　_____

　　_____

2. 假如你嘗試了，會發生什麼事？

　　_____

　　_____

　　_____

3. 想一想，什麼時候你第一次不敢嘗試新事情，但嘗試後，你成功了或做得好？

　　_____

　　_____

　　_____

　　_____

4. 成功了以後，你的感覺如何？

_____

_____

_____

_____

5. 故事中，哈利認為自己比其他鴨子弱小，你
　 有哪些弱點呢？

_____

_____

_____

_____

6. 當其他鴨子嘲笑哈利時，他感到傷心。你是
　 否能想出有時其他小孩會捉弄你，你的感覺
　 如何？請分享這些經驗的想法與感覺。

_____

_____

_____

_____

7. 目前，你有何種活動或任務想去嘗試，但是
　 一直害怕去嘗試的嗎？

_____

_____

_____

8. 為克服你的害怕或煩惱，你能做什麼？

_____

_____

9. 誰能像小凱鼓勵和對哈利有信心的那樣幫助你呢？

_____

_____

_____

_____

故事開始……

印地安河是一條溫和流動的河流，它穿過北密西根州，連接兩個美麗的湖。冬天，河流在結凍的冰與雪的下面緩慢移動。在北密西根，冬天似乎是漫長無盡的，但是春天終究來了。春天是一年中最令人興奮的季節，因為它帶來新生命。這時加拿大的鵝和野鴨，會從他們的冬天假期地回到印地安河，建造他們的夏季家園。

就在這個安靜的河流區，有一個友善的鴨子家庭，叫蘿拉，每年在此安頓下來。蘿拉每年春天都渴望回到印地安河。但今年特別興奮，因為今年他將要做母親。蘿拉生下了八個美麗的蛋，她以愛心孵她的蛋。當八個蛋都孵出小鴨來時，鄰居們都游過來，恭喜她有八隻漂亮的小鴨。此時，蘿拉感到很驕傲。她保證會照顧小鴨並給他們足夠的食物。他的小鴨們個個很有活力，充滿了精力。除了最年輕、最小的小鴨外，所有的都有冒險的精神，而蘿拉必須要看著他們。但是哈利——最小的、

老是不敢離開母親的小鴨，他因為怕被鴨子的天然敵人──
──狐狸、老鷹傷害，而不敢離開太遠做冒險。哈利常依
賴母親餵食。

　　所有小鴨繼續成長，很快的到了學習飛翔的時候了。
蘿拉告訴小鴨學習飛是重要的，因為冬天時他們必須飛
到南方避寒。哈利的哥哥、姊姊們輪流學習怎樣飛。剛
開始，他們覺得很難，但由於母親的鼓勵與指導，小鴨
們（除了哈利）在當天黃昏時都學會飛了，且能飛得很
高。哈利告訴母親他還沒準備好，不夠大、不夠強壯。
母親可從他的眼睛看到他的害怕，並不斷的向他保證。
哈利那天拒絕去嘗試，但答應母親在隔天會接受母親的
教導飛行課。

　　隔天到了，哈利雖然還是緊張，但是他必須遵守諾
言學習飛翔。哈利嘗試了四次，但每次都是頭往下栽。
第五次，他開始飛向天空，他飛了幾十公尺時，回頭向
母親大喊說：「看，我能飛了！」但當他轉頭時，撞到
了大樹枝，掉落到地上。他的右翅膀碰到地面，同時痛
得大叫。蘿拉立刻飛到哈利的旁邊，並要求其他的鴨子
去找醫生，醫生很快的來了。他是一位很嚴肅的醫生，
名叫魯班。醫生仔細看了哈利，停了一下說：「我想他
很快就會好，他的右翅有瘀青，需要休息，但是不久就
能飛了。」醫生要哈利休息一個禮拜，他會再來看哈利
的。

　　一週後，醫生回來看哈利，發現一切都很好。他告
訴哈利可以再學習飛行了。哈利的體力恢復了，但不幸
的，信心沒恢復。他焦慮的對母親說：「我怕我會再受

傷，而且我不如他人強壯。」蘿拉告訴哈利，他必須很快學會怎麼飛，因為冬天時會有往南方的長途飛行。哈利不管母親的催促，拒絕學習如何飛。

鄰居的鴨子注意到他不會飛，就開始嘲笑他。其中一隻，叫漢克，以捉弄他為樂。他嘲笑說：「膽小鬼，哈利是膽小鬼！你只不過是個旱鴨子。」

受到嘲笑與嘲弄使哈利感到傷心，就逃跑、隱藏起來。他找到一個無人的河床並爬上一個大岩石上，在那兒哭。他哭泣，並說：「我再也不學怎麼飛了，我只是太害怕了。」突然間，他的腳掌感到岩石一陣搖動。他很驚訝，原來他是站在一隻烏龜身上。烏龜抬頭看充滿淚水的哈利並說：「嗨！我叫小凱，我無意間聽到你的哭聲。」

哈利道聲抱歉，說：「對不起，我坐在你身上。」

小凱說：「沒問題，這不是第一次發生。我想，在學習怎麼飛以前，你要開始先對自己有信心。」

哈利不耐地回答說：「你對飛行知道什麼，你只不過是一隻烏龜。」

小凱回答：「沒錯，我只是一隻烏龜，但我卻知道，假如你都不試試看，你將無法達到目標或完成什麼。我能藏在我的殼內，永不出來。當然如此我會很安全，不會受到狐狸的攻擊，誰也不會將我煮成烏龜肉湯。但假如我要抓到食物，我就必須冒險走出去。我也喜歡在印地安河游泳，同時見見不同的朋友。」他又說：「就是為了要活下去，我才必須冒險和交朋友。在你學習飛時，可能會受傷，但你不得不冒險。」

　　哈利仔細聆聽小凱的話，悲傷的說：「但是學習飛，飛不好時，其他鴨子會嘲笑我，我再也無法忍受他們的捉弄。」

　　小凱說：「我知道有一塊田野，那兒很少鴨子去過。我帶你去那裡，你練習時我看著你。我答應，我不會取笑你。」哈利同意了。第二天在其他鴨子還未睡醒時，偷偷去與小凱碰面。哈利試了幾次，但仍然沒有成功。當哈利感到洩氣時，小凱很快鼓勵他，並說，現在記得我告訴過你的話，你要對自己有信心。

　　哈利閉上眼睛，想像自己在空中飛翔。不知不覺的，他開始拍打翅膀並沿著地面跑，他被一陣風舉起，且在察覺前，他已飛上幾百公尺的高空。小凱大叫說：「你做到了，哈利，只要繼續拍你的翅膀就好了。」哈利開始拍自己的翅膀，同時大叫說：「我不敢相信，我真的飛了！我要秀給母親看。小凱，你能去告訴其他的鴨子說，我學會怎麼飛了嗎？」

　　小凱離開田野，以他肥厚而短小的腿儘快的跑。他看到漢克，愉快的與他分享說：「你絕對猜不到，發生了什麼事？」漢克諷刺的回答：「喔！一定要告訴我，快腳烏龜，我想知道。」

　　小凱興奮的說：「你可能不會相信，哈利學會飛了。」漢克以懷疑的眼光看著小凱說：「不可能，哈利是個膽小鬼，除非我親眼看到，否則我不相信。」

　　就在那時，哈利在他們頭上飛過，而他們的兄弟姊妹抬頭，發現哈利在空中飛，很快的也加入飛行行列，並恭喜他。那整天，哈利和他的兄弟姊妹一起飛了一天。

　　哈利在剩餘的夏天日子裡，都與他的兄弟姊妹在空中玩遊戲，並拜訪一些朋友。他愈來愈強壯。涼爽的天氣來了，且秋天景象的各種顏色出現了。現在是哈利首次飛回南方的時候了。對於長途飛行他有點緊張，但是他知道家人會陪他一起飛。出發前，他向小凱道別。他發現他的朋友都忙著在印地安河畔建造一個溫暖的家，以準備過冬。他擁抱小凱，並跟他說再見。小凱以肥厚短小的腿儘可能回抱他，並祝他健康，說：「我希望明年夏天再見到你。」哈利說：「喔！當然，我會回來的，印地安河是夏天最好的度假勝地，尤其有一個像你這麼好的朋友在此。」

　　哈利在南方過冬，夏天他又回到印地安河。那個夏天，他與其兄弟姊妹和最好的朋友──小凱一起抓食物、玩耍、嬉笑在一起，度過整個夏天。

〔以上兩則故事是編譯自「Brief Child Therapy HOME-WORK PLANNER」（Jongsma, Peterson & Mclnnis, 1999）〕

✿ 三張圖片（看圖片說故事）

圖 13-1

圖 13-2

圖 13-3

摘要

應用「書籍」提升心理健康,是源自古希臘時代。它是一種治療工具,最早是從精神醫療機構與專業圖書館員合作,共同進行「書的治療」,到如今配合諮商技術,應用各種教材與活動於兒童治療(Gumaer, 1984)。兒童喜歡聽故事,所以應用書、圖片於兒童諮商是有用的。

有關圖書治療的效果研究不是很明確（Schrank & Engels, 1982）。但是對兒童而言，似乎最大的效果是改變態度，其次是增進自我概念、學業成就和減少焦慮。

「書與故事」應用於諮商的價值是：1.減少防衛、被侵入、被強求，2.透過好讀物培養正確的態度，3.催化諮商員與兒童的互動，透過認同、頓悟與發洩，達到問題的預防與解決問題，4.達到教育目標，如保護行為等

本章依序探討圖書治療的適用年齡、情境、媒介的特性、目標與引發的行為；它的基本過程、它的教材與重要主題，以及如何實際的講故事與編故事。

本章最後提出兩則故事與三張圖片作為實例，以說明如何進行治療過程並達到治療目標。

心理衛生諮商

II

第14章
外向性行為偏差

　　兒童的情緒和行為問題在心理病理學上可分成兩個廣泛的向度。這兩個向度又常以不同的名稱稱之，如：與自我有關連的及與他人有關連的、缺少控制和過度控制。但是最常使用的名稱——用以分類社會和情緒問題的是「外向性」和「內向性」（Cicchetti & Toth, 1991）。因此本章先探討有關外向性行為偏差。

2 了解外向性偏差行為

　　外向性行為問題和偏差最令父母和教師感到困擾。因為它是困惱人的且是分裂性的（disruptive），又常給同環境的人創造難題。但幸運的，外向性問題和偏差可藉著直接的觀察方法做有效

的評估。進而對它們提出有效的調適計畫。

　　兒童病理學家一般都同意外向性偏差行為的範圍，包括廣泛性的攻擊徵候和過動（Cicchetti & Toth, 1991）。其他又稱此行為向度為「缺乏控制和外在取向的行為（Undercontrolled & Outer-directed Behavior）。不論其名稱為何，這個廣泛的行為所包括的特性是相同的——即攻擊、分裂、反抗或抗拒和過動行為。一個兒童或青少年表現出外向性問題將不一定表現所有這些行為。但這些徵狀是一致的，也是相當確定的。

　　在外向性偏差行為的心理病理學研究中，Ouay（1986a）探討了六十個研究，他提出外向性的廣泛向度中，可分成三種較狹窄的向度——缺乏社會化的攻擊行為偏差、社會化攻擊行為偏差和注意力匱乏過動偏差等三種。目前 DSM 系統所包括的三種行為偏差，即團體類型（問題行為以團體活動為主）、單獨類型（問題行為由個人引發的，非由團體）、較不分化的類型（上兩種的混合）。在 DSM 未修定前，行為偏差有不同的分法——即社會化和未社會化兩種，以及帶有攻擊特性或者沒有，此分法與Ouay（1986a）的分類相似。以下分別做討論。

缺乏社會化的攻擊行為偏差

　　Ouay（1986a）提出此偏差行為包括一連串的行為——涉及攻擊、犯規、發脾氣和易怒與激動、尋求注意和粗魯，涉及各種其他的負面和對立的行為特徵。另外 Ouay 又發現「缺乏社會化的行為偏差」又包括兩種值得注意的特徵（除了攻擊、分裂和不服從外），即 1. 過動和坐立不安（但不能稱為注意力問題），和 2. 偷竊行為一直未被發現為此向度的中心。偷竊是社會化攻擊行為

偏差的重心。

社會化攻擊行為偏差

依Ouay（1986a）的分析研究，認為此類行為比上一類行為較不普遍，其特色是參與同輩做不合法或犯常規的行為。其他具體行為包括：壞主意、逃學和逃家、偷竊（在家和在外）、說謊和幫派活動。

這些偏差行為的發生只要是為維持「同輩的接納」為目的（反社會或偏差的同輩團體）。由於這些問題行為常侵犯他人的權利和反抗社會慣例，因此常導致少年犯罪行為和涉入少年法庭。社會化攻擊行為偏差，通常發生在較後的發展階段——兒童後期或青少年前期（Ouay, 1986a）。另一特色為，較常發生於男性，且常伴隨著缺乏或不足的道德推理（Smetana, 1990）。

注意力匱乏過動偏差

Ouay（1986a）所指認的第三類外向性行為問題的偏差是「注意力匱乏過動偏差」。這個偏差主要的特徵是專心和注意力維持的困難，同時包括一些與反社會特性有關的，如衝動、粗魯、笨拙和被動。一般外顯的過度活動並非「常」是這種偏差的特色。事實上，活動不足常是其特色。他們的活動水準表現出相當的極端——即有些相當的極端，動個不停、侷促不安和不休息，可能的另一極端表現是較退縮和被動、偷懶、做白日夢，少表現攻擊和反社會行為，因此這個特殊的偏差不適合列入這種廣泛性的外向性問題，列入上兩項較適切。

2 外向性偏差的原因和其影響

外向性偏差的心理病因，從很多的研究發現其主要的解釋模式為社會學習，生化、神經學和家庭、基因等方面。對於注意力匱乏過動偏差，Campbell & Wrry（1986）注意到，雖然有很多的推測認為是生物性原因，但具體的結論未達到一致的看法。問題行為偏差，其病因愈來愈多有關生物學基礎的推測（Werry, 1986），但在此時也很難有具體的結論。不管愈來愈多的注意力放在生化或神經學基礎上，此時社會學習模式提供一個更清楚的病因模式。例如 Patterson 的研究提出，鬆懈的父母監視，和父母不良的反社會行為楷模，是有力的預測兒童未來的攻擊和反社會行為（Pattersen, 1976, 1982, 1984; Patterson & Bank, 1986; Pattersm & Dishion, 1985）。總之，外向性偏差行為的發展可能涉及到行為的、環境的和個人因素以及它們之間的相互影響。

有證據顯示，外向性偏差比內向性偏差更具有發展性型態和長程的影響（Cicchetti & Toth, 1991）。ADHD（注意力匱乏過動偏差）一般的發展過程似乎包括幾個元素：開始於嬰兒或兒童早期，繼續到兒童期和青少年，會影響到學業、行為和社會行為問題，且在成人期也會對他們的社會適應有影響（Camphell & Werry, 1986）。更甚而，假如在兒童期的 ADHD 兒童，附隨有外向性行為偏差，家庭的不和諧、低智商和學業成就，則長程的預後較差，並較可能有犯罪行為和精神病方面的問題。

至於行為偏差，其發展過程和長程的預後似乎與攻擊行為的多少和強度有關（Ouay, 1986a）。若是這些社會化攻擊行為偏差者

能有高智商和好的社會技巧則會有較好的預後。學前期兒童表現
經常性的攻擊行為，有可能延續到成人期，尤其在十或十二歲仍
保持相同的行為類型。對於行為偏差的長程影響討論可歸納為兩
個重點：*1.*目前的攻擊行為是預測未來攻擊和反社會行為的重要
變項，和*2.*雖然大部分成人的反社會攻擊行為都與其兒童時的行
為類型相同，但是大部分的反社會兒童並不會變成反社會行為的
成人（Martin & Hoffman, 1990; Robins, 1974）。

2 外向性問題的評估

兒童和青少年的情緒、社會和行為的評估方法包括：*1.*直接
的行為觀察，*2.*晤談技術，*3.*行為評量法，*4.*社會計量法，和*5.*
客觀的自我報告等五種。這五種直接和客觀的評估方法皆可使用
在外向性偏差問題。其中直接的觀察和評量法在文獻上受到重
視。而晤談技術——與父母或教師的晤談，提供很多外向性問題
的評估，而結構性晤談在過去二十年也被認為是相當有用的技
術。社會計量和自我報告也一直被用來做評估，但是後兩種比前
三種方法在使用範圍上較有限制，下面分別討論各種方法。

直接的行為觀察

多數的專家皆同意，直接的行為觀察是評估外向性行為偏差
最有用的方法（Alessi, 1988; Reid, Baldwin, Patteron, Disnion, 1988）。
McMahon & Forehand（1988）建議，行為觀察是「……最可靠和
正確的評估方法，以獲得兒童行為偏差的功能分析」（P.138）。

使用此法有兩個重要理由。首先，它與外向性偏差的本質有關，不像內向性偏差，常涉及到內在狀態的主觀知覺，外向性偏差的特徵是外顯的行為型態——易於觀察，例如過度的動作活動、身體攻擊和語言的威脅和反抗。因此，行為觀察是高度的客觀評估——易衡量外在的標的行為。第二個理由是與行為——環境互動有關，且需要確認環境面——作為治療計畫中環境的修正是有用的。就如內向性問題，外向性行為問題不會在真空中發生，它們被引出和維持下來——透過相當複雜的個體、行為和環境三者的互動，就如 Bandura 的相互決定論觀點（1977, 1978, 1986），然而不像內向性問題，外向性行為問題的互動問題較容易直接觀察。

直接觀察的方法有多種，一種是書寫方式的記錄，如以日記方式或描述方式，有時稱之為連續的記錄。記錄內容分四部分：行為發生時間、前序事件、兒童反應和結果。此法可看出前因後果。另外可以按碼錶做記錄：或以符號或其他記錄器，同時注意持續時間，以及在不同的時間、地點做觀察。

觀察原則為：1.一次只觀察一個學生，2.用具體行為名詞界定所要觀察的行為，3.熟悉你使用的觀察記錄表，4.在一天不同的時間做觀察，5.在不同的情境中觀察，6.觀察完立即做記錄。另外還可使用錄影帶或錄音帶做記錄分析（先錄下互動情況，然後分析談話內容，以做評估）。

晤談技術

晤談技術顯然是評估外向性偏差最有效方法。雖然傳統的（i.e.非結構）晤談技術對於獲得個案的認知和情感狀況或資料是有用的，但是它們不太可能獲得問題發生時的現場狀況資料。理論

上而言，兒童或青少年的行為問題，傾向於與他人互動產生的，且是在學校出現，所以行為晤談應該包括父母和教師。外向性偏差的三種類型的行為特徵，很難直接與兒童或青少年個案做有效的晤談。因為社會化和未社會化攻擊行為偏差——如說謊、反抗權威和對立行為，皆會令兒童、青少年個案認為是可疑的資訊。另方面，注意在晤談中缺乏過動偏差者也不會顯示外顯的抗拒。但是由於難以專心和對他們行為的微妙面之不良察覺導致資訊品質不良。因此，與父母和老師的晤談是外向性偏差評估的第一步。

不論外向性問題涉及哪一類的行為——行為偏差、注意缺乏過動偏差或混合型，行為晤談的有效性將會大大的增加，假如所問的問題是具體的，為評估 ADHD，DuPaui（1992）建議使用「半結構性」行為晤談形式——在此，詢問父母或教師有關問題是否出現和徵狀的強度（依 DSM-III-R 標準）。Forehand & McMahon（1981）提出一種 Problem Guide-sheet——一種半結構式的行為晤談以評估兒童的行為問題。在晤談時，以獲得問題行為的出現率、持久時間和父母或兒童對問題的反應為重點。總之，晤談技術亦可稱為是一種在設定情境中的觀察。在結構性晤談時，要承認人類的某些特性是存在的，如忘記、誇大、欺騙等限制。但若在標準化測驗中無法回答我們所問的問題時，就必須考慮晤談法（Gelso & Fretz, 1991）。

行為評量

正式評估過程是由與學生有關係的父母、教師開始做第一階段的評量，以確定某行為是否存在，或出現的程度，評量時最常使用「評量表」和「檢核表」。行為評量可能是評估外向性行為

問題最有用的方法。因為外向性行為一般是可直接觀察到，資料提供者最認識兒童或青少年，因此最能提供各種問題行為的廣泛性評估。就如「直接觀察」、「評量法」可以提供相當客觀的衡量，作為篩選問題行為和作為假設的依據，此時行為評量表可能是最好的選擇。雖然理論上，二者和直接觀察是有些重要的區分，但是同時使用這二類方法做衡量是有必要的。評量法往往提供一種「回顧」的評估方法──因此父母或教師根據他過去一段時間的觀察和知覺做出評量（如過去三個月）。另方面，直接的觀察提供在一個限定時間內所發生的行為。因此，評量法將提供與問題行為有關連的環境變項的資訊，然而，短時間的直接觀察，可能錯失一些不常發生但重要的行為。另外，要注意量表方面的缺點，如：指示不清楚、界定不清楚、項目的重疊、太長等。在使用者方面，可能會有歪曲和誤解，如：個人偏見、過度類化、趨中評量、月暈效果的錯誤等。因此，使用多向度的方法、資源和背景的評估模式，才能克服各別方法的限制，並利用各別方法的優點。

社會計量方法

社會計量法主要是用來評估人際關係──被接受程度、角色和團體的互動的基本技術。它包括的方式有：1.同輩的指名，2.同輩的評分，3.社會計量的等級，和4.另些選擇，如圖片的社會計量、同班遊戲和「猜猜是誰」等衡量。假如使用得適當，以上這些方法都有可能是好方法作為篩選和評估外向性的行為偏差。

Hops 等提出類似的分類（Hops & Cewin, 1984; Hymel, 1983），他們認為其形式分為：1.指名法，2.配對法，和3.全班互評法。

使用社會計量以評估外向性問題行為，依賴兩個變項：1.設計具體的問題，和2.使用社會計量評估的目的。為有效的評估行為偏差或注意缺乏過動偏差，社會計量任務（工作）將需要小心結構，使得資料提供者的同輩或教師會根據外向性特徵做選擇。例如，以負面評量或等級而言，參與者被要求列出或評量「常打架」的同輩，這種具體的描述比要求參與者列出或評量「與他人相處不好」的同輩更有效。後者明顯的可能與外向性問題也有關聯。使用社會計量法以評估外向性偏差一般在於目的的篩選——即誰是有問題的，而非用來做個別的評估。雖然在班上施行社會計量以提供給被轉介來的學生一些有用的資料是對的，但是所消耗的時間和所涉及的強制性幾乎不能被認為是正當的。

其他的縱貫性研究發現同輩評量、或指名為小氣（mean）、躁鬧或沉默（victor & Halveron, 1976）和滋事者或不誠實（West & Farrington, 1973），與往後的行為問題和青少年犯罪有密切問題。Roff（1961）研究了 164 位男孩——被轉介到輔導中心，後來服務於軍隊，他發現有不良同輩適應的紀錄者，比較那些有好同輩關係者，較有可能由於不良行為從軍隊退出。其他還有一些研究都證明社會計量法是有用的。但是這些研究已經提供夠強烈的證據。近來，社會計量法為預測兒童和青少年的社會適應是有效方法。總之，社會計量法顯示出對各種外向性行為問題評估的有效性。

自我報告的評估

內向性偏差常選擇客觀的自我報告測驗作為評估方法。然而，當它應用到外向性偏差的衡量時，將呈現相當不同的景象。使用自我報告測驗到行為偏差和注意缺乏過動偏差時會呈現三種

衡鑑問題。首先，外向性問題往往最好是透過直接的衡量，和由客觀的觀察者的公正報告（McMahon & Forehand, 1988）。第二，兒童和青少年有外向性偏差者常對自己行為有不實的報告（Barkley, 1988）。第三，大部分的客觀自我報告測驗的本質要求相當多的推論──尤其對測驗結果應用到實際表現行為時，特別是行為問題。因此，雖然自我報告測驗對於內向性偏差的評估常是非常有用的，但是它們對於評估外向性偏差是最無效，以及是最間接的方法。

不管它使用在評估外向性問題方面有限制，有時候它也必須被包括在評估方法中。例如，臨床心理師可能需要蒐集系統的資料──兒童或青少年個案對其行為的知覺，或將他們的人格側面圖與常模或臨床團體做比較。幸運的，有一些標準化的自我報告工具可能是有價值或可接受的，可併入多方法、多資源、多背景的評估設計，以評估外向性偏差。

自我報告評量技術，除了標準化測驗外，如 MMPI。另外最常使用的包括：自傳、日記和自我描述或短文等非標準化技術，這些技術能幫助個案和諮商員了解他們的優點、弱點和獨特性。

另外有關非標準化評量請參閱《諮商導論》（黃月霞，1995）。

2 評估與調適的連結

評估外向性偏差的五種一般方法都有其優點和限制性。同時，每種對不同的目的和情境都是有用的。然而，當談到連結評估資料與外向性問題的調適時，則相當清楚可看出五種方法的有

用性並不相等。「直接的行為觀察」，尤其觀察所使用的編號系統，考慮到環境變項和個案與他人的互動，是發展調適計畫最有用的方法。因為慎重的設計和實施觀察系統，能直接觀察到環境的情境和人際互動——有關引發和維持問題行為，它將能幫助建立假設——減少問題行為和增加好行為的方法。對於被轉介個案的父母和教師做「行為晤談」是另一種評估方法——能蒐集到與調適有連結的相同種類資料和功能性的評估資訊（雖然以較間接方式）。行為評量法對於外向性問題調適的設計上比直接觀察和晤談兩種方法的功用上要差一些，但是仍可能提供一些幫助。假如評量法由不同的人做評量，且在不同的背景評量皆呈現出某行為或情境的共同主題，那麼，臨床師將得到一些明顯的線索——有關特殊行為或情境需要在調適計畫中加強。

　　社會計量評估對外向性問題最好是用來作為描述的方法——篩選或研究，同時，並不太適合作為調適計畫（與調適計畫的連結較弱）。客觀的自我報告測驗對於治療計畫也提供最弱的連結，因為他們做出的評估反應和行為類型（pattern）並非我們真實的行為。有學者企圖去連結MMPI的剖面圖和治療計畫（Butche, 1990），但是這些努力只是一種特殊的自我——報告工具，同時，它們需要進一步實徵性的證實。總之，本質而言，外向性偏差較適合最直接的評估方法，即直接的觀察和晤談法。根據這些的觀察和晤談資料作為調適計畫的基礎。

2 外向性行為偏差的調適策略
——人際問題解決的團體諮商

　　外向性或稱為分裂性行為已經變成社會上或學校內最急迫要面對的議題（Hranitz & Eddowes, 1990）。這種破壞紀律的行為還一直在持續中，也是學校認為最棘手的問題——它威脅到學校同學與教師的安全。在美國有 8%的學生因為害怕教室中的衝突和攻擊而不敢到校上課（Hranitz & Eddowes, 1990）。在國內學校的暴力行為也日趨嚴重。因此學校對於這些外向性行為問題的矯治和預防扮演重要的角色。

　　這些表現攻擊、暴力或分裂性行為的兒童必須受到學校的重視。學校諮商員往往被認為是負責矯治和預防這些偏差行為的動因。本節要介紹以 1. 教導如何解決人際衝突問題，和 2. 自我管理兩種策略為主的團體諮商（NeIson et al, 1996）。這個調適的最主要目標是幫助兒童了解他們所面對的人際問題是可以控制的，並教他們如何去控制，或避免導致人際問題的一些事件和情境。同時，要兒童注意到，人際問題會影響他們的學業成就和人際關係。

人際問題解決方法包括下面幾個步驟

⑴確認問題
　　以操作性名詞描述情境，區分有關與無關的資料，並設定所期望的目的。

(2)產生各種解決方法

假如個體能「遲緩判斷」，較有可能產生多的、有品質的解決方法，愈多的方法，愈有可能找到較好的方法。

(3)預測各種方法的可能後果

考慮短期和長期結果和考慮對自己和對他人的影響。

(4)選擇適當的行動方向

對所提出的方法做評價，決定最好的、最有效的一個。

(5)實施解決方法

個體執行所選擇的方法，觀察結果。達到所設定的目標，即成功的解決問題時則應受到增強（他人或自我）。

人際問題解決調適的目的在於以內在「思想過程」去調節外在的行為。簡言之，其過程包括：界定問題、設定目標、產生各種可行方法、評估不同方法的後果、選擇一種最好的方法、實施方法以及評估效果。重要的是，幫助兒童發展各種有效的可行方法以管理其社會問題，並增加選擇有效行為的能力。

自我──管理（self-regulated）行為

包括：設定要達到的目標、自我監視和自我評估技巧。這些技巧與人際問題的解決有直接的關係。具體而言，設定行為目標和達到目標的策略或活動，觀察和記錄行為（自我監控），和判斷表現（自我評估）是自我管理的重要元素。

以上兩個主要策略較偏向於認知──行為技術。兒童外向性行為問題──攻擊、分裂等行為，常由於不知如何解決問題，透過上述的步驟分析，可選擇最適當的解決方法。另外，自我管理讓兒童學到自我控制。這種stop（停下）、think（思想）、action（動作）三步驟對衝動型的兒童和青少年是重要的。也就是說，

問題解決技巧訓練是認定，攻擊兒童是由於解決問題和社會──認知技巧的匱乏所導致的。因此，典型的問題解決技巧訓練常配合「生氣控制」的技術（Lochman & Curry, 1986）。先教導兒童在生氣的情境要「停──想」，然後再應用解決問題技巧。總之，解決問題技巧訓練（PSST）要包括：行為／社會技巧，生氣因應技巧，和社會──認知技巧。

團體諮商的調適包括下面四個重要元素或技巧

1. 生氣的因應。
2. 人際問題的確認和設定目標。
3. 產生可行方法並預測各種方法的後果。
4. 行為的自我監控和自我評估。

這種團體諮商調適可達到矯治和預防兩種目標。以預防而言，它能確保行為問題不至於更具傷害性，且兒童本身學到一些策略──避免問題的產生，或自己能處理人際困擾，不使小衝突變成大危機。這種調適是矯治性的，它會改變分裂性行為。

團體諮商實施步驟可分成四階段：階段㈠建立關係，㈡生氣的平撫技巧（應用自我語言），㈢學習社會問題解決方法，㈣自我管理。團體持續期間至少九次聚會。另外筆者建議，確認問題最好由學生舉出一些實際他們日常碰到的人際衝突問題。諮商員透過問問題、討論、示範和角色扮演幫助學生完成四階段的目標。

這種屬於「心理教育」Psychoeducational Approach 的教學方式是一種結構性的學習。對於低年級兒童可設計有趣的圖片較吸引兒童的注意，也會讓他們更投入。另外，家庭作業和酬賞也是促進新行為的維持的有力方法。

最後，要使社會認知訓練計畫有效，針對攻擊兒童本身的訓

練和調適還不夠，父母的訓練和同輩的調適必須包括在內，因為
父母的表現與兒童攻擊是有關的。同時，友伴的負向反應（如，
敵視、處罰、缺少社會增強、負向知覺、友伴拒絕）可能引發兒
童的攻擊行為。

摘要

外向性或稱分裂行為問題日趨嚴重，已引起社會和學校的關
切，如何矯治和預防是學校諮商員要重視的。

依 Ouay（1986）的分法，他將外向性行為偏差分成：缺乏社
會化的攻擊行為偏差、社會化攻擊行為偏差和注意力匱乏過動偏
差三種。

外向性行為偏差的原因很多──生化的、神經學、社會學習
等，但未達到一致的結論。它可能涉及到行為的、環境的和個人
因素的互動結果。

外向性行為問題的評估分五種：直接的行為觀察、晤談技
術、行為評量、社會計量方法和自我報告。但以直接的行為觀察
較有用。

外向性行為問題的矯治與預防，可考慮以「人際問題解決的
團體諮商」方式作為調適。其主要的理論架構是：1.教導生氣管
理，2.教導做決定與解決問題技巧──確認人際問題，產生可行
的解決方法，預測各種方法的後果，選擇適當的方法，和3.自

我──管理、自我──監現、自我──評估和自我──酬賞。最後，要使訓練有效，調適計畫要包括：建立關係、情緒管理（尤其生氣）、問題解決和自我管理。而調適或訓練對象要包括：攻擊兒童、父母、教師、行政人員和同儕。

第 **15** 章

內向性行為偏差

　　本章延續上一章，探討兒童問題或偏差行為的心理病理學上的另一廣泛向度——內向性行為偏差問題。兒童和青少年的內向性行為問題表現出——憂鬱、社會性退縮和以低自尊（self-esteem）為主要特徵的行為（Merrell，1994）。這些問題領域涉及個人主觀的知覺和狀態，因此難以觀察，且其徵狀常糾纏在一起，在兒童的診斷上，有時被指為「Secret，隱密的」疾病（Reynolds，1992）。

　　廣泛內向性問題或偏差似乎包括各種徵候，如心情不好（憂鬱症候）、社會退縮、焦慮和壓抑反應，以及生理問題。目前有證據顯示，心情偏差、焦慮和生理上的抱怨等特性上，存在著很多的行為共變項（Master & Choninger, 1990）。也就是一個兒童或青少年出現明顯的憂鬱也可能同時經驗焦慮、壓抑、退縮和生理上問題。因此，在此共同架構下去研究這些問題的評估是有用的。

　　DSM（心理疾病診斷）系統對於內向性向度包括——焦慮偏差、心情偏差、飲食偏差和生理偏差。Ouay（1986）根據行為向

度分類法，將內向性問題分成兩種——anxiety-withdrawal-dysphoria（焦慮——退縮——發音障礙）& schizoid-unresponsive（精神分裂——反應遲緩），這些向度相當類似 ouay 的內向性問題的分類。其他的研究者以不同的觀點看內向性問題（Achenbach, 1982），但是ouay的描述——在內向性問題中有很多的特徵是具有重疊性的。

　　為確認和更清楚的界定有關內向性問題的重要元素，本節要分別討論三種次領域的徵候——depression（憂鬱）、anxiety（焦慮）和有關連的其他問題，如社會孤立。在檢視內向性問題的三部分時，要牢記——內向性比外向性更易混淆（Kauffman, 1989）。

憂　鬱

　　憂鬱的結構包括廣泛的行為特徵和徵候。這個廣泛的和不明確名詞的使用，在研究文獻上一直是個問題，以至於在很多研究上用相同的基本名詞，以描述不同的行為面和情緒功能。Cantwell（1990）發現，憂鬱名稱有三種看法：1.憂鬱是一種徵狀，2.憂鬱是一種徵候，和3.憂鬱是一種憂鬱偏差（depression disorder）。

憂鬱是一種徵狀

　　以徵狀（symptom）而言，憂鬱涉及一種焦慮性的心情狀態——感到不快樂或悲傷、不暢快、感到不幸，或感到灰色。這些主觀狀態僅是憂鬱徵候或憂鬱偏差的一小部分而已。很重要的一點是，我們要承認，對大部分而言，生命中的憂鬱是常有的，同時

它也是一種典型的現象，且往往它並非是憂鬱偏差或嚴重問題。也有可能這種憂鬱徵狀是其他偏差存在的部分。因此，僅是憂鬱徵狀，不足以提供憂鬱評估的推動力。

憂鬱是一種症候

症候（syndrome）一詞不僅只用來描述焦慮性的心情狀態。這個名詞常為人所了解，即描述行為和情緒徵候，而此兩種常一起出現而非偶然同時出現。Cantwell（1990）注意到，憂鬱併發徵候一般不僅涉及心情的改變，而是在心理動力功能、認知行為和動機等的改變。這些額外的改變往往是負面方向的，減少經驗者的功能能量。憂鬱徵候較憂鬱徵狀不尋常。它由於某些生活壓力，可能是各種醫療（medial）問題而併發存在，或可能因為心理的或精神病障礙——分裂性行為偏差、精神分裂症和焦慮偏差而一併發生。它也可能沒有先前存在的問題而單獨發生。當然，憂鬱徵候可能也是憂鬱偏差的一部分。

憂鬱是一種偏差

憂鬱徵候和憂鬱偏差兩者的區分：並不如憂鬱徵狀和憂鬱偏差的區分那麼清楚。然而，憂鬱徵候往往是憂鬱偏差的一部分。當說到憂鬱偏差時，它常常包含憂鬱徵候，但是此時徵候已存在一些時候了，已引發某程度功能的失常，易造成個人的憂鬱。當為兒童做廣泛性評估時，很重要的一點是，行為特徵和環境都必須考慮。另外在有關心理生物學方面的文獻探討顯示出強烈的證據——一些兒童的憂鬱與個人變項——即家族遺傳和腦部生化方

面有相互影響（Merrell, 1994）。

焦　慮

　　焦慮是內向性的反應，可能涉及到主觀的感覺（如，不舒服、害怕、恐懼）、外顯行為（如，逃避、退縮），和生理反應（如，流汗、嘔吐、一般性生理激發）。焦慮與另兩種領域有密切關係——害伯（fear）和恐懼（phobias）。然而焦慮、害怕和恐懼有很多的重疊，傳統上認為這三種有些區分。害怕被描述為「對所知覺到的威脅的反應——涉及對威脅刺激的逃避，主觀不舒服的感覺，和生理反應（Barrios & Hartmann, 1988, p.197）。害怕和焦慮的區分在於前者對特定刺激（如黑暗或吵雜聲）的特殊反應，而後者傾向於對不確定刺激的擴散（diffuse）反應（不安）。恐懼類似害伯——在於對特定刺激的強烈反應，但區分在於它（恐懼）較持久、不適應和逐漸惡化（Barrios & Hartmann, 1988; Morris & Kratochwill, 1983）。

　　有趣的是，兒童的焦慮一直被忽視。此主題需要特別注意的是，有證據顯示，在心理衛生診所接受治療中，有大部分是焦慮偏差（Miler, Boyer & Rodoletz, 1990），且兒童焦慮可能是其成人期心理病理的預測（Bowlby, 1973）。其中的一個理由是，兒童焦慮可能被疏忽，是因為它是很普通且是一種過度性的（Wolfson, Fields & Rose, 1987）。因此，DSM-III-R 在所列出三種不同的兒童偏差中，焦慮是最主要的特性，它包括分離焦慮偏差、逃避偏差（兒童和青少年），和過度焦慮偏差三種。

分離焦慮

「分離焦慮」傳統上被界定為，對兒童所依附的人可能會分離或實際的分離。這些被依附者並不需要一定是母親或父親。當嬰兒成長為幼兒，他們的認知和社會成熟使他們更能認識和區分周遭的人，同時這個成熟伴隨著「陌生人焦慮」——此為正常發展的一部分。此正常反應和偏差的分離焦慮不同——不合實際和持續性的煩惱其依附者會受害或死亡，拒絕去上學或上托兒所，為的是留在依附者身邊，持續不離開依附者的視線範圍（例，「黏住」和「形影不離」）和持續的惡夢。

從另外一些研究發現有趣的事是，分離焦慮和對照顧者的依附的品質有強烈關聯性。換言之，兒童具有較少安全依附者，較可能經驗分離焦慮而導致嚴重問題。

逃避焦慮

逃避焦慮的情況是，兒童畏縮不與陌生人接觸——嚴重傷害到孩子與同輩的關係，DSM-III-R 有關兒童或青少年的逃避焦慮偏差的標準排除二歲半的兒童，且要求問題要持續到某程度，至少三個月才能做診斷。因為太小做實徵性的測試，難以知道分類的信度、病理，或行為的關連（Miller, Boyer & Rodulety, 1990）。

過度焦慮（Overanxious Anxiety）

DSM-III-R 對於過度焦慮偏差的診斷提出其特性——至少六

個月之久的過度和不合實際的焦慮程度，且對於未來事件、過去行為，和在各種領域缺少能力。這個偏差可能也包括各種身體的抱怨、極度的自我意識、主觀相當程度的緊張，和不斷的需要再保證。然而，這種和分離焦慮比較下，所知不多。很明顯的，這類兒童具有一些徵狀──常經驗生理上不舒服的困擾，可能會經驗到社會適應上的嚴重問題。

引發因素

雖然探討焦慮的發展需投入相當多的努力，但是其引發因素的了解還是很少，尤其有關於兒童。不同的理論方向，如，心理分析、行為的和認知觀點，皆有不同的看法（Miller & Boyer & Rodoletz, 1990）。學者所強調的是社會學習觀點，因此其原因應該是「兒童的氣質特徵，加上早期的社會經驗和目前──環境的性質，可能是發展焦慮有關問題的解釋」（Kauffman, 1989, p.344）。

✨ 有關內向性偏差的其他行為

除了憂鬱和焦慮的特性外，對內向性偏差的廣泛性分類還包括一些其他行為的、社會的和情緒的問題。兩者最有關聯的問題是「退縮」或「孤立」。就 Kauffman（1989）所注意到的，社會孤立是由於行為過度（excess）（即攻擊或過度活動）或行為匱乏所導致的。而行為匱乏這一類與內向性偏差最有關聯。由行為匱乏所引發的社會孤立兒童傾向於對他人行為不做反應──他們缺乏社會具體技巧去交朋友和維持友誼，往往由於嚴重的技巧缺

乏，會伴隨著出現不成熟或社會性不適行為，而使他成為他人取笑的對象（Kauffman, 1989）。內向性社會退縮和孤立似乎不僅與父母的社會楷模有關，而且被認為是一種氣質性特徵。氣質特性可能是生物性因素，但是也可能與行為和環境互動的複雜性所導致。

內向性偏差的另一種現象是廣泛性的身體特質和生理的抱怨。一個人經驗到極大的憂鬱和焦慮，有極大的可能會出現生理徵狀，這些徵狀也會出現——由於身體的某器官發炎，或受傷皆會引發相類似的徵狀。但內向性偏差的原因是源自心理的，這些徵狀可能是頭昏、過度疲勞和生理問題（找不出醫學上的原因）。最後一項又分成七種身體徵狀——包括疼痛、頭痛、嘔吐、眼睛毛病、癢或其他皮膚問題、胃痛、腹部絞痛和嘔吐。這些生理徵狀的任何一種皆是經驗憂鬱、焦慮或退縮徵狀者所報告的。

恐懼和害怕也是與焦慮有關連的，常為心理衛生專家共同關心的「懼學症」需要額外的討論。DSM-III-R 對學校恐懼症沒有特別的診斷標準，然而，認為它是九種焦慮偏差的一種。傳統上，認為害怕並接著拒絕上學是與兒童內在焦慮有關的內向性問題。最近，這種傳統以焦慮為基礎和懼學症觀點被批評，且這個問題被概念化為拒絕上學（school refusal）——是一種可能包括多樣不同徵狀的名詞。事實上，拒絕上學或逃避可能包括很多的不同情況，同時，焦慮問題及逃避行為的反應皆是可能的解釋。在此新概念下，臨床心理師應該考慮去評估學校的環境和兒童的特性（當拒絕上學問題出現時）。

最後，另外的特殊情況也常被包括在內向性徵候，如，強迫思想和強迫行為儀式，也被認為與焦慮偏差有密切關連性，其他各種形式的飲食偏差和沈思（rumination disorders）一直被認為與

廣泛的內向性徵候有關係（Kauffman, 1989）。

🎵 內向性問題和自我概念

　　既然內向性問題有時候被認為與「自我」有關，因此本節要探討與內向性問題有關連的自我概念。Kazdin（1988）將憂鬱和自我概念兩種建構連結起來，他也注意到，自尊的消失是憂鬱的顯著特性。由於憂鬱、焦慮和其他內向性徵狀的重疊，所以假設自我概念和一般的內向性徵狀可能有負向關聯是合乎邏輯的。

　　Harter（1990）注意到，自我概念有多種不同的定義，本書所採用的是多向度的自我概念。從多向度觀點，自我概念不僅包括個人全部的自我評估和自尊層次，而且包括某功能的特殊面，例如：身體外表和技巧、學術能力和社會——情緒功能。在多向度架構，個人的總自我概念不僅只是一個總和——他如何感覺或評估生活的各種不同面。相反的，自我功能特殊面的評估會影響自我觀點的總評估。例如：一個人可能對某自我的向度有負面評估，如，身體外表或運動能力，但是仍有相當正向的一般自我概念，因為他並不重視外表或運動能力。

　　有關自我概念早期的研究，1970 年代以前的研究和理論著作，傾向於認為自我概念是單一向度。這個單一向度觀點，建議——自我概念的評估最好是提供受試一些不同的項目，說出自我功能的各種面，每一自我概念的不同面受到同等的重視後，總計各項目的反應以求得自我概念的預估值。依此單向度的觀點，1960 年代最早典型的兩種評估工具是 Coopersmith 的 Self-Esteem Inventory（Coppersmith, 1981）和 Piers-Harris 的 Children's Self-Concept（Piers & Harris, 1969）。

1970 和 1980 年代，一些研究者開始去探討自我概念，確認自我評估的特殊向度——這些向度被認為是獨立運作的，然而，同時又彼此有關聯。例如：Shavelson 等（1976）指出自我概念四大向度——社會、情緒、學術和身體等四大領域，而自尊是對四大領域的評估，尤其是在「能力」和「價值」兩元素，高評價和低評價形成高低自尊。這種自我概念多向度觀點是以 Harter（1988a,1986）和 Marsh（1987）兩人的研究為代表。這個觀點主張，總自我概念是被自我評估的每個個別領域所影響，但是個別領域影響程度並不一致。從實際觀點而言，視自我概念為多向度對臨床心理師做衡鑑時有重要的含義。例如，一個兒童或青少年個案可能對其「學術能力」有很負面的觀點，但他可能不認為這個領域很重要，因此一般而言，他會感到自己好，另方面，一個個案視自己大部分領域的功能都很有能力且成功，但是他太重視或分配太大的加權於身體外表，或對其不利的這個領域有過度的重視，因此導致不良的總自我概念。

今日最好的證據說明了自我概念的確占有重要的功能角色，可能影響人類發展的各方向——情感、動機和能量層次，這些與內向性問題有關連。對於這個自我概念的功能性角色，Harter（1990）有下面的看法：

> 我們也一直關切這個調停的角色，即自我價值可能在情感狀態——憂鬱到歡樂、動機與能量——低到高能量，扮演重要角色。我們的研究提供強烈的支持——自我價值具有情感力，此會依序的影響兒童的能量層次。這些是兒童和青少年憂鬱的重大發現。

這些有關兒童憂鬱和青少年自殺有關的研究也一直在研究（p. 319）。

幾十年來，諮商員和諮商員教育者，都強調發展正向自我感的需要。學者提出一些自我概念的具體觀點。（Gysbers Henderson, 1994; Purkey & Schmidt, 1996）

自我概念被視為是一種有組織、動力的、一致的、可修正的和學習的。他們表示，自我概念會因經驗、想法、知覺的變化而變動。

自我概念不但與內向性問題有重大關連，而且與生活的其他方面也有關。自 1970 年代，美國全國公立學校一直付出很大的努力提供情感教育，其目的是強化學生的自我概念。Bloom（1976）認為，學術的自我概念是學業成功的單一最有力的預測。最近，很多學校的調適計畫——有關藥物濫用和幫派的預防都以加強兒童的自尊為主。雖然有關如何最有效的加強自我概念有不一致看法，然而，無疑的，這個建構是大部分教育學者所重視的。因此，對兒童和青少年工作的臨床心理師應對評估自我概念有所了解。而學校的諮商員更要加強學生的自我概念，並了解自我概念對行為問題的影響。

內向性問題的評估方法

內向性問題的衡鑑對臨床心理師、諮商員和研究者是個很重要的問題。從定義和實務上而言，內向性問題涉及到內在狀態和主觀的知覺。不足為奇的，使用外向性方法，如，直接觀察，去評估這些特徵——憂鬱和焦慮，是相當有問題的（Links, Boyle &

Oxford, 1983）。

因此本節介紹評估內向性問題的五種直接和客觀評估方法，我們的重點放在主觀的「自我報告測驗」和「晤談法」。

直接的行為觀察

雖然內向性問題的評估透過「自我報告」以外的方法（晤談和客觀測驗）呈現一些問題，但是內向性問題的特徵還是可以直接觀察，同時，還是有些實驗使用行為觀察紀錄作為評估。不像自我報告方法——評估個案內在徵狀的知覺或評量——內省內在徵狀，直接的行為觀察目的是當這些實際發生時去評估徵狀。Kazdin（1988）列出可衡量的、可觀察到的幾種憂鬱的徵狀。這些包括：動作和社會活動的減少，減少與他人眼睛的接觸，講話緩慢。其他與焦慮有關的內向性徵狀，可透過直接觀察的還包括逃避或害怕或引發焦慮的刺激和臉部表情（Miller, Boyer & Rodoletz, 1990）。使用這些徵狀作為例子，為作有效的觀察，要遵守觀察規則，如界定觀察範圍和選擇有效的記錄系統就變得很重要。

Kazdin（1990）列出可使用直接觀察評估兒童憂鬱的三類行為。這三類行為如下：

1. 社會活動：講話、玩遊戲、參與團體活動。
2. 單獨行為：單獨玩、做功課、傾聽和觀看、一直待在房間。
3. 及情感有關的表達微笑、皺眉頭、爭執、抱怨。

這些觀察項目一直成功的被使用在一些研究中——衡量憂鬱和有關的內向性問題。然而要切記，這些行為都是內向性問題的外顯或易觀察的部分徵狀而已。主觀的情緒狀況和認知過程是相當的重要，而這些必須透過個體的自我報告。然而，內向性問題

的很多方面是微妙或內隱的，因此要小心設計觀察過程。

直接行為觀察的特殊方法——「自我監視」，使用評估內向性問題上的研究不多，但似乎還是相當有用的。有不少的證據顯示，訓練兒童和青少年去正確的監視和記錄他們自己的行為是可能的（Getlinger & Kratochwill, 1987），沒有理由相信，他們無法被訓練做正確的監視和記錄內在或私自的事件，例如一個心理師治療憂鬱的青少年個案時，可以訓練他做定期性的記錄，記下些正面和負面的內在「自我對話」（self-talk），使用此資料以建立基本資料和作為治療進步情況的比較。同樣的，可以訓練兒童和青少年記錄各種身體上抱怨、脈搏速度，從事喜歡的活動，或正面的思想過程的知覺。當然自我監視有其一些重要的限制。自我監現可能在未建立關係之前會被抗拒。因此，自我監視可能使用在追蹤或調適階段比建立基本資料時更有用。

晤談技術

無論是結構的或傳統的晤談技術，是最常用來評估內向性問題（Miller, Boyer & Rodoletz, 1990）。實際上，一般的晤談皆可用來評估憂鬱、焦慮、社會退縮和有關的內向性問題。

行為評量和社會計量

就如直接的行為觀察，社會計量可用來評估內向性問題，但是在過程上會出現挑戰。就如行為觀察一樣，因為內向性問題是屬於主觀的內在狀態，因此思想型態和其他隱含的特性——不易被友伴所觀察。另外，年輕人不夠成熟去分辨微妙的情緒特徵。

然而要求兒童指出三位同學——那些較常在操場打架，那些較悲傷、孤單或緊張，還較容易。對於成人而言，他們較能做有效的評估。對於成人個案，社會計量或許較有效。Kane & Lawler（1978）做了十九個有關成人的友伴評估的文獻探討，發現各種內向性特性的衡量是相當正確的。

雖然社會計量法並非是最好的方法，但是它可能是有用的方法，尤其可當做篩選，以確認是否有問題的一種工具。篩選完了再做進一步的評估。就如行為觀察法，做完後需要再做詳細的評估——以更小心的確認其主要特徵。例如，以指名法（nomination），使用一句話，如「寫下三個經常孤單的學生名字」，可能因此篩選出社會孤立的兒童。

自我報告的評估

因為評估內向性問題的最好方法是透過自我報告資料，因此可利用很多的客觀性自我報告測驗（標準化測驗）。下面是在美國常使用的工具：其中，三種工具可來評估憂鬱徵狀，另二種用來評估焦慮。

1. Depression Inventory（DI）。
2. Reynolds Child Depression Scale（RCDS）。
3. Reynolds Adolescent Depression Scale（RADS）。
4. Revised Children's Manifest Anxiety Scale（RCMAS）。
5. State-Trait Anxiety Inventory for Children's（STAIC）。

多向度自我概念的評估

本書強調的是多向度的自我概念觀點，而非單向度的定義。因此下面的工具屬於評估多向度自我概念。自我概念建構的設計必須排除任何評估方法，如，依賴觀察或他人的知覺。在自我報告的範疇內，最優先的評估法是主觀的自我報告測驗，而非晤談──因為至目前未有結構性或標準化晤談法發展出來以評估自我概念。下面是三種測量工具：

1. Multidimensional Self-concept Scale（MSCS）。
2. Self-Perception Profile for Children（SPPC）。
3. Self-Perception Profile for Adolescent（SPPA）。

內向性行為偏差的調適策略

內向性行為偏差的主要原因可能與「自我概念」和「社會技巧」的匱乏有關。因此其適當的調適策略可以以兩種方式進行：1. 自我概念為主的團體諮商，2. 社會技巧訓練。

「了解自我」和「接受自我」普遍被認為是人們生活上最重要的。一個人應發展正面的自我概念，且對「自我」要有合乎現實的期望，兒童有時遭遇到各種困難，往往是由於對自我沒有充分的了解，因此教師及諮商員要加強促進兒童的自我了解、自我概念及自我形象。

兒童不了解自己的「自我價值」會導致衝突，例如：兒童低估自己的能力或兒童高估自己的能力。因此從小發展合乎實際或

正面的自我概念對內向性行為問題的解決是重要的策略之一。

Keat（1974）認為無論藉著情感課程、個別諮商、團體諮商或其他的輔導方式，「了解」和「接受自我」是重要的輔導學習之一。

自尊團體諮商

自我概念和自尊是有關聯的。自尊是對自我概念各向度的一般性評估，其中以「自我能力」和「自我價值」為重要元素。雖然很多兒童有正面的自我概念將有高自尊，但並非人人如此。有些兒童可能成績好、運動好和語言能力強而導致高自尊。然而他們可能不重視這些屬性而可能有低自尊而感覺自己不好。有些兒童是有能力，但對自己有高的期望，而認為自己不達到自己的高期望就認為是不成功和沒價值的。這種對失敗的害怕會引發焦慮和自尊的威脅。相反的，有些兒童認為自己不聰明，運動能力差，然而他們喜歡自己——高自尊。而自尊的高低會影響其行為表現。兒童的信念、想法、態度、情緒感覺、行為、動機、興趣與參與活動和對未來的期望皆會受到自尊層次的影響。另外也會影響其關係的建立和維持人際關係。人們努力尋求被接納，自尊會注意他人對他的反應，即其社會接納或社會排斥。歸屬感是人的基本需求。因此以團體的方式改善兒童的自尊是較好的方式。當然教師和父母平日的讚美、鼓勵和正向回饋也會改善兒童的自我概念和自尊。

Geldard & Geldard（1997）認為自尊團體目標應包括：

1. 發現自己，使兒童有較合乎實際的自我概念——不高估和低估自己。

2. 承認並了解他們的長處、優點和限制。

3.建立未來的目標，為達到目標、設計計畫並實施計畫。

為達到這三大團體目標，每個大目標可分成幾個具體目標，再設計一些活動以達到具體目標。

以上述第二項為例：承認並了解自己的長處和限制的目標，可以分成下列具體目標：

- 確認長處（優點）和限制，發現內在的資源，以用來強化自尊。
- 確認有哪些想法和自挫的信念──阻礙自我改變。
- 發現如何關心自己。
- 承認錯誤是學習和改變的機會。

根據每一具體目標再設計活動以幫助具體目標的達成。有關提升自尊的輔導活動在第三篇有詳細的描述。

社會技巧訓練

焦慮、社會性退縮和孤立常因為社會技巧的匱乏而導致，因此對這些兒童施以社會技巧訓練是重要的。社會技巧包括的項目很多，對這些內向性行為偏差者教導基本的交談技巧、交朋友的方法，和維持友誼技巧尤其重要。

有關社會技巧訓練的設計與實施將在本書第三篇有較詳細的討論。

摘要

　　本章探討兒童問題行為的另一廣泛向度——內向性偏差問題。兒童和青少年的內向性行為問題表現出——憂鬱、焦慮和社會性退縮，以低自尊為主要的特徵行為。

　　內向性行為偏差分成三種層次領域徵候——憂鬱、焦慮和有關連的其他問題。憂鬱可以是一種徵狀，憂鬱是一種徵候和憂鬱是一種偏差（disorders）。兒童的焦慮又分成：分離焦慮、逃避焦慮和過度焦慮。另外，與焦慮有關的其他問題包括：退縮或孤立。

　　內向性行為偏差的引發因素，因理論不同而有不同的看法。本章強調的是社會學習觀點，以解釋焦慮發展的原因。另外是兒童的氣質特徵、早期社會化經驗和目前的環境情況的互動。孤立和退縮可能是缺少社會技巧所導致。

　　內向性問題有時被認為與「自我概念」有關連。有時自尊的消失是憂鬱的顯著特性。自我概念是多向度的——身體外表、人際功能、學術能力、情緒功能等項目。但是每一項目的加權不同，自我概念不但與內向性問題有關連，它與生活其他方面也有關連，因此強化兒童的自我概念是重要的，且是情感教育的重心。

　　內向性行為偏差的評估是困難的。五項評估方法——直接的行為觀察、晤談技術、行為評量、社會計量和自我報告，其中以自我報告和社會評量兩種較有用。

　　「自尊團體諮商」或「社會技巧訓練」是內向性行為偏差的適當調適策略。以團體諮商方式加強兒童的自我概念和自尊。社會技巧應以交談技巧及交朋友技巧為焦點。

第三篇

——

輔導與諮商活動

技巧訓練

前　言

　　心理技巧的獲得，與問題行為的預防和改善需要透過系列諮商活動的實施。

　　美國近年來重新要求「班級輔導」的實施——以促進學生在社會—情緒方面的發展。因此在 1980 年代，各種技巧訓練計畫和活動相繼出現。這些活動和計畫皆力求發展「行為技巧」，而這些技巧要以具體的、被認可的人格特質、價值和態度為基礎，因為這些對於健康的、生產性的社會生活是重要的。

　　本篇共有八章，前六章探討兒童輔導的重要主題，即「情感教育」、「情緒管理」、「社會技巧」、「人際關係」、「作決定／解決問題」與「自尊」。這些心理技巧的訓練對每個兒童都很重要。兒童需要學習，如何確認和健康的表達感覺、如何有效的與人互動、如何交朋友和維持友誼、如何依步驟做決定和解決問題、如何擁有合乎實際的自我概念與提升自我價值與能力。這些技巧要藉著輔導活動課程的實施才能獲得。本書對於這些主題

的理論及訓練計畫皆有深入探討。筆者認為這些主題可依年級逐年實施，因為這些技巧為每個兒童都需要；且具備這些技巧的兒童較能有效的因應其環境、提升其心理健康。

本篇最後兩章是「攻擊兒童」與「單親兒童」的諮商聚會活動課程。對攻擊的、衝動的與憤怒的兒童，實施諮商活動課程是重要的，此輔導活動課程幫助他們憤怒管理、以自我語言控制衝動、衝突處理，以及學到如何解決問題的步驟。另外，單親兒童日益增加，他們屬於問題行為的高危險群，需要受到特別關注。筆者設計的課程內容包括處理分離的憂傷、家庭的衝突處理、解決問題、有關離婚概念的修正，或正常化其想法與感覺，以及提升自尊等聚會活動。

本篇的「技巧訓練」與「聚會活動」也可應用在「個別」個案的諮商，小團體輔導，以及班級輔導。

第**16**章
情感教育

　　個人的生活塑造和學習活動受到情感的影響是不爭的事實，因為人類的基本心理功能——情感、認知和行動，是以整體在運作和反應，三者的交互作用是不可分割的。Brown（1971）指出，「假如在學習上加上情緒向度，學習會更投入，結果會改變學習者的行為。」羅傑士（1969）說：「整個人的認知和情感都投入學習，自我引導其主動發現、追尋和理解，這種學習才能達到教學目標」。

　　Krathwohe et al（1964）等也說過，「情感向度包含一種足以決定個體生活的性質及整個人生活的力量。封住它就等於否認這股有力的動機力量。

　　另外，學校唯有落實情意教學才能促進學生心理需求的滿足。而心理需求的滿足與否常與學習活動和行為問題有關（Jones, 1980; Maslow, 1943; Darla Ferris Miller, 1990）。也唯有認知和情感教育並重，才能使兒童的潛能達到最大的發揮。而適應技巧，情感力量的獲得，才能促進兒童的心理成熟，對今日複雜且多變的社會

才會有良好的適應。

情感教育的定義和重要性

定　義

　　情感或情意（affect）的定義，大部分學者皆指「感覺和情緒」（Gazda, 1984; Okun, 1987; Gayiln, 1987）。具體而言，情感是用來形容對個體最具有支配力的情緒狀態。

情感教育：定義、性質和內容

　　情感教育與計畫性的心理教育，心理健康教育和情感學習是相類似，是可互換的名詞（Shertzer & Stone, 1981; Poppent Thompson, 1970）。具體而言，它強調，利用教室的學習活動幫助學生有效的利用他們的能力，以因應日常生活。從教育的觀點，情意教學強調情緒、感覺、價值、態度和興趣等的學習，目的是發展學習動機和興趣，增進自我概念和人際關係，使學生對自己、他人、教師和學校有正向的態度，進而影響其學習行為、提升學術成就與心理健康（周天賜，1988）。

　　有關情感教育的性質和內容，多數學者認同 Weistein（1973）的觀點。他指出情感教育是一種「自我科學」（self-science），是一種技巧訓練、正向態度的培養和擴大自我認識及了解獨特的自我。Morgan（1984）認為情意課程的內容為「了解自己、了解

與他人的關係及有能力做決定等」。Bayer（1986）認為情感教育經驗是一種人際互動，探討個體的各種感覺及衝突，在友伴團體中，表達對自己、他人、同輩和學校的各種感覺和態度。

綜合之，筆者認為狹義的情感教育是指「感覺和情緒教育」——包括：1.了解並接受自己，2.了解和他人的關係，3.感覺和情緒的察覺和適當表達。廣義的情意教學內容包括：1.廣泛性的心理技巧訓練——人際溝通技巧、價值澄清，2.情緒教育，3.職業教育和4.做決定和解決問題技巧。

情感教育的重要性

情感教育是促進個體均衡發展的根本

人類的發展分成七大領域，並可濃縮成四方面的生活技巧（如圖 16-1）。各領域的均衡發展，並達到各階段的發展任務是重要的，因為個體的行為問題或功能不良常由於正常發展過程中受到阻力或未學到或技巧不熟練所致（Gazda, 1989; Lazarus, 1984）。但是教師和父母只關注兒童的智能發展。另方面，傳統的輔導只強調低報酬的個別和小團體諮商。因此，唯有全校實施情感教育（廣義）才能促進學童各領域的發展。藉著諮商員和教師合作實施情意教學或班級輔導課，尤其對於發展落後領域的訓練更重要。如此，才能達到心理健康和預防行為問題的產生（Gum, 1979; Sprinthall, 1984）。

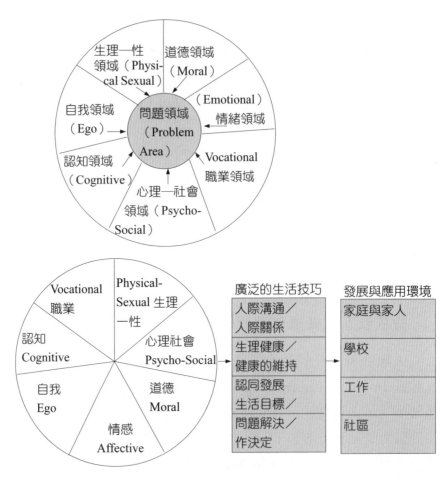

圖 16-1　人類發展的七項領域

今日的兒童需要情感和認知並重的教育

今日的兒童發展到成人階段，所必須面對的問題比任何一代都多。社會的變動、人口壓力、自然資源的減少、家庭功能的喪失等，為適應這些環境的變化，學童必須學習更多的東西，不但

認知教育需要加強，情育更不可忽視。唯有兩者達到平衡，才能使潛能達到最大的發揮。另外，個體的信念、感覺、目標和態度對教育過程的影響是教育學者關切的重點（Dinkmeyer & Dinkmeyer, 1980）。Brown（1971）也主張，「今日的教育應是一種強調認知與情感融合的教育」。

情感教育的功能：預防性和矯治性

從學者的觀點

情意教學的重要功能在於促進心理健康及潛能最大發展，以及預防問題行為的發生。雖然這些功能的達成，影響的因素很多，但專家的看法是，心理技巧的訓練——溝通技巧、價值澄清、人際與社會技巧、情緒教育等的學習，能幫助個體獲得良好的心理成熟，並收到預防效果。

Goldstein（1981）和 Gazda（1989）認為心理技巧不但具有預防性且有矯治效果。因技巧的獲得能促進各種功能的發揮，及達到預防效果。Johnes（1980）強調情緒教育對潛能發揮的重要。Corey（1980）認為情緒教育對適應欠佳兒童的輔導是有效的策略。兒童們由於使用爭吵、攻擊行為表達其感覺，而傷到其自我概念和人際關係。應該鼓勵他們直接的以語言表達，或以身體運動和昇華活動發洩其負向情緒。Erikson 強調兒童階段輔導重點在於學習各種技巧及發展其社交能力。若成功的或進步的學習，會發展正向的「自我感覺」和「自我價值」——繼而，其社會心理

會導向「勤勉」發展。

從實徵性研究看情育的功效

　　Shaw 等（shaw, 1981; Swishe, Monsted, Aide, Wilson & Kirchenbaum, 1981; Bakes & Popwiez, 1983）使用整合分析法（Meta analysi），研究四十篇有關情育課程效果實徵研究發現，經過處遇（treatment）後的效應量（effect size）為 SE=0.55，此效果具有教育意義和實用價值（Rossit & Wright, 1977; Tallmadge, 1977; Cohen, 1977）。

　　Sprinthall（1981）在美國 Origon 州的 Porland 學區實施十年縱貫性研究發現，在自我和道德判斷有顯著的改善。同時發現在閱讀、算術都有較大進步。另外對四年級以上所做的長期效果評估，發現多數學生在「社會成熟」及「自我安全感」的平均值及差異性逐漸減少。Pierson（1983）研究結果發現，情育課程提高閱讀成績、改善學童的教室行為。筆者（1989）對延平國小四年級的「感覺和情緒教育課程」研究結果，在教師的評量上發現學生的教室行為有顯著改善，國語成績達到上下學期顯著差異，而算術成績也有正向的影響。

　　總之，不論從專家學者的觀點，或從許多實證性研究都肯定情育教學的重要和功效。

情感教育課程的目標

　　情感教育的教導從文獻上可看出已發展了一段時期了。兒童的情感發展遵循著一個模式──先察覺周遭，然後順從存在於環

境中的規則和規定，最後發展個人的價值系統。個人的行為和價值系統是分不開的，在此，個人的經驗反應在其行為。因此，教導目標是幫助兒童獲得價值以孕育人性及對他人的正向態度。Bessell 等（1970）提出情感教育目標為，協助學童 1. 了解自己和他人的相似與相異點，2. 認識並應用他們的能力，以及 3. 了解自己在人際關係中的角色。

　　情感教育開始於 1970 年代，在 1970 年代發展出教導與情感有關的特殊課程，其中以 DUSO（Understanding of Self & Others）的課程（Dinkmeyer, 1973）、TAD（Toward Affective Development）（Dupont, Gardner & Brody, 1974）和 Project Aware 課程（Elardo & Cooper, 1977）為最普遍。這些課程在教導學童有關「感覺」都提出下面幾項共同的主題：

1. 兒童的自我感、自我認同及自尊的發展，包括以下項目

- 有能力客觀的並合乎實際的看自己。
- 有能力確認自己的特性。
- 有能力確認自己正向的屬性、資產和優點。
- 有能力確認並接受自己的負向屬性、限制、不完美處。
- 有能力接受，並建設性的處理負向經驗，如失敗或被拒的經驗。
- 在面對不同外在回饋之下，有能力保持一致的正向自我概念。

2. 兒童察覺，並表達自己的感覺，包括

- 有能力認識不同事件引發的感覺。
- 有能力使用語言去標示感覺並對他人描述正、負向感覺。

- 有能力使用適當的語言和非語言方法表達情緒。
- 有能力了解在其生活中情緒表達的功能，包括他的感覺和人際事件的關連。

3.兒童對他人感覺的察覺

- 有能力從語言線索——語氣、聲調等推測他人的感覺。
- 有能力從非語言線索——面部表情、姿態、手勢等以推測他人的感覺。
- 有能力從社會期望——何種情緒對某特定情境是適當的，以推測他人的感覺。
- 有能力敏感他人的感覺（不同於自己）。

4.兒童能察覺情緒表達的複雜性，如

- 當自己和他人的情緒呈現混合時，有能力去辨識。
- 有能力去辨識感覺會因時、因地而變化。

　　幫助兒童在人際情境中，找出建設性方法表達感覺是複雜的，因為它不但涉及兒童確認感覺的能力，且要兒童有控制和選擇反應的能力。後者涉及到情緒、語言和動作三方面的互動（黃月霞，1993）。

　　1980年代美國很多學校設計了一些特殊課程，其目的是為促進兒童的社會發展。這些課程都被歸類在情感教育大標題之下，其大目標有二：改善人際關係和加強自尊。雖然研究顯示，情育在這兩大目標的效果是有限的，但是情育課程有班級教師的參與實施較可能對學生有重大影響（Calsyn, Peunell & Harter, 1989）。

教師在情感教育課程的角色

因為小學輔導一向強調「寓輔導於各科教學」，在此前提下，輔導是每個人的責任，但人人有責變成沒人負責。學校未依學生人數比例，聘足諮商員負責學校輔導工作，另外，教師繁忙於教學工作，使輔導無法落實。然而小學輔導重要目標在於「預防性」、「教育性」，其工作對象是全體學生（ASCA, 1979）。學校諮商員扮演「催化者」、「策劃者」和在職訓練者，主動走出辦公室，從旁協助教師及行政人員（Herr, 1971），由此可見，小學輔導工作，班級教師扮演相當重要的角色。

教師只要加以短期訓練，就能有效的帶領情感教育課程。情感教育需要藉著輔導活動課程，依年級以結構性方式進行。這種結構式有別於上課方式，其教導部分占少量時間，大部分以故事、表演、角色扮演或其他活動取向來激發學生討論、分享。在良好的氣氛下討論是情感教育課程的重點，因此在實施前，班級教師必須受過短期訓練。在訓練期間，重要在於熟悉教材，觀摩、演練、熟練人際技巧及學習帶領團體的基本技巧。團體或班級人數最好以二十人左右為宜，班上若四十人則分成兩班，輪流實施情感教育課程。

雖然由班級教師帶領情育課程，可能教師會經驗到角色的衝突。但如此也會有好處，例如：教師逐漸的將溝通技巧、感覺與情緒的處理融入其平日的教學中，在課堂上鼓勵兒童表達感覺、傾聽學生等，對兒童會產生正向的影響，若只有輔導員帶領，較難將情感教育普遍實施於全校學生。學校諮商員的重要工作是策

劃並執行「在職訓練」與「諮詢」等間接服務工作。

團體方案

感覺與情緒教育課程的設計

筆者在 1989 年設計了「感覺與情緒教育課程」。並在北市延平國小帶領四年級的學生。本節將介紹課程如何設計、依據的理論、如何進行、領導者的領導原則，及團體期待達到的目標以及課程綱要與活動的描述。

本教育課程的設計可分為成兩部分來說明，首先理論部分主要依據「了解感覺與情緒」及「兒童情感發展特徵、任務與因應行為」為理論架構。另外還遵循「發展性輔導」課程設計的一些重要原則：1.課程必須有系統、有順序與廣泛性，2.課程必須基於發展心理學、教育哲學與諮商方法論，3.課程須強調課程本身過程及學生參與所能獲得的效果，4.輔導策略包括人類三種經驗向度──認知的、情感的，以及行為的，5.課程目標加強現在及未來的準備，即預防性重於矯治性。

有關活動或經驗設計方面主要參考下列有關的資料，從中選出與本研究目標有關連的活動，再經過修正。

1. Individual Difference （Marlene，Cummings）。

2. Developing & Understanding of self & others （DUSO）。

3. Toward Affective Development （Dupont, gardner & Brody, 1974）。

4. TA for kids（《讓小朋友了解自己》，梁培勇譯，1983）。

5.《兒童輔導與諮商》，《兒童團體諮商效果評鑑》（黃月霞，1984, 1986）。

另外，普明（Poppen & Thompson, 1970; Keat, 1974; Trotzer, 1977）等輔導學家的觀點也提供筆者一些設計參考。同時考慮本國兒童特殊需求與發展任務，配合本團體的特殊目標，加以選擇，予以修訂，而成為有系統的十次活動單元。每次活動大致分成三部分進行：1.小單元介紹，2.團體討論與分享，3.介紹家庭作業。團體活動採用結構式設計及團體討論方式，使受試者能深入參與活動，並藉由家庭作業，使兒童將所學的類化到實際生活中。

雖然本團體活動或經驗相當結構化、系統化，但在實際活動進行中，領導者一直把握下列幾個重要原則：

領導者重要原則

1.在團體中儘量扮演催化者（Facilitator）角色，以鼓勵成員要能表達他們的看法與感受，並引導他們經由討論來激發更多的省思與領悟。

2.儘可能創造一個開放、接納、安全、尊重、溫暖的團體氣氛，使成員更能開放自己、自由表達及自由抉擇。

3.對成員所反應的信念、價值觀，不由領導者作價值判斷。由團體討論，讓他們下結論，然後自行價值判斷。

4.常提醒成員有關團體規則，如傾聽、彼此協助等，有不守規則時，交由團體決定如何處理。

5.讓成員每次回去後，儘可能在實際生活中熟練團體中所學的，使之內化為生活中的一部分。為有別於學校的作業，儘量使

作業更富趣味化，如要求用畫的，以表達各種感覺，為鼓勵做家庭作業，給予立即酬賞，有時以團體競賽方式，或多做一次感覺的表達，以強化對作業的練習。

　　活動聚會共十次，每次四十分鐘。情感經驗的重點在於探討個人在各種情境的感覺與衝突，在團體內表達對自己、友伴、學校的各種感覺與態度。

活動目標

　　在十次活動中，研究者期望達到的目標如下：

　　1.學會察覺各種感覺與情緒的存在，敏感與尊重他人不同的感覺。

　　2.增進成員了解感覺與行為的關連性，進一步探討每一個人對自己、友伴與學校有某種感覺時，行為如何？

　　3.兒童學會適當的表達正向與負向的感覺，尤其學會如何處理負向的感覺與情緒。

　　4.學會處理友誼及情感的變動、學會交朋友的方法。

　　5.了解每個人是獨一無二的，發掘自己與他人的資產（Asset），達到喜歡自己並喜歡他人。

　　除了上述的總目標外，每次活動有其具體目標。

課程綱要

　　本研究所使用的十次單元名稱、目標與活動，其綱要列在下表。

表 16-1　活動單元及目標

週次	單元名稱	目　標	活　動
1	感覺與情緒定義 感覺輪 感覺詞彙	1.察覺並了解感覺的存在。 2.認識各種感覺詞彙。 3.學會適當標示感覺。	・以海報說明感覺與情緒之區分。 ・介紹感覺詞彙，並以感覺輪流介紹常有的或較強烈的各種感覺。練習指認各種感覺。
2	我的感覺……	1.增進自我察覺與了解。 2.了解在各種情境中，自己與他人的各種感覺。	・每人發下一張「我感覺……」的未完成句子，並要求每位成員完成。 ・寫完後，共同分享個人自己、他人及對學校的各種感覺。
3	畫手掌圖	1.了解每人的獨特性。 2.了解處理不同感覺，尤其負向感覺的有效方法。	・讓兒童將手掌放在一張白紙上，描繪自己的手掌形狀。在手指部分寫上五種不同情緒：興奮、孤獨、生氣、害怕與失望，手指上寫出引發的事件，手掌部分寫出處理的方法。 ・討論：分組討論，並將達成的協議報告出來。
4	創造性寫作	1.增進自己與他人的了解。 2.了解感覺、情緒與行為的關連性。	・發下一張未完成的句子，內容是有關自己在各種情境的感受，以及感覺所引發的行為。 ・討論促進了解。

週次	單元名稱	目　標	活　動
5	我希望別人不要……	1.幫助兒童表達正向與負向的各種感覺。 2.察覺行為與感覺的關連性，如：他人所做行為引發我們的感覺。 3.促進人際關係的了解。	・共同討論並指出別人做什麼事會引發不愉快的感覺，如：說謊、欺侮人等。並指出別人做什麼事會使我們感覺愉快，如：幫助人、分享等。將不喜歡別人對我們的行為，以玩偶表演出來，依次表演各種負向與正向情緒，討論主角的行為與感覺。
6	學校生活的感覺與行為T恤圖	察覺並了解學生對學校有關的人與事，其正向及負向感覺。	・發下一張T恤圖，在衣領口寫或畫出「來學校最不喜歡什麼？」在袖子上寫或畫出「來學校最喜歡的是什麼？」與「老師說我是怎樣的一個人？」在軀幹部分寫出「為改進我的成績，我應做什麼？」完成後，共同分享與討論。
7	寫詩 我以前…… 我現在……	1.整合學生在生活中不同時間對自己、他人及學校的不同感覺，獲得更清楚的自我概念。 2.提升心理健康與人際關係。	・完成「我以前……但現在……的詩。」 ・內容包括學生對自我、寫作業、上課、友伴、老師……感覺與行為的改變情況，分享並討論。
8	正向回饋	1.學習如何回饋。 2.鼓勵彼此作回饋。 3.回饋轉移於日常生活。	・讓每人輪流坐在領導者旁邊，給予溫暖的觸摸。然後每人給予正向回饋，內容包括人格特質、人際關係、學術能力與課外活動等方面的具體事實。

週次	單元名稱	目　標	活　動
9	友誼與感情的變動	(1)學習如何處理友誼與感情變動。 (2)加強如何與人相處、如何交朋友。	・將錄下之兩則故事放出來給學生聆聽：小華的故事、糖果朋友。討論主角的感覺、如何克服人際交往的困難、如何獲得友誼。 ・以玩偶表演出其他人際互動情節，以加深察覺與了解。
10	「絨絨」與「刺刺」魔術箱應用	(1)感覺自己是獨一無二且重要的人。 (2)加強「我很好，你也很好」的體認。 (3)加強「常做絨絨、而非刺刺」。	・在黑板畫出「絨絨與刺刺」的漫畫。 ・聽一則有關「絨絨與刺刺」──強調自己的獨特性與重要性的錄音。看魔術箱畫出世上最特殊的人，陳列出來。 ・結束前，以個別與全體大聲朗誦「我是獨特、可愛的，你也是」、「我很好，你也很好」、「我是絨絨，不是刺刺」。

「感覺與情緒」教育課程：十三種學習活動

學習活動㈠：感覺與情緒的定義

活動目的

・幫助兒童了解感覺是什麼？情緒是什麼？

・藉著圖片說明感覺與情緒的關係。

活動材料

・一張海報圖，或直接畫在黑板上。

活動過程

　　1. 以人體部位說明，感覺是存在內心的，它是由事件引發的，除非你說出來，或藉著情緒表達出來，否則別人看不到也不知道你的各種感覺。

　　2. 情緒常表現在一個人的臉上，此外在四肢動作上、姿態、聲調也可看出情緒狀態。情緒是表達感受的方式。

　　3. 感覺與情緒是相互關聯的，兩者常被混淆不清。情緒包括感覺狀態、生理狀況，甚至構成感官經驗的體內變化。感覺是我們自身情緒狀態的主觀感受。在情況發生時，我們體驗到的是感覺；對於自身此刻進行中之情緒狀態的認識也是感覺。

　　4. 要求學生說出他們常有的感覺與情緒。

家庭作業

　　要求學生記下每天特別強烈的感覺，如引發生氣、快樂、傷心、害怕的感覺事件，並察覺自己的表達方式，鼓勵用臉部圖表達出來（參考圖 16-4）。

圖 16-2

學習活動(二)：感覺輪(1)

活動目的

- 介紹感覺輪。
- 應用感覺輪指認各種感覺。
- 讓學生察覺到同一事件有不同的感受。

活動材料

- 感覺輪海報或每人一張感覺輪圖。
- 錄音機（四種情境）。

活動過程

1. 感覺輪共有二十四種感覺，它是用來幫助學生指認，並談談各種感覺的工具。我們將透過經驗活動以學習感覺輪上的各種感覺。首先要求學生大聲朗誦感覺輪上的各種感覺詞彙。

2. 分給每人一張感覺輪，並說明如下：本次活動是用感覺輪來介紹各種感覺、可能的話，輪上用十二種不同顏色代表不同的感覺，以便於記憶，並協助你在輪上找出感覺名稱。顏色有深淺之分，靠近中心部分，較深顏色代表較強烈的感覺，淺色代表日常生活上常有的感覺。

3. 錄音機放出四種情境，讓學生從感覺輪學習指認感覺。放出一種情境後，讓學生指出對情境的感覺。可能每人對同一情境常有不同的感覺是很自然的，這是因為我們每個人都有不同的經驗。每次放完錄音帶，用少許時間討論。

4. 收回感覺輪。

家庭作業

察覺同伴的感覺，要求記下一件情境，觀察同學不同的感

覺，以培養對自己與他人感覺的敏感性。

感覺輪

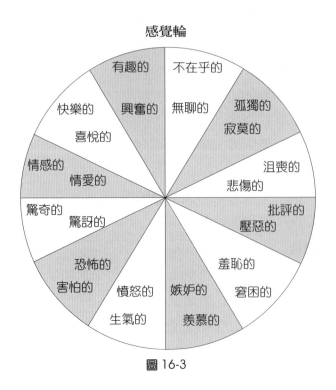

圖 16-3

四種情境

1. 你一直盼望有一部新自行車，在你生日的那一天，你的生日禮物就是一輛全新的，且比你期望中更好看的車，你會有何感覺？

請在「感覺輪」上找出適當的感覺。

2. 你說過不喜歡參加音樂會，但你的母親堅持要你和她出去，結果音樂會正如你所料的那麼無聊，你會有何感覺？

請在「感覺輪」上找出適當的感覺。

3.你真的很喜歡游泳，所以你參加游泳隊，你很努力練習，希望能被選為校隊，但當校隊名單公布時，你的名字並不在名單上，你的感覺如何？

請在「感覺輪」上找出適當的感覺。

4.長久以來你和你的朋友計劃在本週六去郊遊，但週三你考試的成績不好，你的父母不准你出去玩，不管你的請求，父母還是不准你和朋友出去，這時你的感覺如何？

請在「感覺輪」上找出適當的感覺。

學習活動㈢：感覺輪(2)

活動目的

幫助學生在各種行動和情境中指認各種感覺，鼓勵學生接受並尊重別人的各種感覺，讓學生了解感覺沒有好壞之分。

活動材料

· 感覺輪、五種教室情境（錄音機）。

· 附加其他感覺詞彙。

活動過程

1.傳下感覺輪給每一位學生。然後放出或唸出第一種教室情境，然後要求學生指出情境中主角的感覺。每人選出後，要求志願者把選擇的理由說出來，分享完後，問問是否有其他不同的感覺，並要求說明理由。鼓勵討論不同選擇的理由。

2.大部分學生會認為其中一種感覺是正確的，其他感覺可能也是適當的。鼓勵學生尊重他人不同的感覺。例如可以說：「小明，你的回答很有趣」、「小華，你有不同於人的感覺，但也是一種選擇」、「國強，你給了相當清楚的理由」。

3.依序討論下去一直到討論完五種情境。

4.學生對各種不同情境表達不同的感覺，他們會愈來愈尊重他人感覺。

家庭作業

要求學生記下一、二件在同學互動中，敏感同學的感受。記下同學的感覺表現，強調觀察班上的情境。

五種教室情境

1.玉華很認真寫作業，她花了很長的時間，一遍又一遍的檢查答案。因為她很想成為科學家，因此對數學特別用心，但當作業發回時，她發現答案竟然錯了，玉華幾乎不敢相信，她確定她一定是對的，因為她交出作業前檢查了三遍。

玉華的感覺如何？

2.祖榮喜歡打棒球，他也是一個好球員，這一季他打了幾次校際比賽表現都很傑出，他的田徑也不錯。在學期終了時，校長在全校師生面前宣布祖榮被選為最優秀的球員，並當選為少棒隊的國家代表隊員之一。

祖榮的感覺如何？

3.安妮在手藝方面表現很有天才，她的母親常教她做衣服。有一次安妮自己做了一件簡單的衣服，並編製了一些東西，在展覽會時大受讚美，同時受到校長公開的表揚。

安妮的感覺如何？

4.國強是一位學生，功課也很好，上課很用心，並按時寫作業。今天考數學時，國強覺得數學題目很難，他認真思考而且花了很久的時間解答問題，不過題目又多又難，似乎做不完了，國

強開始出汗發抖。

　　國強的感覺如何？

　　5.班上來了一位新同學──麗心，班上為了使她高興，在她生日那天，為她開一個小小的慶生會，那天大家都忙著布置會場，唯獨麗心無事可做，麗心不知道是怎麼一回事？沒有人要求她做任何工作，她只好站在一旁。

　　麗心的感覺如何？

學習活動㈣：描述性形容詞與各種感覺詞彙

活動目的
　　幫助學生熟悉各種描述性形容詞與感覺詞彙，幫助學生如何以兩種合併而造句。

活動材料
　　兩大張海報，分別列出各種描述性形容詞及感覺詞彙，及兩個例句。

活動過程
　　1.將海報貼在黑板上，同學大聲唸出。

　　2.要求學生找出不懂的詞彙，由老師解釋。

　　3.在感覺詞彙中，要求學生指出哪些屬愉快感覺或不愉快的感覺。

　　4.由志願者先做造句示範，應用某一描述性形容詞與其中一種感覺詞彙造句，如「當我幫助弟弟做功課時，我母親感到很高興」、「當我不禮貌時，我的老師感到很生氣」等。

　　5.全體學生私下自己造一、二個句子，然後唸出來，老師不下判斷與批評，多鼓勵學生唸出他的成品並鼓勵學生。

家庭作業

要求學生每人造五個句子，應用實際生活情境或依照表16-2、16-3的形容詞、感覺詞彙均可。

表 16-2　感覺詞彙

生氣的	感謝的	厭煩的
驚訝的	焦慮的	羞恥的
無聊的	知足的	批評的
愉快的	沮喪的	不滿足的
厭惡的	洩氣的	失望的
喜悅的	渴望的	羨慕的
興奮的	受鼓勵的	窘困的
挫折的	罪惡感的	暴躁的
憂悶的	快樂的	可恨的
易怒的	不在乎的	有興趣的
嫉妒的	可愛的	悲慘的
驕傲的	高興的	不安的
輕鬆的	愚蠢的	悲傷的
害怕的	驚奇的	滿足的
緊張的	恐怖的	疲倦的

表 16-3　描述性詞彙

勇敢的	大膽的	有禮的
自信的	小心的	膽小的
愉快的	合作的	不誠實的
不聽話	精力充沛的	公平的
友善的	誠實的	助人的
不禮貌的	沒安全感的	仁慈的
幸運的	懶惰的	整潔的
服從的	樂觀的	悲觀的

服從的	樂觀的	悲觀的
受歡迎的	驕傲的	禮貌的
易怒的	疑心的	俏皮的
莽撞的	自私的	草率的
強壯的	愚笨的	體貼的
信任的	不自私的	不友善的
不合作的	不受歡迎的	不公平的
不幸的	不仁慈的	虛弱的

學習活動㈤：四種面孔

活動目的

幫助學生了解到引發四種重要感覺：快樂、悲傷、生氣、害怕的重要事件。了解別人的重要感受。

活動材料

四種面孔的海報圖／直接畫在黑板／每人一張。

活動過程

1.分發四面孔圖給每一個學生，並要求學生寫出引發四種感覺的事件，如「當我考試滿分時，我很快樂」、「別人打我時，我很生氣」。

2.分享彼此的經驗，老師可先做示範，以鼓勵彼此分享。先分享一種，全體討論完，再討論第二種感覺，較容易做比較。

3.讓學生常去察覺感覺與事件的關聯，引發同一感覺的事件會有個別差異。但也有共同的地方，教師可綜合相似點與相異點，但不做價值判斷。由學生自己做判斷，自己比較。

家庭作業

為使學生培養自己對重要的敏感，要求學生以四個圖，將本

四種臉

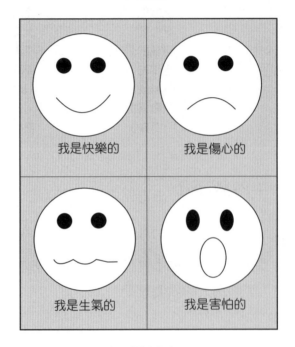

我是快樂的　　　　我是傷心的

我是生氣的　　　　我是害怕的

圖 16-4

週引發四種感覺的事件記下來。如「今天回家時，家人卻不在，使我很害怕，畫出害怕的面孔」。

學習活動㈥：遊戲——套戒指

活動目的

幫助學生了解個人的各種重要感覺、了解引發各種重要感覺的事件、學習處理不同感覺的適當方法。

活動材料

・硬紙板、剪刀、漿糊或膠水、美術紙。

活動過程

1.將手掌放在硬紙板上，描繪下來，剪下手掌圖。

2.在每一手指上，列出引發五種不同感覺的事件，五種感覺為生氣、興奮、失望、孤獨、害怕。

3.在白紙上設計戒指的圖樣，寫上感覺，然後依圖樣剪下，a、b的兩端接上。

4.讓學生交換手指並將五種戒指分別套在他人的手指上，比較別人與自己有何不同的感覺。如「早上太遲起床，我套上生氣的戒指，而你也許套上失望的戒指」。牢記一點是，每人可將感覺戒指套在他人的任何手指，因為不同事件引發人們不同的感覺，每人都是獨特的。

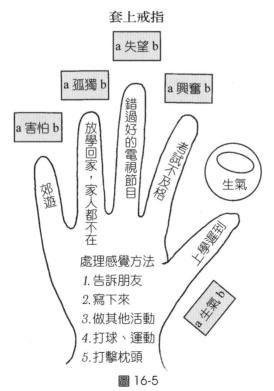

套上戒指

圖 16-5

5.在每人手掌心寫上如何處理這些感覺，在交換戴戒指時，可同時參考別人如何處理他的感覺，而學到他人處理感覺的適當方法。

家庭作業

每天記下一件正向或負向感覺事件，本週我生氣時、孤獨時、失望時，我如何去處理，我是否嘗試用其他適當方法。

學習活動㈦：玩偶活動——我不希望他人……

活動目的

‧探討人際互動時，引發正向、負向感覺的事件。

‧幫助學生表達正向與負向各種感覺。

活動材料

‧玩偶及其他道具。

活動過程

1.引言：每一個人都有過不愉快的感覺，重要的是我們如何去處理這些感覺，感覺常是由我們周遭的人所引發的，例如，某人是仁慈的，或令人愉快的，我們也會是仁慈，當會感到愉快。例如我的朋友常發脾氣，我們也會感染到生氣或害怕。因此我們需要去探討困擾我們的事件，然後才能想到以後如何去處理。

2.設立情境：各位朋友，大家想想別人做哪些事情會令人感到不舒服，或令人感到愉快的事。將這些事列在黑板。

如：

‧他人拿走東西而不經允許。

‧用完東西不清理乾淨。

‧不公平而罵錯人了。

・又如我們希望別人做的事有：

・一起與我們分享糖果。

・和我們一起玩。

・別人請我參加生日派對。

3.表演：首先，要求志願者演出我希望別人做的事，表演注意演出的主題、發生地點、所需道具，有哪些角色，想一下，然後開始用玩偶演出，先演出負向感覺，再討論。

4.討論：討論時重點在於主題是什麼？主角有何感覺？你能同意他的看法嗎？

5.表演正向感覺，表演出引發正向感覺的事件，然後討論主角的感受，你是否同意等問題。

家庭作業

要求學生記下四件事，*1.*你做了什麼事使朋友快樂，*2.*做了什麼事使朋友生氣，*3.*同學曾做了什麼事使你感到快樂，*4.*朋友曾做了什麼事使你感到不愉快。

學習活動(八)：學習活動──我感覺……

活動目的

・幫助學生了解自己對學校、對他人的感覺。

・促進彼此了解他人在各種情境下的感覺。

活動材料

・「我感覺……」未完成句子（如表16-4）。

活動過程

*1.*分發給每一位學生一張「我感覺……」未完成句子。

*2.*要求學生很快的，不加以太多的思考，完成各句子。

3.討論分享，教師可以逐題討論，若時間不夠可以選擇其中重要的題目討論與分享，例如：「當別人捉弄我時，我感覺……」，讓彼此了解大家共同的感覺是什麼？「當我成績不好時，我的感覺是……」，「當我被冷落時，我感覺……」，這些題目的分享，可促進自我察覺及了解，而且讓他人更了解你，彼此了解。

家庭作業

記下三件事：

1. 我和朋友在一起時，我的感覺是……。
2. 每天早上，當我要去上學時，我的感覺是……。
3. 當考試時，我的感覺是……。

表 16-4

我感覺……
1.當我早上到學校時，我感覺……
2.當我和朋友在一起時，我感覺……
3.當我考試時，我感覺……
4.當某人捉弄我時，我感覺……
5.當我功課不好時，我感覺……
6.當朋友冷落我時，我感覺……
7.當學校放假時，我感覺……
8.當學校老師讚美我的功課時，我感覺……
9.當學校下課或放假時，我感覺……
10.大部分的時候，我感覺……

學習活動㈨：創作性寫作

活動目的

- 幫助學生發展自我了解。
- 幫助學生了解感覺與行為的關係。
- 促進對別人的了解。

活動材料

- 創作性寫作未完成句子（如表 16-5）。

活動過程

1. 分發創造性寫作未完成句子給每一位學生。

2. 要求學生很快完成句子，不須加以太多的思考，很直覺的想到什麼就寫什麼。

3. 討論分享，若時間許可時，逐題討論，否則選擇較重要的題目來討論與分享。

4. 選擇題目時，強調學生日常生活中常發生的情境，如「當我做什麼時，朋友會生我的氣」，「當別人講我的壞話時，我會……」，其他如：「我喜歡自己的是……」，「但願我不再感覺到……」等有關對自己的看法等。

家庭作業

記下每天你做了什麼，使家人感覺到愉快的事，或使朋友感到愉快的事。

表 16-5

創作性寫作
1. 我最高興我自己是……
2. 假如某人講我的壞話，我會……
3. 假如我的老師在全班面前糾正我時，我感覺……
4. 當……我會感到很窘困（不好意思）
5. 當……我會很悲傷
6. 最讓我生氣的是……
7. 愛就是……
8. 朋友對我的感覺是……
9. 有時我的朋友生我的氣是因為……
10. 讓我想哭的一件事是……
11. 我永不再做的一件事是……
12. 有時候我感到害怕，那就是……
13. 我不敢嘗試的一件事是……
14. 當我感覺孤獨時，我……
15. 當我快樂時，我……

學習活動㈩：友誼變動的感覺與處理方法

活動目的

- 幫助學生了解友誼會變動的事實。
- 幫助學生學習處理友誼或感情變化方法。

活動材料

- 玩偶／故事道具。

活動過程

1. 設定問題：朋友被人搶去，你成為局外人會有什麼感覺？

糖果朋友

　　自從曉雯到我們班上來以後，你可看出她喜歡和玉貞做朋友。玉貞好出風頭，她聰明並和大孩子玩，她常表現她是重要的並且長大了。在班上玉貞常交往的只有小華，這也只在沒人與她玩時才選上小華。曉雯很可愛，她好像很伶俐，動作像大人。當她搬來此地就邀請玉貞到她家玩，因為在隔一天後，她們就變成朋友，常在一起。

　　玉容和我很傷心，因為小華沒人與她玩。小華從不跟我們玩。似乎她想我們太孩子氣。無論如何可看出她生氣。玉容和我請她跟我們玩，被她拒絕了。其實小華很有幽默感，我們可以玩在一塊。

　　隔天的中飯時間，玉容偷偷告訴我，「你看小華。」小華坐在玉貞和曉雯的旁邊，同時分給她們糖果。曉雯和玉貞都拿了糖果，並向小華道謝。但是她們倆繼續交談而不與小華談話。

　　每天小華所做的，只有帶糖果來並分給她們兩個。雖然如此，好像對贏得友誼沒大幫助。她儘量靠近她們而坐，但她們還是不跟她講話。有一天，當她又給她們糖果時，玉貞說：「我不喜歡這種糖果，假如要與我們好，就帶巧克力來。」小華走出飯廳，她的眼睛充滿了淚水，玉貞未注意到，她又和曉雯玩。我們看到曉雯，她跟著小華但沒趕上她。隔天中午，小華坐在桌子末端座位上，很快的吃飯而不再給曉雯和玉貞糖果。

　　當玉貞吃完中飯時，她面向走道大聲說：「我們的

好朋友，小華在哪兒？你記不記得我告訴過你，我喜歡
胡桃巧克力？」小華說：「是的，我記得，但我決定不
再招待人了。」玉貞轉向曉雯說：「好有勇氣！現在我
們不再有餐點了。」然後她轉向小華說：「小華，你不
再是我的朋友了。」小華小聲的說：「我從不是你真正
的朋友，我僅是你的糖果朋友而已。」

活動討論

- 你對故事中三個人的感覺及觀點如何？
- 假如小華繼續帶糖果來，你想會發生什麼事？
- 你在類似情境中會採取什麼行動？
- 假如對方認為沒有朋友才跟你玩，你感覺如何？
- 你會有什麼反應？
- 你曾否想做某人的朋友，你做了什麼？
- 你覺得如何才能結交到朋友？

今天我們要用玩偶來表演友誼的變動情境。甲乙兩人本來是
好朋友，後來丙與乙兩人變成要好的朋友，而甲變成局外人，甲
的感受如何呢？怎麼會變成這樣呢？到底發生了什麼事呢？將全
體學生分為三人一組，或由志願者表演。由小組決定情節。

2.表演：幾分鐘過後，讓每一組或志願者表演其故事，然後
討論。

3.討論：你覺得局外人的感受如何？為何新來者（丙）不要
與甲乙二人一起玩？假如你失掉好朋友，而成為局外人，你將會
做什麼？

4.延伸：誰的心中還有有關友誼變動的故事，或類似的事曾
發生在你身上，也可用玩偶演出來。

家庭作業：想一想你有沒有好朋友，後來是否一直維持友誼或失掉他了，為何失掉他？你們之間發生了什麼事，失掉後的感覺呢？如何去補救？

學習活動(十一)：糖果朋友

活動目的
- 幫助學生了解好朋友的特質、交朋友的方法。
- 學習去處理友誼和感情的變動。

活動材料
- 錄音機、故事二則。

活動過程
1. 一個女孩子學習到友誼是不能用買的，探討交朋友方法的重要，以及好朋友中也常會發生的問題。

2. 領導者或教師先將故事錄下來，對於故事內容要注意，可以使用以下的故事或其他主題相似的故事。

3. 全體學生聆聽故事。

4. 討論故事。

(1)討論學生的意見與故事中人物的感覺

　　①假如（某人）一直帶糖果給對方，結果會轉變成什麼？

　　②當對方一直要求糖果，（某人）會有何感受？

　　③你對於另外兩人的感覺如何？

(2)討論學生在類似情境中可能的感覺與行為

　　①你曾想過與某人做朋友嗎？

　　②你做了什麼獲得這份友誼？

　　③當對方沒朋友時，才跟你玩，你的感受如何？又此時你

做了什麼？

5.可另加故事，探討如何獲得友誼，條件如何？

家庭作業

列出班上或友伴中，你喜歡的三位朋友，並說明他們有那些特質使你喜歡與他們做朋友。

學習活動㈡：釣魚競賽──表達感覺

活動目的

‧藉著遊戲比賽練習表達各種感覺，分享有關主題的各種感覺。

活動材料

「告訴卡」、「感覺卡」（如附表）、魚（如附圖）、紙夾子、小磁鐵、鉛筆、繩子。

註：卡片上寫上問題或指示語，並將「告訴卡」和「感覺卡」分開放。

活動過程

1.依附圖形式，用硬紙板製作大小魚各 15～20 條。大魚價值 10 分，中型魚價值 5 分，小魚 0 分。其中摻雜幾條大的和中型的「自由魚」。

2.當學生捕上大魚時，他必須去取一張「告訴卡」；當他捕上中型魚，則取一張「感覺卡」；若捕到的是小魚，不但不大獲得分數且失去一次機會，並要把小魚放回去；假使捕的是「自由魚」，他不但得分，且不必做什麼。

3.紙夾子夾住每一條魚，魚池用布簾遮住，或閉上眼睛以防止看到。學生用鉛筆綁上一條繩子，另一端有小磁鐵，可吸住魚的紙夾，捕上魚的學生必須依指示去做，否則，不准他玩，假如

同時捕上很多條，則他只能取其中一條。

    4.班上可分為兩組比賽，看看哪一組得分最多，也可以個人分數來比賽。

    備　註

    研究者將此比賽當作家庭作業競賽。就是把團體分成兩組，凡是沒做作業的學生，必須去取一張，依指示做哪一組得分低就輸了：或者不分告訴卡與感覺卡，也不記分，只讓缺做家庭作業者有多一次練習分享他的感覺的機會。如此非但可以鼓勵多做作業，且有強迫練習的作用，學生的反應很好。

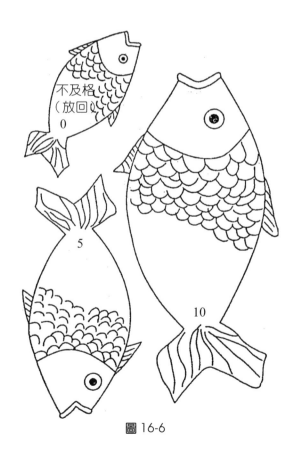

圖 16-6

表 16-6

感覺卡（每句值 5 分）
1.當某人借東西不還時，你的感覺如何？
2.當某人在你前面插隊時，你感覺如何？
3.當你無意間聽到某人說你好話時，你感覺如何？
4.當你無意間聽到某人說你壞話時，你感覺如何？
5.當你丟失了寵物時，你的感受如何？
6.當你的最好朋友離開你時（搬家），你的感受如何？
7.當你準備出去郊遊時，突然下雨，你的感受如何？
8.假如你的朋友坐飛機出國旅行，而你沒機會，感受如何？
9.假如你的朋友不讓你參加遊戲時，你的感受如何？
10.你早上起床時的感覺如何？
11.當你將玩具與他人分享時，感受如何？
12.當別人拒絕將玩具與你分享時，你感受如何？
13.當你被處罰時，感受如何？
14.當你說謊時，感受如何？
15.當某人對你說謊時，你的感受如何？
16.當某人為你而受處罰時，你的感受如何？
17.當老師收作業而你未做完時，你的感受如何？

表 16-7

告訴卡（每句值 10 分）
1. 告訴別人，你喜歡他，並說明為什麼？
2. 問某人，你最喜歡你自己的是什麼？
3. 告訴某人，你最喜歡做的事是什麼？並問對方他最喜歡做什麼事？
4. 告訴某人，你最喜歡看的書或電視節目是什麼？並問對方他最喜歡看的書或電視節目是什麼？
5. 告訴團體，你曾有過的最恐怖的經驗？
6. 告訴團體，讓你感到最害羞的一件事。
7. 告訴團體，讓你感到最快樂的一件事。
8. 告訴某人，你將來長大後要做什麼？並問對方他長大後要做什麼？

學習活動(三)：「絨絨與刺刺」、「我很好，你也很好」

活動目的

應用交流分析（TA）理論，讓學生更了解自己。鼓勵兒童常給別人「絨絨」招呼，以增進友誼；讓兒童了解每個人都是獨一無二且重要的；讓兒童了解使人感覺良好的第一步是先讓自己感覺很好。

活動材料

黑板畫或海報畫四張，包括「我是絨絨」、「我是刺刺」、「永遠記得，妳好，我也很好」、「常給人絨絨的招呼，讓自己很好，也讓別人很好」。

活動過程

1. 錄音或閱讀「讓小朋友了解自己」這本書的第二章「絨絨與刺刺」給學生聽，講解它在人際關係中的重要性。加強「我們都需要得到別人的招呼（尤其是「絨絨」招呼），給別人愈多，自己得到的招呼也愈多」。

2. 閱讀「讓小朋友了解自己」的第七章「我很好，你也很好」。強調「很好」的感覺會使你自己覺得是個獨特又重要的人物，覺得活著實在很過癮。

3. 最後要求學生永遠記住並請大家複誦圖片上的話：「我很好，你也很好」、「我是絨絨。」、「永遠記得您好！我也很好」、「常給人絨絨招呼，讓自己好，也讓別人很好。——絨絨」。

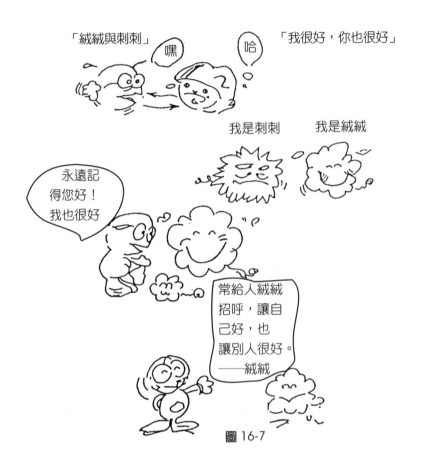

圖 16-7

摘要

「情感」是決定個體生活的性質及整個人生活的力量。學校需要落實情意教學才能滿足學生的心理需求，繼而促進學習效果和避免行為問題的產生。

情感狹義的定義是指「感覺與情緒」，廣義是指廣泛的心理教育。情感教育的內容包括(1)技巧的學習，(2)培養正向態度和(3)

擴大自我認知。具體而言，情感教育課程包括：感覺和情緒教育課程、價值澄清、解決問題和做決定等技巧訓練。

今日的兒童需要認知與情感並重的教育。因為唯有情育的實施才能促進兒童均衡的發展，因應多變的社會。

情感教育具有預防性與矯治性兩種功能。本節從學者的觀點和實證性研究都證實情育能幫助個體獲得良好的心理成熟——預防效果，另外對於適應欠佳兒童的輔導是有效的，具矯治效果。從整合分析研究，證實情育具有實用性和教育意義。

情育的目標主要是促進社會性發展和自尊的加強。從 1970 年代美國一些情育重要課程：DUSO、TAD 等皆強調——「自我」的了解與接受，以及「情緒處理」等重要目標。

情育的實施對象是全校的兒童，因此唯有教師的參與才能發揮其效果。為此，諮商員扮演策劃課程和對教師做在職訓練就很重要。最後以一個實例——「感覺是情緒教育課程」來說明情育課程設計所依據的理論、團體如何進行、領導原則、課程目標以及十三種課程活動的描述。

第 **17** 章
「情緒管理」訓練

　　「浩劫後」這部電影告訴我們，核子戰爭的恐怖是令人震憾的。也許電影所描述的正是人類未來命運的預測。為阻止不幸災難的發生，並非國際性會議或政府決策者所能根本杜絕的。根本解決方法應從「預防」著手。西方有一句格言似乎可提供我們的解決方向。那就是：「播種（saw）行為，就可收穫（reap）習慣；播種習慣，就可收穫個性；播種個性，就可收穫命運。」可見未來人類的命運，必須是培養好「行為」開始。但在播種行為以前，個體必須先從具體的「了解情緒」與「處理情緒」，即「情緒管理」開始。

　　假如我們從兒童階段，教導兒童如何表達，並尊重他人的感覺，建設性的疏導情緒，培養正向態度、負責任與自我實現的行為模式，就能直接影響到兒童的「行為」、「習慣」、「個性」，甚至「命運」的形成。

　　具體而言，情緒管理不當，如長期壓抑負面情緒會影響心理健康。然而，衝動、不適的、不成熟的發洩會影響自我概念和人

際關係，同時，讀書或工作時混雜各種情緒會影響效率。因此教導兒童如何保持平衡的情緒——管理情緒是刻不容緩的課題。

了解感覺與情緒

感覺與情緒是分不開的，感覺是由內在狀況和外在事件而引起。它是相當主觀的，除非由自己描述出來，外人是無法了解其經驗的。情緒是表達感覺的方式，藉由臉部、姿態、四肢活動、聲調表達出感覺的反應。

情緒的作用（情緒與行為的關係）

情緒具有「動機」性質，它的激發使個體有所行動，尤其生理反應，如腎上腺素的分泌、交感神經的作用，使你全身充滿動力，隨時準備行動。例如你生氣時，心跳加速、呼吸增快、肌肉緊張、血液循環增快，令你覺得全身發熱。此時若他人稍微觸怒你，你可能會一拳打過去。其他的情緒同樣涉及生理反應，使更富動力，因此情緒與行為是有密切關係。

感覺的性質

感受（feeling）因情境不同而變化，同樣的情境所引發的感受也有不同，因為每人的經驗不同，因此感覺沒有「對與錯」之分。人們對同一情境會有共同的感受，但也會發現有的感受較獨特。因此教導並培養對他人異於己的感受要「尊重」與「接納」。

感覺的轉變是快速的，常因情境的變化，而產生截然不同的感覺。

有時候「衍生性感覺」（secondary feeling）會掩飾「最初的感覺」（primary feeling）。個體確認所經驗到的最初感覺是不易的。相反的，我們會以陳述意見或指控來掩飾真正的感覺。例如：母親看到晚歸的女兒回來時，其最初的感受是擔心，但她常會對她說：「你不應該這麼晚才回來，你真是沒教養、愚蠢的東西」來掩飾她真正的感受。這種「你——陳述」（you-statement）會令對方感到被指責，阻斷溝通，破壞母女關係。假如使用「我——陳述」（I-statement）表達最初的感覺：「你這麼晚回來，令我好擔心，怕你碰到壞人而受傷害。」因此「擔心」是主要感覺，生氣是次要感覺。使用「我——陳述」會促進溝通，它是建立良好關係的基礎。

感覺可能隨著新訊息、新經驗而修正，因著進一步的表白或溝通，憤怒可能轉成關心或佩服也不一定。因此，人際的衝突，往往由於缺乏「了解」與「相互分享」或「溝通」導致的。假如我們提供兒童機會學習如何表達感覺、分享對事情的看法，能促進彼此了解與彼此接受，這對兒童的人際關係、自我概念的改善有莫大的助益。

負向的情緒

情緒可分成正向與負向兩大類。有些情緒帶來較多的問題，如：恐懼、憤怒、敵意與愛。這些情緒是我們常經驗到的，而且處理不當，常導致不利的結果。其中以「憤怒與敵視」的處理，影響兒童的自我形象、人際關係與學習活動較顯著。我們以它來做詳細說明。

　　憤怒與敵意有不少的同義辭，如怨恨、仇視或攻擊等，憤怒是正常的情緒，否認人有怒氣就等於否認人性。當你被冒犯時，很自然的，會覺得怒氣沖沖是充滿敵意，很想向實際的或想像的敵人報復。但一昧的抑制它時，會覺得全身不舒服，讀書或工作不專心，會影響讀書或工作效率，長期下來會造成身心的傷害。

　　一旦人們漸漸成熟，便學會控制憤怒，至少會以可接受的方法表達它。除非你察覺並了解引發憤怒的情境，否則你可能以惡毒的話來發洩。或許你也曾經驗到他人生氣時，對你羞辱，不尊敬或貶損你。事實上，衝動型的人，常以身體攻擊來發洩憤怒。有時言語本身就是一種具有破壞性的武器。Keat（1974）強調「純語言化」（verbalization）是疏導感覺的一種方式。例如：告訴對方：你令我很生氣，你怎麼可以這樣對我，或這件事令我火冒三丈等。很自然的，我們確認自己的感覺，察覺它與事件的關連，是避免傷害，或想報復，是疏導憤怒情緒或控制它的第一步。

　　一旦憤怒不可遏止時，就形成問題。在此情況下，敵意有如脫韁野馬，轉向身旁的人報復。憤怒的反應若得到增強，會變成習慣。這類型的憤怒對個人或周遭的人是災難。朋友易成為他的代罪羔羊，同時易怒的人往往不快樂。

蒐集情緒點券

　　表達感覺是困難的，因為兒童從小缺少學習和練習的機會。傳統的中國父母或學校教育，不鼓勵兒童發表意見和表達感覺。他們認為兒童只有傾聽、被動的接受才是乖兒童。另方面如何標示（Labeling）感覺和感覺形容詞詞彙的缺乏也是問題──以致於不知如何表達。因而許多人貯存感覺不直接處理它，或以間接攻

擊來表達（Corey & Corey, 1982），而造成不良後果。在 Berne 的交流分析（Transaction Analysis）中「蒐集情緒點券」是一種處理感受不當的說明。個體內在「兒童自我」部分蒐集黑色點券──不好的感覺，如悲傷、害怕、生氣、受傷……等。它只是蒐集而非處理。我們以不同顏色表示蒐集到的各種感覺：

- ‧紅色代表憤怒或敵意。
- ‧藍色代表憂心。
- ‧棕色代表無助。
- ‧紫色代表嫉妒。
- ‧白色代表正直。

當蒐集到一定數量的點券時，往往會將之兌現，換取「心理贈品」──如，勃然大怒（我已忍無可忍了），或狂飲一番等行為。然而有人定期兌換幾頁點券，以激烈方式，如：逃避、鬧事、逃學或酗酒、吸毒來發洩情緒。

另一方面是蒐集金色點券──蒐集好的感覺。它是一種自我欣賞的感覺。就是感覺自己好，是不錯的人。這種感受在我們面對艱困時刻，挑戰以及需要鼓勵時，能激勵我們度過難關。如：「這次我用功了，且成績不錯，或工作圓滿完成，我太高興了，可以去看場電影」。金色點券也包括蒐集他人對我們良好的評語。如：「你表現良好」、「我羨慕你」或其他的美辭。此時要欣然接受。事實上，自我價值與自我成就的健康心態和空泛、自誇的虛假自尊是截然不同的。當我們儲存他人傳達給我們正向的回饋時，會給我們莫大的鼓勵。一旦我們覺得安好、愉快，便會更有能力付出，因為沒有接受過愛，就不知如何付出愛給他人。

從以上「了解感覺與情緒」，我們可以歸納一些重要概念：
1. 情緒伴隨著生理激發，具有行為的動機力量──健康舒發是重

要的，2.兒童要學會「尊重」異於己的感覺，3.感覺藉著溝通是
可能改變的——負向改為正向的，4.察覺並溝通主要感覺」——
教師或父母以「我——陳述」溝通，5.負向感覺的處理尤其重要
如，憤怒與敵視，6.積壓負向感覺——蒐集負向情緒點券是危險
的，和7.教導兒童收藏金色點券是有助益的。

情緒管理課程

在教導如何做情緒管理以前先要了解情緒管理課程所包括的
重要元素。也就是其主要目標。以下列出專家的觀點：

1. Faust （1968）

認為感覺與情緒課程要達成的目標包括：
(1)人類存在著各種感覺，即人有各種感覺。
(2)幾乎每人都經驗過各種不同的感覺。
(3)感覺是自然的、健康的，它無對與錯之分。
(4)擁有感覺和表達感覺是兩回事。
(5)有多種表達感覺的方法是不會傷害他人權利的，以及阻礙
自己的成長與發展，這些方法是有助益的。

Faust特別強調用昇華活動發洩憤怒，以及使用打擊枕頭發洩
各種感覺。而Lazarus（1971）主張以肌肉活動來紓解情緒，尤其
對負面的情緒。這些情緒的處理技巧越早學習越好。在美國，甚
至有學者主張，從幼稚園就開始教導。

2. Sprafkin, Gershaw & Goldstein（1993）

認為處理感覺課程要包括下面的四元素，每一項目（元素，或技巧）又分成幾個步驟。項目如下：

(1)表達你的感覺。

(2)了解他人的感覺。

(3)準備因應具有壓力的交談。

(4)對失敗的反應。

Sprarfkin 等提出課程的訓練對象是慢性心理疾病病患、身心障礙、毒、酒癮者，因此每一元素又分成四個步驟。其課程又加入各種——工作、診所、家庭的實例演練。

3. Geldard & Geldard（1997）

主張情緒管理課程應包括下面三大元素：

(1)確認自己的感覺。

(2)確認他人的感覺。

(3)表達感覺。

Geldard & Geldard（1997）的課程訓練對象是兒童，其特色是以「作業單」作為討論的刺激。這些作業單以圖式的呈現方式為主——較為兒童所喜愛，尤其是低年級兒童。

從以上三個課程看出，「情緒管理」或「處理感覺」應包括三個主要元素：1.察覺情緒——自己的感覺、標示感覺和察覺感覺與事件的關聯，2.察覺他人的感受——同理心，3.表達感覺——語言化（verbalization）表達、昇華活動和體力運動。

教師如何幫助兒童學會「情緒管理」

筆者認為情緒管理的教導可分成三部分：㈠概念（認知）部分的傳授，㈡教師日常的示範，㈢情緒管理技巧的訓練。

感覺與情緒基本概念的傳授

教師首先要讓兒童了解有關感覺與情緒的基本概念，要點如下：

1.感覺和想法是被容許的。它是私人財產，正常的，不必因有某種感覺和想法而自責。

2.動作和行為並非私人財產，因為有時會涉及傷害到自己和他人，所以不全然是自由的。

3.感覺無「對」與「錯」之分，每人對同一事件的看法和感覺可能不同，因為每人的經驗背景不同。不必因感覺的獨特性而指責他人、生氣或自責。培養兒童「尊重」他人異於己的感覺。

教師日常的示範

言教不如身教是教師經常要察覺與重視的。教師與兒童相處時的示範更有影響力。因此下面是示範的重要內容。

1.經常使用「我——陳述」（I——message 或 Statement）；察覺最初（primary）的感覺而表達之。如：學生吵鬧時說：「你們太吵，使我感覺很擔心影響他人專心聽課」（擔心是最初的感

覺，而生氣是衍生性的感覺）。兒童從教師的示範察覺事件或行為引發他人的感覺，以及引發行為的後果。另外「生氣」常是衍生性感覺，它較不為人所接受。其實，誠實面對自己的最初感覺如：窘困、擔心等是重要的，且有利於師生關係的建立。

2.上課時適時適地的利用機會，與兒童討論對某行動或情境的感覺。教師要示範出「尊重」不同的感覺。但經過討論也能改變一些人獨特的感覺。這種「尊重」和透過彼此的「溝通」——更能增強兒童的學習。

3.教師平日多鼓勵兒童，鼓勵是一種接納的語言。任何兒童正向的努力都值得鼓勵。兒童對自我、他人和世界的正向態度是正向感覺的來源。教師的鼓勵對兒童正向的自我概念的建立是重要的。

「情緒管理」輔導活動課程

「情緒管理」並非一、二次的活動就能產生效果。最好是透過一系列的活動，以課程方式——每週一節課教導與練習較有效。首先將上一節所介紹的「情緒處理」理論轉換成活動課程計畫。再逐節的實施。

「情緒處理」理論分成：

1.確認自己的感覺，標示感覺。

2.確認他人的感覺，標示感覺。

3.表達感覺。

低年級學童的情緒管理課程訓練方式

課程計畫分成四單元：即課程主要的構成元素：

單元 I：學習我如何感覺

A：具體目標

1.增進兒童認識感覺和區分各種感覺。

2.擴展感覺詞彙。

3.增加察覺自己所經驗感覺。

B：活動過程

為達到上述目標，透過多次的活動達成。而每節課的設計首先要熟悉學生的語言表達能力。先介紹常用的十二種感覺形容詞──或使用感覺輪（以厚紙板做成輪狀，標示十二種普遍的感覺，並以不同的顏色標示感覺）。玩偶和討論是常使用的教學模式。使用玩偶角色扮演，藝術活動和聽故事與編故事作為教導特殊感覺的輔助工具。

單元 II：告訴他人我的感覺

A：具體目標

1.增加對溝通過程的察覺。

2.增加描述自己感覺的能力。

B：活動過程

本單元的課主要介紹講話、傾聽和反應是溝通過程的重要元素。讓學生了解告訴他人感覺的重要性並學習告訴他人感覺的三個步驟：(1)想想我感覺怎麼樣，(2)想想為什麼我會有此感覺（和

事件的關連），和(3)告訴他人我的感覺。

最後一課介紹當我與他人分享感覺時要考慮的事，如：對方是否準備好傾聽我的話，且假如我的訊息不被聽到怎麼辦——我要做什麼。角色扮演活動是此單元的教導方法。

單元 III：傾聽他人

A：具體目標

1. 增加察覺——做個好的傾聽者。

2. 增加辨識語言和非語言感覺線索的能力。

3. 增加適當的反應能力——依據線索。

B：活動過程

使用示範、練習和討論，這些課強調幾個「傾聽」的次技巧，如：專注、偵察感覺線索，複述感覺，要求澄清——如聽不清楚或不了解時。

單元 IV：綜合溝通技巧

最後的單元是綜合先前所學的技巧，由學生演示：告訴他人我的感覺、傾聽和反應他人的感覺等三項溝通技巧。

一次聚會（一節課）實例

以第一單元的其中一節為例——即讓兒童「確認」由玩偶所表達的感覺。此節課大約三十分鐘。素材包括一個玩偶，劇情故事一則，和一系列的感覺形容詞（孤單、害怕、傷心、嫉妒等）。

在介紹新的詞彙以前，先複習前一節課所教導的，如，上次故事中，主角玩偶來拜訪時我們所討論的是什麼，還記得嗎？領

導者將上次學過的感覺詞彙寫在黑板，並詢問學生上一週自己經驗過何種感覺。討論每一人找到某種感覺以後，再告訴他們，本週還要幫助玩偶繼續尋找感覺。此時諮商員或教師將本週要學的感覺詞彙寫在黑板，並且問學生某感覺的意思，或有誰能做表演。告訴學生今天玩偶所表演的感覺都可在黑板上找到。

使用玩偶時，領導者自己要編劇情。例如，假如你的感覺是「害怕」時，諮商員要玩偶表演「害怕」。劇情可能是：有一天，天快下雨，接著有閃電，玩偶一個人在家。玩偶說：我最好將門窗關上，我希望爸、媽在家陪我，那該多好！噢天很黑，又下雨，雷電交加，我不喜歡。我希望雨停下來，我真感到「？」。表演後，接著討論發生了什麼事，並確認適當的感覺，告訴玩偶為何他有這種感覺。學生回答：「孤單」，而不是「害怕」。諮商員幫助他們了解，玩偶可能「孤單」，但因為暴風雨，「害怕」的感覺較正確。

諮商員最後問學生有沒有類似這種經驗——在家或在學校有無這種感覺經驗，並請他們談談這種感覺經驗。

筆者認為為達到每一單元目標，活動設計原則要把握它與目標的關連性，如此可設計多樣性的活動。上述一節課的範例適合於較小兒童的訓練方式。在活動過程中使用玩偶，角色扮演，溝通技巧、討論和家庭作業等混合應用各種技術。這個課程設計可分成十八至二十次完成。

高年級學童的「情緒管理」訓練方式

本活動過程以討論為主，示範和角色扮演為輔——適合較大的兒童。

技巧(一)：表達感覺

活動目標

1. 讓兒童學到自我反思（self-reflecction）。
2. 正確的標示各種感覺。
3. 減少衝動反應。

活動過程

1. 領導者說明表達感覺的重要性——促進心理健康，改善人際關係。

2. 可以以「生氣」、「沮喪」、「恐懼」、「傷心」等為例，一次一種情緒。

3. 步驟：

(1)要求兒童列出經驗某情緒時，身體表現出來的線索，如臉紅、握拳、肌肉緊繃等。

(2)最近發生什麼事件，或想到什麼使你有這種感覺。

(3)這種感覺要如何正確的標示它——生氣？敵視？悲憤？……領導者要求成員列出……。

(4)想想不同的表達方式，並選擇一種。考慮一下可能的表達，如：講出來，做身體活動——打球、跑步等，或離開現場。

演練情境

由領導者提出一種情境，先由教師或諮商員做示範（依四步驟）。

如：「聽到同學講我的壞話」。步驟A我感到肌肉緊繃、握拳、全身溫熱的身體線索。步驟B確認這感覺的原因——因為聽到有朋友講我的壞話。步驟C我如何正確的標示這種狀況，「生氣」是較正確的標示。步驟D想想各種不同的表達感覺方法並選擇一種。此時我可以以離開現場，告訴他我很生氣，或打沙包、跑步以紓解，或將罵他的話寫在紙上——寫完丟棄它。選擇一種適合我現在情境的方法表達之。情境可以是在學校或家庭中所發生的。

家庭作業

設計家庭作業——每天記錄一次引發激烈情緒感覺時依此四步驟來練習以處理情緒

增強作用

每次團體開始時先檢查作業，依做到的程度給予獎勵或酬賞。

察覺感覺、標示感覺和使用社會能接受的方法表達感覺不是很容易的事，對兒童而言是一種全新的學習與經驗，也是一種挑戰，但是這種反思能讓兒童慢下來，較正確的標示感覺，同時較不會衝動作反應——因為他經過思考過程、表達方式經過評估後才決定，因此較不會衝動的一拳打過去或打架等。

教師或諮商員可使用一整堂課於單一感覺，例如：表達「愛」、表達「生氣」、表達「焦慮」等。而每次的情境演練也以該次聚會主題——某情緒為主。

假如我們的兒童皆能熟練這種技巧，並應用於日常生活中，則較能獲得自我控制，而以暴力相向的事件會減少。另外以心理

衛生觀點而言，壓抑感覺，尤其負面感覺——生氣、焦慮、悲傷等更應該以適當的方式表達出來。因此，適當的處理感覺對自我形象、人際關係和心理健康是有益的。

技巧(二)：了解他人的感覺——同理心

活動目標

1. 察覺他人講話時的肢體語言和語言線索。

2. 從線索推測他人的感覺。

3. 溝通你對他感覺的了解。

活動過程：

1. 說明同理心的重要性。

2. 步驟：步驟1領導者要成員觀察他人的語言和肢體語言，如：講話時的聲調、姿態、臉部表情等。步驟2想想他人可能的感覺。領導者要成員根據語言和肢體語言線索推測可能的感覺——列出。步驟3想想你以何種方法表達你對他感覺的了解。此時領導者可要求成員想一想當他們有此感覺時，會希望他人如何對待他——而加以選擇，最後決定以最好的方式做出表達。

3. 以實例練習：要求幾位同學表演。領導者給予每人一種感覺，要求在肢體語言較誇大的秀出來，由成員推測其感覺，最後溝通你對他的了解。

家庭作業

每天記下一次同理心的練習——在與他人互動時，專注對方的語言和肢體語言，推測其感覺，並溝通你的了解給對方。

酬　賞

增強有做作業的。

這個技巧又稱為同理心。兒童從小學會察覺並站在他人的立場去體會他人的感覺，這對他的人際關係會有幫助。

以上介紹高、低年級兒童的情緒管理訓練方式。低年級兒童的情緒管理課程分得比較細。實施時配合各種媒介，其聚會期間也較長。高年級兒童比較重點式的訓練，較以討論與演練為主。訓練期間可以較短。以下再介紹一種以作業單（Worksheets）為主的訓練方式。

Geldard（1997）將情緒處理分成三大單元

確認感覺，確認他人的感覺及表達感覺。每一單元皆以兩個活動（作業單）來達成其目標。在「表達感覺」單元，他以「火山」與「處理恐懼」兩種活動來達到單元目標。在此以「火山」做說明如何教導兒童處理「生氣」較健康。

活動單元

・火山。

活動目標

・學會如何健康的處理「生氣」。

活動過程

1. 發下作業單，如圖 17-1。

2. 填寫圖上空格部分：

(1)什麼事使你生氣。

(2)當……時，我最生氣。

(3)在火山上找出一點，最類似你生氣時的處理方式。

(4)當你生氣時還以什麼方法因應生氣（列出來）。

3.討論：討論火山上每一點的處理方法的優、缺點。例如：一旦兒童確認何事讓他生氣後，他可能以壓抑為因應方式──坐在下面。此時，鼓勵兒童講出坐在火山下的感覺，可能發生什麼？對他人會有什麼反應？假如他人坐在火山上將像什麼？你會認出他人正坐在火山上嗎？

以火山中間層面──慢慢釋出時，探討有什麼不同的方法去釋出生氣。能否看出他人有這些行為，你能確認他人正在慢慢紓解生氣嗎？

爆炸式的反應生氣（火山頂）。鼓勵兒童檢視這種方式的適當性和不適當性。切記，這個作業單僅供近一步討論的跳板而已。

除了以上三種方式外，每人發表其他有效的處理方式。領導者不做判斷，由兒童討論──自己去體會而學到社會能接受的方法處理生氣。

家庭作業

要求兒童記下每天或偶爾有生氣經驗時他如何處理。這樣的察覺與練習是重要的。

增　強

酬賞有做作業的。

火 山

什麼事情使你生氣？

當……時，我最生氣

在火山上找出一點──最類似你生氣時的處理方式

我爆炸生氣

我讓生氣慢慢釋出

我壓抑生氣（讓生氣壓著我）

圖 17-1

當你生氣時，你還做什麼，以因應生氣（請寫在下面）。

_____

_____

_____

_____

_____

_____

摘要

情緒處理──情緒管理是情感教育重要部分。情緒處理不當，它會影響兒童自我形象、人際關係和心理健康，甚至命運的形成。

處理情緒應先從「了解感覺和情緒」開始。它包括了解感覺的性質、情緒與行為的關係、負面情緒、蒐集情緒點券要點。從這些歸納出一些作重要的概念。

情緒管理輔導活動課程分低、高年級。本節介紹 Faust（1968）的感覺課程目標，與 Sprafkin 等（1993）的課程，和 Geldard 等（1997）課程，三種課程內容要點（目標）。

教師如何幫助兒童學會情緒管理是本章的重點之一。本節分三部分：1.概念的傳授，2.教師日常的示範，和3.實施情緒管理課程──技巧的訓練。

在情緒管理課程實施部分分成兩個主要部分：低年級兒童的情緒管理課程訓練方式──分四單元，每單元有具體目標，和課程活動兩部分。課程的實施使用各種媒介──較吸引幼小兒童，課程分得較細，訓練（教育）期間較長。

高年級情緒管理課程訓練方式──分成兩大單元。它比較以重點式訓練為主，在過程中常使用討論和角色扮演。

最後介紹「作業單」（worksheets）訓練方式，它以「圖式」作為討論和進一步探討的跳板。它先發下給學生回答問題或完成空格的填寫，事先讓學生思考，再來討論。

第 **18** 章
「社會技巧」訓練

　　雖然學校對兒童社會化扮演重要的角色，但是學校一直未正式設計社會化課程，更遑論普遍化實施以達到兒童社會化目標。「自我的強化」和「關係的強化」是大部分社會化課程所要達成的兩個重要目標。自我強化的重點在於提升自我概念，而關係的強化的重要內容為「同理心」和「溝通技巧」。而這兩種目標會相互影響，即良好關係會提升自我概念，反之亦然。

　　輔導工作近二十年來的發展趨勢有：*1.*重視發展、教育和預防，*2.*重視技巧訓練的調適，和*3.*重視「諮詢」的工作角色，即學校輔導室要扮演諮詢員的角色——負責策劃、訓練教師，再由教師負責各班的訓練工作。如此，才能促進學生各領域的最大發展，進而達到預防問題行為的產生。

　　個體「不良適應」行為，或「功能不良」，皆可從個體的發展過程受到阻力，或缺乏社會技巧來解釋（Lazarus, 1982; Gazda, 1989）。由此可見，無論是矯治性或項防性的輔導計畫，皆要以個體的發展狀況為基礎。

　　溝通技巧是社會化課程的重點，也是有效生活的重要技巧。它能增進兒童的人際關係。但是不論在家庭或學校，兒童都缺乏這種訓練。為了增加兒童的人際功能，提升他們的心理健康，以及預防人際問題的產生，學校必須重視兒童社會能力（social competence）的強化工作。

社會能力的建構

　　Merrell（1994）認為社會能力是複雜的、多向度的。它包括行為的、認知的和情感的三變項。有趣的是，社會能力與友伴關係問題，和特殊社會技巧的匱乏是有關連的。Gresham（1986）認為社會能力包括三個次領域（subdimension），即 1.適應行為，2.社會技巧，和3.友伴關係。以下是其圖式和各別領域的說明：

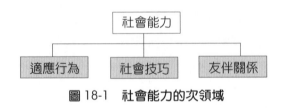

圖 18-1　社會能力的次領域

適應行為

　　適應行為是指個體滿足「個人獨立」和「社會責任」的標準程度或有效性（Gressman, 1983）。適應行為，即責任和社會的期待會因年齡而有不同（Reshly, 1990）。因它也受到文化、次文化和

環境的影響，即適應行為會依文化的不同，而有不同的期望和要求（Reshly, 1990）。

社會技巧

Merrell（1994）認為社會技巧是指行為者的一些具體行為，這些行為導向被期望的社會結果。同時會使別人對他的增強增加，並減少對行為的處罰或消除的可能性（Greshem ＆ Reshly, 1987）。一般而言，社會技巧是學來的、是為社會接受的行為。Morgan（1980）認為社會技巧不僅涉及起始和維持與他人正向互動的能力，且包括達成與他人互動的目的——越能達到互動的目的，就被視為越有技巧的人。

友伴關係

雖然友伴接納（常被稱為友伴關係）是社會能力的第三種次領域，但是它常被視為是社會技巧的結果或產物。因為友伴關係的建立要依賴好的社會技巧。正向的友伴關係和友伴接納，以及負面的友伴關係和友伴的拒絕是有關連的。

總之，友伴關係是兒童生活中最重要的項目之一，並有助於兒童的學習。社會技巧能幫助兒童被友伴接受。退縮或攻擊的兒童常為友伴所避開或不與他們交往，因而喪失從社會經驗中學習交往技巧的機會（Combs ＆ Slaby, 1977）。社會能力使兒童易被他人接受，被接受也會啟發更大的社會能力。

社會技巧訓練的定義、實施對象與領域

社會技巧訓練定義

社會技巧訓練已經變成 1980 年代所有技巧訓練的總稱（Gazda, 1989; Vander Kolk, 1985）。構成社會技巧訓練的具體方法「反映今日心理學的社會學習理論，和今日教育學上的教授原則和方法」（Goldstein, 1981）。這些定義的特性與各種心理的和教育的調適計畫一致或相當類似，例如：生活技巧（Gazda, Childer & Brooks, 1987）、結構性學習（Goldstein, Sprafkin & Gershaw, 1976）、親子溝通技巧（Teskelson, 1976）、有效的溝通（Rhode, Rasmassen, Heaps, 1971）以及溝通訓練中的解決問題。

社會技巧訓練可描述為：基於事先安排好的主題或一系列主題，目的是為改善目標母群的人際功能的一種調適方法。此定義強調三點，首先是強調逐步的、漸近的從簡單到複雜反應的教導。第二，此定義強調「計畫」的事先安排。計畫包括具體主題（Topics），同時，經過正式的診斷過程後提出符合母群的需求和特性的技巧訓練計畫。第三，此定義承認大部分的技巧匱乏是人際的（interpersonal），因此這些匱乏常表現在與人互動上，為此我們需要個體學習新技巧。希望透過學習新技巧去干擾一些以往不適當的，或不良的技巧，並透過練習，甚至過度練習新的、較合適的和更好的技巧（Labate & Milan, 1985）。

社會技巧實施對象

社會技巧最初的實施對象是慢性心理疾病病患的醫療院所，與矯治機構，後來在學校實施。因此其對象包括：精神疾病者、藥癮與酒癮者、智障與肢體殘障者、正常學生與行為問題學生（Sprafkin, Gershaw & Goldstein, 1993）。社會技巧訓練具有預防性與矯治性功能。因此學校、社區心理衛生機構都有需要實施社會技巧訓練。

社會技巧包括的領域

哪些社會技巧最重要而必須教導給兒童呢？在不清楚該教什麼時，社會技巧的分類學或量表可協助實務者從眾多的社會行為中縮小其範圍。由於很多的變項影響社會技巧的選擇，因此很難找到一種量表滿足某一兒童或特殊團體，同時，有時需要增加一些行為或刪除與某兒童無關的，或不合其社會情境的。Wood（1975）為情緒困擾兒童設計一套社會技巧課程。Stephens（1978）和 Walker et. al（1983）為小學兒童設計社會技巧課程。這些學者所堤出的社會技巧清單雖有不同，甚至為不同母群（對象）所設計的課程仍存有很多的相似性。所描述的廣泛社會技巧都包含某程度的「情感」、「行為」和「認知」三向度。

與情感有關的社會技巧，如「確認感覺和表達情緒」以社會技巧訓練處理情緒最基本的層次是，確認並標示他人的情緒。最後的目標是學習在各種情境以適當或可接受的方式表達各種感覺。另外在最近的社會技巧文獻中，「同理心」已受到廣泛的注

意。同理心是有能力去經驗他人的感覺，同理心對建立並維持友誼以及解決人際衝突是重要的。

與認知有關的社會技巧，如「問題解決」──教導兒童在人際衝突中解決問題。Goldstein, Carr, Davidson & Wehr（1981）強調解決問題能力對良好的心理適應是重要的。教導兒童在與人衝突時不以失功能的方式去反抗，或訴諸不為社會接受的攻擊行為去解決問題。

「自我教導和自我控制」是社會技巧的另一種認知領域。行為受到個體內在「自我對話」（教導）所指引，因此，改變「自我對話」可改變兒童的行為。其他自我控制的方法有，自我監視、自我評價，和自我增強，這些對於改變行為及維持行為型態已被證實相當有用。

總之，社會技巧的領域一般都包括：情感、認知和行為等三種向度。Sprafkin, Gershaw & Goldstein（1993）為心理疾病病患所提出的社會技巧課程包括：「溝通技巧」、「感覺處理」、「自我肯定訓練」和「解決問題」等四大技巧領域，並將其分成二十七種技巧。Geldard & Geldard（1997）認為兒童的社會技巧訓練包括三方面：1.「確認和表達感覺」：包括：確認自己和他人的感覺和表達感覺，2.「與他人有效的溝通」：包括：交朋友、處理被冷落和解決衝突技巧，和3.「自我管理」，總共十八種技巧。

筆者設計的社會技巧──兒童溝通技巧課程（黃月霞，1993）也包括情感、認知和行為三大問題。具體而言，課程如：認識並察覺感覺、表達感覺和情緒、察覺自己和他人的肢體語言、傾聽和回饋技巧、衝突處理技巧、交朋友和維持友誼技巧、交談技巧和尋找自己和他人的資產，總共十種技巧。

社會技巧和兒童的行為問題

具有社會技巧的人能有較好的社會適應，並能透過與他人的溝通（尤其是兒童）避免與他人有語言和身體的衝突。另方面，不具社會技巧的人常被認為有行為問題，如打架、不受同輩和成人的歡迎。這種兒童常不尊重他人的權益、表現相當的自我中心的行為。他們會以不為社會所接受的行為引起他人的注意，如罵人、頂嘴、爭執和侵犯他人的權利（如拒絕輪值、插隊等）（Matson & Ollendic, 1988）。

社會技巧能增進個體的「自我形象」和「自尊」。因為社會技巧能幫助兒童建立滿意的關係，且從他人接受正向的回饋。反之，不具有社會技巧的兒童不可能有滿意的同輩關係，同時會接受較多的負面回饋，而影響其自尊（self-esteem），而低自尊繼而影響其人際行為和自我概念。

大部分需要協助的情緒困擾兒童，常是由於缺乏社會技巧。這些兒童常會導致不良的人際關係，表現出社會不能接受的行為，而遭受到痛苦的經驗。

總之，社會技巧與兒童的社會適應、滿意的友伴關係和自尊的提升有密切關連性。在可塑性最強的兒童階段，教導社會技巧是學校刻不容緩的工作。教導兒童社會技巧可透過「個別和團體」兩種方式進行。

社會能力的評估方法

　　五種一般的評估方法皆可用在社會技巧和友伴關係的評估。直接的行為觀察和行為評量法較易被使用在學校和臨床實務上。社會計量法一直被使用在社會技巧和友伴關係的研究上，但是以日常使用上而言，它較有限制。晤談法有希望成為社會能力的評估，但一般常使用在其他的目的方面，使用自我報告以評估社會能力是相當新的努力方向，的確顯示出成功的希望。（Merrell, 1994）

直接的行為觀察

　　Elliott & Gresham（1987）認為，使用行為觀察法以評估社會技巧，他說「在自然環境中分析兒童的行為——是評估兒童社會技巧最合乎生態的正確評估」（p.96），臨床師或研究者都必須熟悉直接的觀察技術以做正確的評估。

晤談技術

　　以晤談技術的性質而言，社會技巧和友伴關係難以透過晤談技術來做評估。想在晤談中獲得個案的社會技巧或友伴關係資訊，臨床心理師完全依賴主觀的和難以驗證的個案，以及父母的或其他提供資訊者的報告。Elliott & Gresham（1987）注意到，雖然行為晤談法可能是使用在調適的初階段，但是一直無法作為社

會技巧的系統方法。

與兒童做角色扮演，加上仔細觀察個案的行為，可能獲得一些有用的社會技巧資訊。在一個結構的模擬情境，臨床心理師可能獲得（從晤談中直接觀察）一些重要社會技巧，如，眼睛的接觸、進入交談、處理友伴的壓力或困擾、要求協助和恭維他人或接受恭維。社會技巧在角色扮演中的觀察相當容易，晤談者僅需要設定形式和期待，然後觀察個案在設定角色中的表現。例如：讓我們假設，我是你們學校中的一個兒童，而你要和我做朋友，我表演坐在餐廳椅子上，我要你走向我，和我談話。好！現在我們試試看。

從角色扮演中可以發現兒童所缺乏的技巧，以及它如何影響友伴關係。透過此過程不但能蒐集好的評估資料，而且也有助於設計適當的調適計畫。

行為評量表

直到 1980 年代中期，大量的行為評量表發展出來，作為各種行為問題，或行為問題的特殊向度的評估，例如過動兒。但沒有特殊設計的評量表以評量社會技巧或社會能力。過去的十年中，在學校，評估社會技巧引發很大的興趣，並提供它來訓練學生的社會技巧匱乏。這種劇增的興趣刺激了行為評量表的發展（Merrell, 1994）。

社會計量法

社會計量法對評估社會技巧和友伴關係是有用的方法，尤其

用來篩選和研究目的。社會計量法較少用來直接評量社會技巧，而較常用來評量友伴關係，但是友伴關係和社會技巧有關連（Hartup, 1978）。其實這兩種有交互作用。一方面，友伴關係被視為是社會技巧的結果——因為個體具有高程度的適當的社會能力，就愈有能力發展正面的和滿足的友伴關係（Gresham & Reschly, 1987a）。另方面，某程度上而言，社會關係是社會技巧的決定因素——社會學習過程涉及到友伴關係，而此關係有助於社會技巧的發展（Hartup, 1978, 1983）因此這兩種社會能力的次範疇是複雜的，且最好被描述為一種相互影響和互惠的關係。

總之，社會計量法是一種由來已久的，且實際上已證明是評估友伴關係的方法，同時也具間接正確性，可以評估社會技巧。實際上任何社會計量法對臨床心理師或研究者是有用的。

自我報告的評估

目前，發展自我報告評估工具以評估社會能力做得很少。唯一可獲得的是 Social Skills Rating System 這個合乎標準化的心理測驗，且具有效標，可適用於學生的工具。總之，近來各種衡鑑方法發展快速，這對於兒童社會技巧評估相當有用。另外要特別指出的一點是，每種衡鑑工具皆有其優點與限制。因此，不論是教育性的，或臨床性的處理（treatment），社會技巧評估應考慮多角度評鑑模式。

社會技巧訓練的過程與方法

　　社會技巧訓練強調的是一種心理教育（Psychoeducational），行為的、行動（取向）的教育過程，其目的是教導重要的人際技巧，最終目標不僅在獲得這些技巧，更要將所學的類化到真實生活中。社會技巧主要以「社會學習理論」和「行為改變技術」為基礎，因此其教導過程與方法不會因不同學者的主張而有大的不同。Gazda（1989）提出「生活技巧」的訓練過程為：1.簡短說明，2.領導者示範，3.楷模演示，4.成員的角色扮演和練習，5.回饋，和6.家庭作業。Goldstein（1993）等認為結構性治療或技巧學習的重要元素為：1.楷模，2.角色扮演，3.回饋，和4.練習遷移。筆者於 1992 年在北市延平國小帶過社會技巧訓練並做效果評估研究。下面是筆者使用的重要步驟說明：

1.簡短說明

　　此步驟的要點包括：(1)說明此技巧對兒童的重要性，能使他們獲得什麼益處？(2)分析技巧，以利於學習。例如，打招呼時包含眼睛的接觸，說聲「早」，叫對方的名字，並微笑。將複雜的技巧分解成簡單的技巧。

2.示範技巧（或正確行為）

　　此階段，兒童需要知道如何表現此技巧或行為。其中重要策略是透過楷模的示範。楷模的示範可由領導者，或布偶、錄音、錄影帶等方式呈現。現場的人為楷模提供較大的彈性，隨時可以

改變示範各種反應。例如涉及語言攻擊的情境，兒童可有幾種選擇，以認知的內在語言保持自制、離開情境、向權威人士報告等反應。

布偶的呈現受到兒童和青少年的歡迎。如此兩個布偶為主角幫助兒童了解避免批評他人的重要性，然後以角色扮演加強兒童去確認表達正、負向感覺的適當方法。

3.練習（角色扮演）

觀察了正確技巧反應並不能保證能成功的應用在其真實生活中。還需透過一種結構式的角色扮演形式練習，即行為預習（Behavioral rehearsal），以促進兒童表演出並練習新行為。角色扮演分成下面四種基本步驟：

1.布景：描述情境，選擇參與者，並指定和描述各角色。

2.演出：參與者演出個別的角色。

3.討論／評估：參與者和觀察者一起評估所表現的行為，並確認較適當的反應或行為。

4.重演：經過評估後，再行演出適當行為，也可由不同的人演出。

另外，角色扮演也可由布偶演出。它除了重複練習正確的反應外，還能互換角色，使參與者看到和感受到情境的兩面。例如，以常捉弄人的人扮演被捉弄的角色。

4.回　饋

兒童做角色扮演時，領導者要給回饋以改善其技巧。回饋由多種方式表現：1.語言回饋，如改正的指示，或讚美、鼓勵，2.增強，獲得增強物，3.自我評估，設法由兒童做自我評估。回饋

時，要注意立即性、經常性、公開，才能促進其效果。

此外，對於難以接受回饋的青少年，錄音、影帶呈現方式也是有價值的自我評估工具。將模擬的社會互動錄下來，之後，成員依其具體的判斷標準評估其行為表現。如此可以讓平時缺少自我察覺，或忽視他人感受者，在觀察後會產生極大的效果。

5.家庭作業

社會技巧訓練的最終目的是希望兒童將所學的應用至現實生活中。因此家庭作業的使用能幫助兒童達到此目標。領導者根據每次聚會所學的，設計一份家庭作業，並在下次聚會開始時，檢視每人的作業。完成作業的人，依程度給予酬賞，不做的，依程度受罰，如在團體中重新練習一次。

總之，社會技巧訓練過程中常使用的步驟包括：1.說明該技巧的重要性，2.示範：主訓者做示範動作，3.角色扮演，主訓者並給予回饋，4.練習，5.家庭作業。

三種社會技巧訓練課程

上面已經提過，完整的社會技巧訓練必須包括：情感、認知和行為三個層面。雖然其目標是以提升人際功能為主，因為人際技巧的匱乏是最普遍的。但是情感層面也會影響人際的反應，因為人類的基本心理功能：行為、情感和認知是相互影響的，改善一種會同時修正另兩種。雖然社會技巧偏向行為層面，但是行為表達受到情緒與自我控制的影響。例如：已學到如何適當的與人打招呼，但他正在氣頭上，就必須先處理情緒，並克制自己，才

能適當的與人打招呼。

社會技巧訓練課程(一)

本社會技巧訓練課程是由Geldard等（1997）所提出的。它包括三個主要領域：*1.* 確認與表達感覺，*2.* 有效的溝通，和*3.* 自我管理。每一項重要領域又分成三個次要領域，每一次要領域由兩個作業單練習達成其次領域目標。筆者將它做些修改，主要領域是課程的「一般目標」，次要領域是「具體目標」，作業單等於是活動。

改變後的形式看表 18-1「一般目標」、「具體目標」和「活動」三者是有關連的。換言之，活動是為達到具體目標，而具體目標是為達到一般目標，三個一般目標是為達到總目標。因此在帶領活動（不論個別或團體）時要把握活動的目標。活動在此課程是筆者將原本以圖示呈現的作業單改編而成。以圖式較吸引兒童的興趣。圖式也可以有變化，並不一定要照原作者所設計的，活動名稱也可變化，重要的是要把握其要達成的目標，即依具體目標而設計活動單元——為最重要的原則。

社會技巧訓練課程(二)

此課程由 Sprafkin 等（1993）所提出，它包括：「基本社會技巧」、「處理感覺技巧」、「自我肯定技巧」和「解決問題」技巧等四大領域。筆者認為這四大領域也可稱為課程的「一般目標」。每一領域又分成若干次領域——具體目標，此社會技巧課程的實施對象是為心理疾病病患、身心殘障、毒癮、酒癮等特殊

對象，由於對象較特殊，因此其技巧分得較細。

　　課程訓練過程強調結構性學習。每次一種技巧，每次聚會過程皆分下列步驟進行：*1.* 說明技巧的重要性，分解技巧為幾個步驟，*2.* 示範──由領導者，*3.* 角色扮演，*4.* 練習──演練情境分為家庭、診所、工作場所有關的實例和 *5.* 家庭作業。詳細內容請參閱 Sprafkin 等（1993）的書。

　　雖然此課程的實施目的是為提升心理衛生，而實施背景為社區心理衛生中心、精神醫療機構，但還是可以為一般兒童，只是演練的實例加以改變──以兒童生活有關的事例為主。

社會技巧訓練課程㈢──溝通技巧訓練課程

　　本課程是由筆者──黃月霞（1993）所設計。它的主要內容包括：有效的溝通、處理感覺和衝突處理。這是一個簡單濃縮的課程──因為總共的活動只有十次。本課程每次聚會的過程融合了以上兩種課程──常使用結構性學習──示範、角色扮演、練習、家庭作業於團體中，另外也使用小組討論或分享方式。筆者認為本課程太簡單，活動次數不夠多，主要是為配合國小的學期時間。相較於課程㈠的十八次，課程㈡的二十七次聚會，課程㈢顯得時間不夠長，難達到社會技巧訓練目標。有關此課程的詳細內容請參閱黃月霞（1993）──教導兒童社會技巧。

　　以上所介紹的三種課程，雖然在聚會的實施背景和實施對象有其特殊之處，但是並不必有嚴格的區分，尤其是在聚會過程方法的使用上，可以靈活運用。另外，依兒童某領域的匱乏程度增加該項的活動單元的次數是重要的。總之，三種課程提供學校諮商員和教師做社會技巧訓練時的參考。

表 18-1　社會技巧訓練課程㈠

主要領域 （一般目標）	次要領域 （具體目標）	活動名稱 （單元名稱）
確認與表達感受	確認自己的感覺 確認他人的感覺 表達感覺	・找一個感覺 ・小玉是焦慮的！ ・猜猜他人的感覺 ・你的身體語言 ・火山 ・與小明一起因應恐懼
有效的溝通	交朋友 處理被冷落 解決衝突	・交談的話題 ・？？問題？？ ・給小飛的建議或勸言 ・國強的閒言閒語 ・打架！！！ ・退縮，攻擊，自我肯定
自我管理	冷靜下來 評估後果 維護你的權利	・三思而後行 ・選項與選擇 ・假如——然後——但是 ・犯罪與處罰 ・適當的說「不」 ・酬賞你自己

本資料改編 Counseling Children（Geldard & Geldard，1997）。
實施對象：正常兒童，或社會技巧匱乏的兒童。

實例 1：給小飛的勸言

活動過程

1. 圖片說明：小飛需要協助。小飛有一個哥哥，他常被邀請到叔叔家過夜，以便能早起和叔叔一起到農場。每次小飛也要求要去，但叔叔總是回答，「你還太小，下次再去」。

2. 討論「當你被拒絕或被冷落時」，你會做什麼？

3.從下面選項中，勾選你處理的方式：

(1)生氣。

(2)哭泣。

(3)告訴某人我的感覺。

(4)什麼話都不說（沈默）。

(5)做一些動作（小題大作），引人注意。

4.分享哪些是適當的方法？

圖 18-2

實例2：打架！！！

活動過程

1. 逐項討論下表所列是否是打架或爭吵的原因：

表 18-2

捉　弄	說人閒話（壞話）	搬弄是非
欺　騙	偷竊（偷東西）	推擠他人
逞威風	說　謊	攻擊、撞人
不守承諾	誇示、自大	不相信人

2. 每人列出最常引發與他人爭吵或打架的五項原因，並舉理由。

3. 每人列出最不會引發與他人打架的五項原因，並舉理由。

4. 從第2題，歸納五項是全組都同意的事項。

5. 從第3題，歸納五項是全體都同意的事項。

圖 18-3

・寫下，你跟他人吵或打架的其他原因。＿＿＿＿＿＿＿＿＿
＿＿＿＿＿＿＿＿＿＿＿＿＿＿＿＿＿＿＿＿＿＿＿＿＿＿＿＿＿

・你能想出人們吵架的其他任何理由嗎？＿＿＿＿＿＿＿＿＿
＿＿＿＿＿＿＿＿＿＿＿＿＿＿＿＿＿＿＿＿＿＿＿＿＿＿＿＿＿

表 18-3　社會技巧訓練課程(二)

技巧單（系列） 基本的社會技巧	1. 開始一個交往 2. 傾聽 3. 結束一個交往 4. 請求幫忙 5. 遵循指導 6. 給人恭維 7. 說「謝謝你」 8. 說道歉
處理感覺技巧	9. 表達你的感覺 10. 了解他人的感覺 11. 準備一個有壓力的交談 12. 對失敗的反應
自我肯定技巧	13. 維護你的權力 14. 協助他人 15. 給他人指導 16. 抱怨人 17. 回應抱怨 18. 協議 19. 自我控制 20. 說服他人 21. 回應說服 22. 處理團體壓力

	23.安排優先順序
	24.做決定
解決問題技巧	25.設定目標
	26.專注一件工作
	27.酬賞你自己

資料來源：Social Skills For Mental Health-A Structured Learning Approach.（Robert P. Sprafkin， N. Jane Gershaw， & Arnold P. Goldstein， 1993.）

實施對象：心理疾病病患、智能不足、酒癮、藥癮。

實施背景：社區心理衛生中心、精神醫療機構或醫院。

表 18-4　社會技巧訓練課程㈢

單元（活動）	名稱	目標
1	喜愛的動物	促進彼此的熟識
2	溝通	察覺「打開」和「關閉」陳述語
3	肢體語言	察覺「講話者」和「傾聽者」的肢體語言並改善之
4	認識並察覺感覺	察覺、尊重以及表達正、負向感覺
5	回饋	學習正確回饋、積極傾聽
6	告訴他人我的感覺（我──訊息）	學習及練習表達「我──訊息」
7	衝突處理	察覺並改善衝突處理的方法
8	交朋友與維持友誼	學習交朋友和維持友誼的方法
9	溝通技巧的整合運用	學習交談基本技巧和四步驟
10	尋找資產	尋找自己與他人的資產，加強喜歡、接納自己和他人

資料來源：《教導兒童社會技巧》（黃月霞，1993，五南圖書出版公司）。

實施對象：一般兒童、青少年或成人。

✿ 摘要

社會技巧訓練對於兒童的社會化有正向的影響，教導兒童社會技巧是近二十年來輔導發展的新趨勢。技巧的教導同時俱有預防性與矯治性的功能。

社會能力包括三個次領域：適應行為、社會技巧和友伴關係，三者有相互關連性。

社會技巧訓練已變成1980年代各種技巧訓練的總稱，本節有清楚的界定。其目的是改善特定母群的人際功能。

社會能力的重要性，以及社會技巧和兒童的行為問題有密切的關係，因此對兒童施以社會技巧的訓練是重要的，它兼具教育與矯治功能。

若以全校學生為對象的教育和預防目標而言，不必加以篩選，但若以矯治為目標，則評估是需要的。本章對評估方法也做了說明。

社會技巧領域應包括：情感、認知和行為三種向度。具體而言，溝通技巧、情緒處理、衝突處理、解決問題皆為其重要技巧領域。

社會技巧是一種結構性學習，它基於社會學習理論，它的教導過程包括：1.楷模（示範），2.角色扮演，3.回饋，4.練習和5.家庭作業。

最後筆者介紹三種社會技巧訓練課程。三種課程所涵蓋的實施對象、實施背景和其實施方法是多樣化的，但實施時依其對象性質、時間的限制等可做靈活的選擇與運用。

第**19**章
「人際關係」技巧訓練

　　溝通技巧一直被視為是有效生活的重要技巧（Gazda, Asbury, Balzer, Childers & Walters, 1984）。它能促進正向的人際關係及有效的解決人際問題。因此它是所有技巧訓練的基礎。溝通技巧與人際關係在以往主要應用在精神病患當作是一種處遇（treatment）（Sprafkin, Gershaw & Goldstein, 1993）。近來生活技巧的預防應用也發展出來。學校應該在兒童期施以最重要且基本的人際關係與溝通訓練，以促進預防與發展的效果。

2 溝通技巧與人際關係的重要性

溝通技巧與人際關係、自我概念和心理健康

　　社會行為涉入兒童生活的各方面，並且影響他們後來的環境

適應與幸福。個體有能力與人相處，且從事正向行為決定他在友伴、教師、父母及其他重要他人中的孚眾望程度（Matson & Ollendich, 1988），相反的，它的匱乏影響青少年犯罪（Roffet al., 1972）、中途輟學（Ullman, 1975），及心理健康（Cowen et. al., 1973）。兒童具有溝通技巧，會避免以語言和身體的攻擊行為，如罵人、打人、頂嘴（對成人）、與同輩爭執和侵犯他人的權益（如，拒絕輪值、插隊等），這些行為會影響他的自我概念、人際關係及心理健康。

溝通技巧是社會化課程的重心

在很多社會化課程中都著重自我的強化和關係的強化：兩種目標（self-enhancement & relationship enhancement）。大部分的關係強化注重「同理心」和「溝通技巧」訓練（Carkhuff, 1973; Gorden, 1970）。

這種強調預防與發展取向的輔導對象應是一般正常個體。雖然這些技巧被認為應該在家庭教導，但是少有家庭負起這個責任。實際上，成人都缺乏這些技巧。甚至屬於溝通取向領域的專業，如，心理學、教育、醫護人員都需要修這類課程以改善與人的溝通。同樣的，工商界每個以大筆的花費為他們的員工或經理級人員提供溝通訓練。因此學校在可塑性最大的兒童期施以溝通技巧訓練是非常需要的。

2 兒童期「人際溝通／人際關係」的發展任務

　　人際溝通／人際關係訓練課程的設計，必須要考慮被訓練者的階段性發展任務。換言之，課程目標是要幫助他們達到該階段的發展任務。Gazda（1989）將生活技巧領域分成：人際溝通／人際關係、解決問題／做決定、身體健康／健康的維持，以及認同發展／生活目標等四大類。

　　技巧項目是透過美國國家 Delphi 研究，確認兒童期、青少年，以及成人期生活技巧描述語呈現。這些描述語是集合多位美國發展心理學家，在一次座談會討論中，經過他們的判斷所決定的，在描述語後面儘可能附上該技巧獲得的年齡常模範圍。即一生中獲得該項技巧的大約時間。以下列出兒童期的人際溝通／人際關係的發展任務。

人際溝通／人際關係定義

　　使用語言及非語言與他人做有效的溝通，且易於導致關係的建立所必要的技巧；大小團體和社區成員的參與、人際親密關係的管理、清楚的表達意見和概念、給與和接受回饋等。

兒童期在人際溝通／人際關係發展任務描述語

1. 透過合作的遊戲滿足個人的目的（5～7歲）。
2. 友伴一起工作和遊戲（6～8歲）。
3. 重視個人的隱私並尊重他人（7～8歲）。
4. 對人際關係應用（apply）抽象原則，如公平（7～9歲）。
5. 在團體決定中重視民主過程（7～11歲）。
6. 了解並遵循遊戲規則（7～11歲）。
7. 從他人的觀點去看人際關係（7～12歲）。
8. 與同輩建立基本的認同（identification）（8～10歲）。
9. 尊重他人（8～10歲）。
10. 傾聽他人（8～10歲）。
11. 同理的反應（8～10歲）。
12. 透過「妥協」解決人際衝突（8～10歲）。
13. 尋找適當的解決衝突方法（8～10歲）。
14. 區分果斷和攻擊（8～10歲）。
15. 區分競爭和衝突（8～10歲）。
16. 區分領導和支配（8～10歲）。
17. 能夠建立、維持友誼或適當的結束友誼（8～10歲）。
18. 在人際情境中能以他人的立場觀之（10～13歲）。
19. 形成人際關係應基於相互的認同及尊重原則（10～15歲）。
20. 容忍不同的意見，同時不怕擁有分歧的看法。

　　兒童期一般分為兒童前期（5～7歲）、兒童中期（8～10歲），以及兒童後期（11～13歲）。以上所列出的技巧描述語橫跨了兒童前、中和後期三個階段的重要發展任務。

從以上發展任務描述語來看，它包括幾個重點，即 *1.* 溝通（交談）的基本技巧，*2.* 如何交朋友和維持友誼的技巧，*3.* 人際衝突處理技巧等三大項。

2 溝通技巧／人際關係課程

本課程內容是筆者參考上面兒童期在人際關係／人際溝通的發展任務，同時參考 Sprafkin 等（1993），Geldard 等（1997）及筆者——黃月霞（1993）「社會技巧課程」中有關「溝通」部分設計而成。

活動設計

有關活動的設計要考慮兒童的年齡。另外，重要設計原則是活動要和具體目標有關連性，即活動是為達到具體目標。活動的呈現方式在上面的章節已做過很多的描述，在此不再舉例。

2 人際溝通／人際關係課程的說明

筆者認為溝通技巧／人際關係課程應該包括：*1.* 交談的技巧，*2.* 人際衝突的處理技巧，和 *3.* 交朋友和維持友誼技巧三大元素——主要領域。每個主要領域又分成幾項次要領域，以下是其說明：

表 19-1　溝通技巧／人際關係課程綱要

主要領域 （一般目標）	次要領域 （具體目標）	活動設計
(一)有效的溝通 （或交談）	1.「打開」和「打斷」溝通 2.積極傾聽 3.開始一個交談 4.選擇適當主題 5.回饋——反映感覺或問問題 6.恭維人 7.說「謝謝」 8.說「對不起」 9.結束交談	
(二)衝突處理	1.衝突處理——退縮、攻擊與自我肯定 2.自我控制 3.維護自己的權利 4.打架——情境 5.妥協 6.自我肯定——我——陳述（訊息）	
(三)交朋友和維持友誼	1.邀請 2.協助 3.外表修飾 4.打招呼 5.合作與分享 6.處理被拒或冷落 7.處理「閒話」	

有效的溝通（交談）

1.打開與打斷溝通

　　首先要班級團體先討論、或分組討論有關什麼是「打斷」和

「打開」溝通或交談的陳述語——即每人最不喜歡聽到他人告訴他什麼，使他願意與他繼續講下去，或不想跟對方講下去。將喜歡的一一列出——如，適當的肢體語言和語言。不喜歡的也一一列出——如「你必須——，你應該——，以及不適當的語言和肢體語言等。讓他們察覺自己和他人一些阻礙溝通的元素，因為常使用打斷的元素會傷害到人際關係——他人不喜歡與你交談。所以溝通時適當的肢體語言和語言是重要的。

2. 積極傾聽

積極傾聽是溝通技巧的重要次技巧。積極傾聽分四步驟：(1)要有眼睛的接觸、身體往前傾、適當的面部表情、點頭、簡短的反應——啊哈，我了解等。(2)想想對方說了什麼？(3)等對方說完了再做反應——尋找對方說完的線索，和(4)說出你要說的話——以同一主題問問題、表達感覺、表達意見。經過這四步驟使談話繼續下去，讓對方感受到被尊重。

訓練時可做角色扮演，首先領導者示範（依四步驟）然後成員才依步驟作角色扮演練習——領導者增強正確的或修正做錯的。注意第二、三步驟要將所想的講出來（如：對方說了什麼？你怎麼知道他講完了……）。最後要求做家庭作業。

3. 開始一個交談

本技巧是應用上兩個技巧的綜合練習。開始交談分四步驟：(1)打招呼——選擇適當的時間和地點，說「早！嗨！」或握手，(2)閒聊，(3)看看對方是否有意要與你談話——觀察肢體語言，眼睛是否看著你，(4)切入主題。訓練重點在第三步驟要成員說出他所想的——如，你怎麼知道他要你講話——指出線索，另外打招

呼的適當時間和地點、方式和肢體語言也很重要。訓練方式——示範、角色扮演、練習、回饋、家庭作業。

4.選擇適當主題

交談時選擇適當的主題，可以幫助兒童在開學第一天選擇適當的主題與其他的朋友交往是很重要的。例如，不適當的主題——如批評人等可能引發他人的拒絕，造成不良的自我形象等。所以列出各種適當和不適當的話題，由成員勾選，並討論其適當性。使兒童察覺何種主題是交談的好主題。筆者的輔導經驗發覺有時連大學生都不知道要閒聊什麼，應如何選擇主題。更何況是兒童。

5.回饋——反應感覺或問問題

交談時不只是要傾聽，還要使用回饋，有時要問些問題，或反應感覺，才能開始和維持一個交談。對於較小兒童，可提供一篇圖畫，由兒童依圖畫練習問問題——以「什麼」、「如何」、「何時」、「為什麼」、「誰」等為句首，尋問圖畫的資訊。問一連串問題後，諮商員很創意的回答，構成一個故事。如此，兒童學習問問題及回答去開始一個交談，他們也學習傾聽、輪流。另外反應感覺——根據對方的語言、非語言線索推測語言中所附帶的感覺，並反應給對方：如「你感覺很快樂，你似乎很傷心……。」反應感覺要配合積極傾聽，才能做出正確的感覺反應——同理心。

6.恭維人，講「謝謝」，說「對不起」，說「請」

禮貌是溝通技巧中重要部分，它能增進正面的互動。必要時

要說「謝謝」，說「對不起」，說「請」，或「讚美」他人。但是如何表達，以及選擇適當的時間和地點，或是進一步想想對方值得我這樣做嗎？——過與不及皆不好，表達時的態度——語言和肢體語言的適當性，皆是討論要點。

7.結束交談

適當的結束交談使對方願意與你再次交談，因此學習此技巧是重要的。首先要觀察對方是否沒時間，想要結束交談，然後做摘要，解釋你必須結束交談，最後在交談告一段落時，做結束，並要討論結束的方式：揮手、握手、表達跟你講話很愉快……。

衝突處理技巧

假如兒童都能學到上節的基本溝通技巧，則容易建立高品質的人際關係。但是朋友間不免常會有衝突發生。此時學到適當的處理方式是很重要的。衝突時，要避免以攻擊——打架、爭吵、暴力等處理方式，另一極端處理方式——退縮，最被動也非健康方法。自我肯定的表達和妥協是一種成熟、健康的處理方式。

1.衝突的反應：退縮、攻擊和自我肯定

衝突產生時，藉此活動讓兒童察覺自己是如何處理的——是如一隻烏龜，將自己藏起來——退縮、膽怯、害怕和非肯定（果斷），感到無助和受害者。相反的，另一種反應是攻擊、霸道、控制人、表現有權力的樣子。正確的反應應該是自我肯定式的處理衝突——表達感覺，指出具體事實和造成的後果給對方。諮商員也要承認兒童在衝突情境中的情緒感覺是正當的——不論是害

怕或生氣。

2.自我控制

自我控制不但在情緒處理時很重要，在衝突處理時也是。它的相反是衝動的反應。很多兒童或青少年的不端行為，或犯罪皆是由於衝動行事所導致的後果。

訓練步驟是：(1)專注於身體線索──感到身體發熱，肌肉緊繃，像要失去控制，咬牙切齒──這些線索幫助你了解自己正在生氣；(2)想想發生的事件或想到什麼──使你有這種感覺；(3)想想因應的可行方法：①離開情境，②給自己時間冷靜下來，③講出你的感覺，鼓勵成員想出一系列的選項；④考慮各種選擇的後果，並選出一種做反應。總之這是一種：停下來──想想──行動（Stop──Think──Action），經過三步驟過程會讓自己冷靜下來，延宕，反思各種選擇（在對生氣情境做反應前）。對各種選擇考慮其後果，而不是衝動行事。這個活動也是做決定和解決問題的重要過程。

3.維護自己的權利

衝突情境發生時，壓抑自己的感覺。例如，退縮、害怕，是一種非自我肯定，也是一種不重視自己的權利表現──不敢拒絕他人或不敢表達不滿。維護自己的權利是自我肯定的反應。在此教導兒童如何維護自己的權利，對他人的要求做適當的拒絕或表達不滿。

諮商員可以列出兒童互動時常碰到的一些不合理要求，以及一些反應。由成員做連線──以學到適當的拒絕反應。自我肯定式反應，不僅只表達感覺，還要一些動作──如表達時要注意適

當的肢體語言和語言，否則易變成攻擊反應。

4. 打架的情境

在人際關係中解決衝突要求「了解」和「練習」。此活動讓兒童了解衝突發生的理由或情境。「打架」是衝突時常被使用的不健康反應方式。要求兒童想想發生打架的各種原因。並鼓勵成員談談在家庭、或在學校所發生的打架情境——如，被捉弄、欺侮、講壞話、被推撞、太愛現、偷竊、說謊等……。列出每個人打架的原因，或有沒有其他原因，——列出，然後分享。最後討論打架的後果——能解決衝突嗎？

5. 妥 協

「妥協」包括很多形式，如：輪流、抽籤、協議、機率（丟銅板）、分享等方式。它是一種好的衝突處理方法。在妥協過程中，首先要決定自己和對方不同意點在哪裡？兩人「意見」的不同點要和雙方的「感覺」要分開。然後解釋自己立場及對他人立場的了解，不要只堅持自己的觀點，雙方各做一些讓步，才能獲得一些什麼。同時一方要了解對方說什麼及他的感覺——才能達到妥協。領導者可以例子做討論或以「問題情境」，依步驟達到妥協的解決衝突。

雙重臉孔（圖19-1）：將班級分成兩組，一組給圖A，另一組給圖B。每組討論圖畫像什麼？討論之後，再給圖C，此時他們容易體會到，兩人可能有不同的觀點，但兩人可能都是對的。然後討論一種衝突情境，因為兩人都認為他們是對的，而應如何解決。

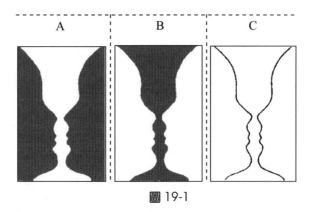

圖 19-1

6.自我肯定──（我──陳述）

　　自我肯定反應在前面略述過。它即非攻擊也不是退縮的反應，而是一種在解決衝突方法中最適當的反應。它包括三個步驟：(1)察覺感覺，(2)確認為何有此感覺（具體事實），和(3)告訴對方。它不僅只表達負面的，也包括表達正面感覺。我──陳述（訊息）是衝突時很適當的表達方式──指出具體事實引發的後果和感覺。兒童或青少年往往不會察覺他們的行動所引發的後果，或引發對方的感覺。因此這種技巧練習是很需要的。

除了以上所提出的技巧外，為解決衝突，還可使用道歉或求助他人（諮詢）、遲延（等到適當時機，再處理）、分散注意——引導兒童去注意其他事、放棄——無法處理時離開情境、幽默——可分散衝突所帶來的氣憤等策略。儘量避免負面的策略，如暴力——用語言或行動攻擊、逃避——迴避衝突，把衝突留到下次回來時再處理。

交朋友和維持友誼

友誼對兒童是重要的，它提供兒童歸屬感。在學校有朋友時，他們較會喜歡上學。所以教導兒童如何交朋友是很重要的。

上二節的溝通技巧和衝突處理的學習對於交朋友和維持友誼是有幫助的，且是必備的技巧。因為有效的溝通是建立高品質關係的開始。不適的衝突處理也可能使友誼破裂——無法維持，同時不適當的處理衝突也影響自我形象和心理健康。但是為建立和維持友誼還需注意下面的技巧：

1. 好朋友的條件——探討如何做他人的好朋友

對於沒有朋友，或彼此互動時常出現不愉快，或友誼變動很大的兒童，此活動能幫助他們察覺自己是否具有做好朋友的一些特質。首先可以先讓他們談談成為他好朋友的條件，或朋友常表現什麼行為才是你喜歡的。將各組討論出的結果——列在黑板上，各組並演出各種特質。

活動也可要求成員給他們朋友寫一封信，告訴對方你為何喜歡跟他做朋友——人格特質。讓兒童進一步去察覺自己應該具備哪些特質或行為才能交到朋友，並維持之。

2. 邀　請

邀請是交朋友的方法。邀請別人參加遊戲或派對等，他人也會邀請你。可以遊戲的方式練習此技巧：一組人同玩一種堆高積木，每人參與——每次每人輪流加一塊上去，直到堆木塊全部用完（各種顏色的木塊）。

3. 協　助

幫助別人是好朋友的特質之一。協助是大家所歡迎的，因為會給人好印象——使他人喜歡認識並與之交朋友，不斷的協助使友誼維持。活動：讓成員談談協助的事例——接著分享助人的感覺及被協助人的表情，或是自己被協助的事例——分享當時的感覺，如此，加強兒童的助人行為。

4. 外表修飾

衣服整齊，臉部、頭髮都要乾淨——給人好印象，讓人喜歡接近他。接近是交朋友的第一步。活動的目的是讓兒童察覺自己的外表，養成整潔的好習慣。另外要注意洗澡、刷牙——避免有體味、口臭。

5. 分享與合作

自私與獨占（不合作）的兒童是不受歡迎的。將團體分成兩組。兩組分別共同完成一個任務。活動強調合作對任務完成的重要性。

6. 打招呼

不與人打招呼就缺少機會與人做朋友。打招呼的要點在上一節已描述過。在此,可再次的練習,並強調打招呼的重要性。

7. 處理被拒或被冷落

兒童時有被拒或被冷落的經驗。此時學習如何適當的因應對他們是重要的。有時候你與好朋友間會有第三者介入,而你變成局外人,這種感覺是傷心的、氣憤的。有時候朋友,或成人會拒絕你的要求——拒絕與你遊戲等。

活動:分成小組,談談被冷落的經驗——實例,或由教師提出一個情境——小明常被拒絕去叔叔家過夜,而哥哥常被邀請。此時若你是小明你會做什麼?在所提供的回答上圈選你的回答:生氣、小題大作——引人注意、不說話、告訴他人你的感覺、哭泣,然後分享討論。

8. 處理閒話

朋友間講閒話包括:被拉在一起講他人閒話、被人講閒話兩種情境。這兩種情境你要如何因應?

第一種情境,諮商員可提供:

(1)告訴對方談談其他的事吧!

(2)我不太認識他,我不知道是否是真的。

(3)我想你在講人家的閒話噢!

第二種情境,諮商員可提供:

(1)為公平,我也講他的閒話。

(2)直接告訴他不要講我的閒話。

(3)請求協助解決問題。

　　成員可打勾哪些是他常用的方式。並討論後果如何。總之，一個好建議是，人們要求你講他人的壞話，你可能會被抓到時，就「不能說好話，就什麼都不說」。

　　除了上面所列的技巧外，多參與朋友的活動、多與人交談、多問問題、提供資訊、微笑、多恭維和給予正面回饋皆對建立和維持友誼有助益。

摘要

　　溝通技巧／人際關係對兒童的生活很重要。它是所有技巧訓練的基礎。它影響兒童的人際關係、自我形象、自尊和心理健康，繼而影響其學業成就。另外溝通技巧被認為是社會化課程的重心。

　　設計兒童期的溝通技巧／人際關係課程時，必須先要了解兒童期在這方面的發展任務。本節根據學者的研究，列出兒童期的人際關係／人際溝通的發展任務描述語──任務的達成是本課程的目標。

　　筆者認為人際關係／溝通技巧課程應該包括三大領域：1.有效的溝通，2.衝突處理，和3.交朋友和維持友誼。每一領域又包括許多次領域。

　　有效的溝通包括：打開和打斷溝通、積極傾聽、開始一個交談、選擇適當主題、回饋、恭維、道謝、道歉。

　　衝突處理包括：衝突反應、自我控制、維護自己的權利、妥協、自我肯定。

交朋友和維持友誼包括：邀請、協助、外表修飾、打招呼、合作與分享、處理被拒或冷落、處理「閒話」。

最後本章以大篇幅說明各項次領域「具體目標」，如何領導有關的活動以達到這些具體目標或技巧。

第 **20** 章
「做決定／解決問題」技巧訓練

在每天的生活中，我們常面臨必須做大大小小的抉擇，有些重大的決定如果做的不恰當要花費不少的金錢、精神去彌補，不但後悔、懊惱而已，也浪費了不少的時間。有些決定做不好──如，要不要吸毒，錯誤的生活型態等可能影響一生，並可能難以從頭再來。一個明智的決定是需要經過一個過程去思考和計畫的，所以它是一種學來的能力和技巧。因此，如果從小就有「做決定」和「解決問題」的技巧訓練，在日常生活中，就對身邊所發生的事，運用此方法思索和計畫，如此累積下來的能力，在任何一個決定過程中會很有助益。

🌱 做決定／解決問題技巧訓練的重要性

從兒童期的需求和發展任務探討其重要性

以問卷方式調查美國國小學童四、五、六年級學生的需求，結果發現，其中成就需求包括「問題解決和做決定」（Keat, 1974）。另外 Celotta & Jocabs 的調查研究，從小學二年級至六年級學生，隨機取樣 120 名學生，從需求反應中發現，他們表達「自我處理技巧」的需求，其中 48% 學生表達對「做抉擇」有困難。

Richard & Baron 指出六至十一歲兒童的發展任務也包括「做決定」。獨立行動是一種屬性，它能幫助個體做有效的決定。因此 Keat 認為，不論是透過個別或團體諮商，或其他任何形式的輔導，做決定和解決問題是重要的輔導學習（guidance learning），也是兒童期的發展任務（Keat, 1974; Bailey Deery, Gehrke, Perry Whitedge, 1989）。另外，任何因應技巧的訓練，或提出社會技巧課程的學者（Gazda, 1989; Geldard Geldard, 1997, Sprafkin et al, 1993; Nicoil, 1994）都將「做決定／解決問題」領域列入其中。

做決定／解決問題技巧對個體的影響

個人缺乏這個技巧，當面臨抉擇時會產生焦慮。人越是有多種選擇的可能性，他的焦慮也越多。我們這一代的兒童在生活各方面比上一代有更多的選擇，例如：食物、娛樂與休閒、生涯和

升學，因此當面對較重要的選擇時，會有較多的焦慮。相反的，兒童有這方面的訓練，在面對心理壓力前，將會有較少的焦慮和恐懼，較能想出種種答案。

問題解決技巧對日常生活的適應也同樣重要。人生永遠離不開問題，如果能不為問題所屈服，問題會使生活有趣。如果我們知道如何去解決問題，問題反而成為令人興奮的假想敵人。真正快樂的人並非是沒有問題的人，而是知道如何去解決問題的人。好的問題解決方法可幫助兒童減少不愉快。大多數的煩惱是由於問題不能解決而起。學會解決問題技巧可以節省時間——依一定過程做快速、有效的解決，避免不必要的嘗試錯誤，順利達成目標。

總之，教育心理學者認為學校教育的深遠價值在培養學生將來適應困境的能力，也可以說，培養學生遇到困難時能獨立思考問題的能力。已有實驗證明，凡是善於解決難題的人，用於分析問題的時間較長，提出疑問較多，但花在實際解決問題的時間反而較少。反之，凡是不善於解決難題者，常對問題一知半解，即匆匆進入情況，著手開始實際行動，結果常是徒勞無功。所以，幫助兒童在平常就養成分析的習慣是相當重要的。

做決定／解決問題課程訓練目標

做決定和解決問題技巧訓練的目的，是幫助兒童了解自己，適應新環境，加強對解決問題的能力。生活在今日的兒童擁有更多的選擇機會，如何協助他們做決定和解決問題成為小學輔導的重要課題。尤其在預防重於治療的前提下，提高兒童做決定、做

選擇的自覺，並養成自主、自我負責的態度相當重要，唯有教導學生自己做決定並主動有效率的解決問題，才能處理日漸複雜的問題。以下是做決定和解決問題輔導的具體目標：

1.「做決定技巧」課程的目標

(1)讓兒童認清現實世界的處處需要做決定。

(2)讓兒童了解做決定的重要性。

(3)熟悉做決定技巧的步驟或過程。

①想想是什麼問題要求做決定。

②想想可能的決定有哪些？

③想想每種選項的後果？

④選擇對你最有利的決定。

(4)不斷利用日常生活中有待決定的問題做練習，達成學習遷移。

2.「解決問題」課程目標

(1)幫助兒童了解自己解決問題的能力並提供可資運用的資源。

(2)以一種對自己、他人的建設性行為來解決問題。

(3)體認任何人皆無法逃避生活中所有的挫折和衝突。

(4)了解由自己解決問題是表示「成熟行為」，也是「自我負責」的表現。

(5)熟悉解決問題技巧的步驟或過程。

①清楚的陳述面對的問題：若是同時面對的問題不只一個，則做優先順序排列，先解決最急迫、最重要的問題。延宕較不具急迫性的問題，並先做些處理，如打電話……等。

②列舉解決問題的各種障礙。

③列舉解決問題的各種有利條件。

④再列舉可能的解決方法，分析各種方法的可能後果。

⑤選出最好的解決方法，並實施之。

(6)強化兒童解決問題的能力，以學習遷移作為最終目標。

總之，為了獲得必要的做決定技巧，必須利用多種情境，引導兒童從很多可選擇的項目中做選擇。這種訓練方法最好從幼稚園就開始——情境從簡單到複雜。另外，兒童需要發展解決他們自己問題的能力——例如，如何與他人相處。最重要的考慮是如何在「外在支持與自我責任感」兩者間達到平衡。

與做決定／解決問題有關的技巧

從上節可看出解決問題／做決定有兩個共同目標。即 1.強調課程的重要性，和 2.要兒童熟悉技巧的步驟或過程。而且在過程中也有相當類似之處。其中 1.列出各種選項（可行方法），2.評估每一選項的後果，和 3.選擇最有利的一種選項為其最重要的步驟。因此筆者所設計的解決問題／做決定課程也將以這三項為重點。這些過程能幫助兒童達到自我控制而較不會衝動行事，或面對事件或需要解決問題的情境時，會先冷靜下來，做分析而達到問題的良好解決。

筆者認為在列舉可行方法（選項）前要兒童多練習「腦力激盪」，在評估選擇和做選擇時要先認識自己的「價值觀」。我們常憑主觀的感覺去影響抉擇。價值觀常是用來做抉擇的重要考量因素。另外，「蒐集資訊」——客觀資料也是做選擇的有利依據。因此，以幫助兒童做健康的生活型態選擇為例，其步驟如下：

　　1.蒐集事實資料（事實與願望和意見如何區分，事實和資訊、知覺是相關的嗎？主觀和客觀有何不同）

　　2.產生可行的方法（從各種資訊中產生）

　　3.評估各種選項的結果（冒險是指什麼？個體應該去冒多少險？）

　　4.使用客觀和主觀的感覺做決定。

　　諮商員可以說明，人們做決定未必都依客觀資訊，而常依主觀的感覺做決定。他們可以鼓勵學生依此模式，是否參加每月的健康主題活動，何種生活型態是他們所選擇的？他們過著何種生活型態？某特殊的生活型態的選擇會預測到何種結果（如長期每天不運動會導致何種疾病等），在資訊的提供可發健康小冊子或放影帶等給學生閱讀、觀賞。

腦力激盪

　　腦力激盪是「解決問題」的必要步驟之一，多練習可增加解決問題的能力。它是利用想像，並富有創意的技術。

發展任務

‧發展每天生活所需要的概念。

目　的

　　1.增加解決問題的能力。

　　2.利用想像和創造技巧，產生各種可行方法，然後從所有可行方法中選出適當的。

適用程度

‧小學、國中、高中、成人（問題依教育程度而定）。

教 材

- 黑板、紙和筆。

過 程

- 解釋腦力激盪法的過程。

規 則

1. 在提出方法時，不准許做評價。

2. 鼓勵學生想出各種方法，甚至瞎猜均可。

3. 鼓勵提出愈多方法愈好。

4. 鼓勵修正傳統的概念。

為班級提供一個問題情境。

實 例

1. 你的三噸重貨車，載著一百萬支空鐵管，被卡在泥坑中，有多少方法可利用，使貨車脫離泥坑？

2. 能找出多少方法去利用八千個空的牛乳紙瓶。

3. 有多少方法可以結交朋友？

4. 十塊錢可做多少用途。

價值澄清

我們所做的每件事、每一次的決定和採取的行動策略都有意識或無意識的受到我們的信念、態度和價值的影響。因此價值常決定我們的抉擇。但往往，我們不清楚自己的價值系統。不僅兒童，甚至成人常混淆自己的價值。兒童和青少年，他們的價值衝突更尖銳。在這充滿衝突和價值混淆不清的複雜世界，他們如何學習去引導生活呢？過著快樂和具有活力的生活呢？成人常使用下面三種方法：

1. 教導成人的一套道德價值給兒童。

2. 傳遞價值給下一代，有些成人採取放任的態度。

3. 楷模學習。

然而，兒童暴露在各種不同的楷模：父母、教師、政客、影星、同伴等不同楷模。兒童如何去選擇而達成自己的價值？他必須學會去使用古老道德、倫理標準或嘗試新的標準？他如何發展自己的認同感？如何學會尊重異於己的價值？

價值澄清幫助兒童回答這些問題，並建立他們的價值系統。它是使用較系統化及應用多種活動去幫助兒童。其理論應用Louis Raths 的觀點——重點不在「價值內容」，而是建立價值的「過程」。Raths 提出下面七個步驟：

1. 珍視行為。

2. 公開堅信。

3. 從多種可行方法中選擇。

4. 考慮後，選擇其中之一。

5. 自由選擇。

6. 採取行動。

7. 重複的，一致採取行動。

為達到目標，教師或輔導員應該協助學生去「珍視」、「選擇」及「採取行動」三個重要策略。根據這三個步驟設計活動，以下是筆者在美國一所小學所領導的價值澄清團體所選用的活動策略。

1. 珍　視

價值單（value list）

要求學生列出：我喜歡的東西——

我喜歡買給人的東西——

我所創造的世界

若你是造物主，你最理想的世界是怎麼樣的地方並列出新世界內他最喜歡的五件、十件東西。

2. 選　擇

優先的價值單

學習去選擇並安排優先順序是價值澄清過程的一部分。這種安排優先順序是做決定／解決問題很重要的步驟。

價值拍賣

設計這個策略的目的是協助兒童接觸他們的價值優先次序及練習做決定。活動如：你若擁有 100 萬，如何分配其用途？

3. 採取行動

寫下個人的目標

寫下個人行為目標幫助學生學習訂定目標，以及達成目標的方法。

採取一致的行動

對自己的價值採取一致的行動是價值澄清的基本元素。此策略是幫助學生珍視自己的價值，重視他所採取的行動，且評估是否形成一致的行為模式。

通常在每次活動後，接著是團體討論。學生表達他們的感覺並給他人回饋。假如聚會時間和次數加多則價值澄清的效果會增加。總之「價值澄清」不教導學生「對」或「錯」的價值，而是設計一些活動幫助學生去珍視，並對自由選擇的價值採取行動。

♪做決定／解決問題技巧的過程模式

在正式介紹課程以前或帶活動之前，先要使兒童熟悉做決定的過程或步驟，因此以「圖」或「表」呈現的模式較清楚。在此介紹 1. 為國小低年級和 2. 中、高年做決定的過程模式兩種。

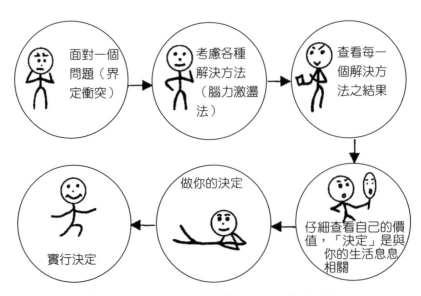

圖 20-1　國小低年級做決定的過程模式

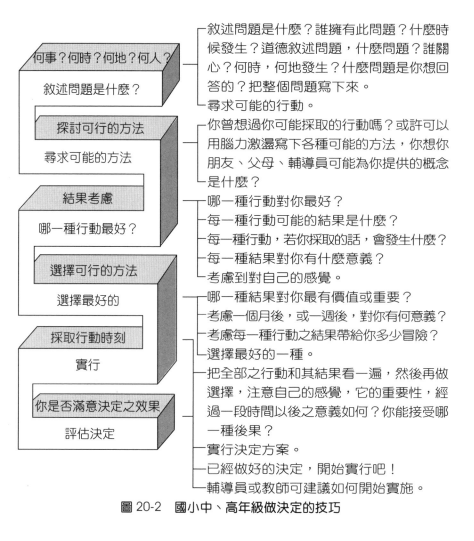

圖 20-2 國小中、高年級做決定的技巧

國小低年級做決定的過程模式

面對一個問題（界定衝突）→考慮各種解決方法（腦力激盪法）→查看每一個解決方法之結果→仔細查看自己的價值，「決定」是與你的生活息息相關→做你的決定→實行決定。

國小中、高年級做決定的過程模式

- 何事？何時？何地？何人？
- 敘述問題是什麼。
- 探討可行的方法。
- 尋求可能的方法。
- 結果考慮。
- 哪一種行動最好？
- 選擇可行的方法。
- 選擇最好的。
- 採取行動時刻。
- 實行。
- 你是否滿意決定之效果。
- 評估決定。

　　——敘述問題是什麼？誰擁有此問題？什麼時候發生？首先敘述問題：

- 什麼問題？
- 誰關心？
- 何時，何地發生？
- 什麼問題是你想回答的？把整個問題寫下來。
　　——尋求可能的行動。
- 你曾想過你可能採取的行動嗎？或許可以用腦力激盪寫下各種可能的方法，你想你的朋友、父母、輔導員可能為你提供的想法是什麼？

——哪一種行動對你最好？

- 每一種行動可能的結果是什麼？

- 每一種行動，若你採取的話，會發生什麼？

- 每一種結果對你有什麼意義？

- 考慮到對自己的感覺。

——哪一種結果對你最有價值或重要？

- 考慮一個月後，或一週後，對你有何意義？

- 考慮每一種行動之結果帶給你多少冒險？

——選擇最好的一種：

- 把全部的行動和其結果看一遍，然後再做選擇，注意自己的感覺，它的重要性，經過一段時間以後之意義如何？你能接受哪一種後果？

——實行決定方案：

- 已經做好的決定，開始實行吧！輔導員或教師可建議如何開始，如何取得有關的資訊。

你對於決定的效果是否滿意？不滿意可嘗試另一種行動。

做決定／解決問題技巧的訓練課程

任何輔導課程一開始都要先引發動機——讓學生了解課程對他們的重要性，及如何與他們的生活息息相關。另方面讓他們察覺自己缺乏這些技巧，同時由於缺乏或不熟練可能造成的負向影響。然後藉著活動——討論，或應用各種媒介，熟練技巧的重要元素。最後藉著家庭作業和增強作用，使他們維持新行為（技巧）。並將所學的類化到日常生活中才是課程的最終目標。

課程實例

活動 1

1.引發學習動機──教師說明此課程的重要性。

2.介紹做決定／解決問題技巧的重要過程──圖表以海報、幻燈片或投影片呈現。

活動 2

優先順序的安排──小華的故事。

目　標

1.學到當碰到大大小小問題時怎麼辦呢？

2.如何排出優先順序？

過　程

1.每天常會碰到很多問題需要解決，此時此技巧就很重要。太少時間無法同時解決會產生很大壓力。

2.鼓勵成員使用腦力激盪並列出各種要完成的事。

3.依最重要和最急迫的事依序列出。

4.先將較不重要的延後處理──如先打電話、寫信等簡單處理。

5.專注於最急迫的問題。

發下小華的故事（如下）──一天要做的大小決定（需要完成的任務）。

小華的故事

說　明

　　閱讀下面的故事。在閱讀完畢時，記下故事主角在一天內必須要做的大大小小的決定。完成第一、二部分的練習。

　　鬧鐘響了，小華面對新的一天。今天要考算術、選課外活動、要交國文作業。若不必洗臉、刷牙，他可多待在床上幾分鐘，但後來他改變主意，起床、做清潔工作。隨後走到衣櫥前，不知要穿哪一件衣服，這件是母親要我穿的，那件較能取悅國文老師，穿這件大家會滿意。後來梳頭髮，到廚房去。

　　若不必吃飯，他有時間再溫習算術，但肚子卻餓得很，於是，他大口吃了吐司及牛乳。

　　第一堂課是算術測驗，這是決定他及格與不及格的關鍵，有些題目很難，旁邊同學想「罩」他，故意把答案給他看，他本可照抄下來，但他把眼睛避開，繼續做他的。總之，他得到應得的分數。

　　在上課時，想到去見輔導員，而不想寫國文作業，因為不知道應該選什麼課外活動，但第五節後就要做最後決定。有些課外活動可在下年度選。輔導員告訴他，決定是他自己應該做的，他下年度的課很重，不想多參加課外活動。

　　想到那天該做的決定都做了。去上國文課、寫作業。國文老師宣布時間不多了，小華想帶回家做，但要花他一個晚上，最後勉強完成，當天交上。

　　中午，好朋友要他到操場玩，有些要他打球，有些要他玩飛盤。他兩者都喜歡，但較喜歡打球，他希望不要讓

其他朋友生氣。

放學後，明天要考自然科。再過兩天又要考歷史科，還有朋友要找他打球，但他答應母親回家打掃房間，又要練習彈鋼琴。到底應做什麼？

哪一種較重要？

睡前兩小時，有他喜歡的電視節目，但明天有小考，若不念書就可能不及格，怎麼辦？十一點，他上床睡覺。一整天要做的決定使他精疲力竭。想到明天要做的事，生活就是一連串的決定。

第一部分

小華有個忙碌的一天，也許你也是，列出一天要做的決定：

1.＿＿＿＿＿＿＿＿＿＿＿＿＿＿＿＿＿＿＿
2.＿＿＿＿＿＿＿＿＿＿＿＿＿＿＿＿＿＿＿
3.＿＿＿＿＿＿＿＿＿＿＿＿＿＿＿＿＿＿＿
4.＿＿＿＿＿＿＿＿＿＿＿＿＿＿＿＿＿＿＿
5.＿＿＿＿＿＿＿＿＿＿＿＿＿＿＿＿＿＿＿
6.＿＿＿＿＿＿＿＿＿＿＿＿＿＿＿＿＿＿＿
7.＿＿＿＿＿＿＿＿＿＿＿＿＿＿＿＿＿＿＿
8.＿＿＿＿＿＿＿＿＿＿＿＿＿＿＿＿＿＿＿
9.＿＿＿＿＿＿＿＿＿＿＿＿＿＿＿＿＿＿＿
10.＿＿＿＿＿＿＿＿＿＿＿＿＿＿＿＿＿＿＿

第二部分

從上面之決定選出五種你覺得最重要的事項，依其重要性列出，並把理由敘述出來：

決　定	理　由
1.＿＿＿＿＿＿＿＿＿＿＿＿	＿＿＿＿＿＿＿＿

2. _____ _____

3. _____ _____

4. _____ _____

5. _____ _____

活動 3

優先順序的安排——我的故事——每天面對的決定（過程如活動 2）。

活動 4

停——思考——行動（做決定）。

目　標

・察覺並敏感自己如何做決定。

過　程

1.發下一張紙，上面印有一些「是非題」——問題情境，勾選「是」或「非」。如：我做決定不加以思考，我說一些話後來就後悔了，我常話未聽完就下結論等。

2.假如發現自己的回答是「是」超過一半以上，就顯示他需要三思而後行。

3.領導者說明決定要經過三步驟：停下來（stop）、想一想（think）、動作（action）。「停」代表去發現碰到什麼問題了！或何種任務，「思考」代表為解決問題必須想出各種可行方法，「動作」代表選擇對你最有利的選項。

此活動是讓兒童粗略的了解做決定過程的最重要且簡單的步驟。並察覺自己缺乏此技巧的嚴重性。

活動 5

選項與選擇。

目　標

1.解決問題有很多的方法。

2.到做決定時要先考慮各種選項。

過　程

1.發下一張信紙給學生，每人寫一封信給熊大姊，告訴她你在學校或在家庭中正碰到的困擾。

2.將暱名的信以相同方式折疊好交出來，放入袋中（或分成小組）或將信丟在圓圈的中間，接著隨意抽出一張，唸出來，然後討論為解決此問題有哪些可行方法——列出。

或以預先設定好的難題：如，小華與玉芬玩在一起，然後小華罵玉芬白痴，此時探討哪些可行的反應。是探討何種反應會導致何種結果，察覺情緒對做抉擇的影響。

活動 6

假如——然後（好處）——但是（壞處）。

目　標

1.學到分析各種選項的好處和壞處。

2.學習做決定時如何選擇好處多且冒險少的決定或方法。

3.察覺做適當選擇時，可能要延宕目前的滿足。

過　程

發下未完成的句子，由成員事先依假如——然後——但是填完，再討論。

實 例

假如我偷騎他人的車子，而不事先告知時，好處：我會很快的到目的地。壞處：我可能被發現、被同學臭罵一頓。

其他例子

1. 假如我考試作弊

好處＿＿＿＿＿＿＿＿＿＿＿＿＿＿＿＿＿＿＿＿＿＿

壞處＿＿＿＿＿＿＿＿＿＿＿＿＿＿＿＿＿＿＿＿＿＿

2. 假如我蹺課不上算術課

好處＿＿＿＿＿＿＿＿＿＿＿＿＿＿＿＿＿＿＿＿＿＿

壞處＿＿＿＿＿＿＿＿＿＿＿＿＿＿＿＿＿＿＿＿＿＿

3. 假如我不出去玩，在家讀書準備考試

好處＿＿＿＿＿＿＿＿＿＿＿＿＿＿＿＿＿＿＿＿＿＿

壞處＿＿＿＿＿＿＿＿＿＿＿＿＿＿＿＿＿＿＿＿＿＿

活 動 7

犯罪與處罰。

目 標

1. 檢視某些不良行為的嚴重後果。

2. 探討行為後果的適當性和某行為會導致的處罰。

3. 達到自我控制。

過 程

1. 說明：雖然分析行為後果時，兒童不會去察覺有些行為後果可能會是一種犯罪，會被處罰。此活動能讓他們提高警覺。

2. 發下一張紙上面列有各種不端或嚴重的行為，有些行為可能導致嚴重的後果，如偷竊、打架導致人受傷或死亡、謀殺等——會受到法律制裁的。有些行為只是不適當而已，如不聽話、欺

侮弱小、說謊、講壞話。將這些行為一一列出，然後要求他們依嚴重後果重新安排，最後一欄寫下每種行為的後果，如謀殺——後果是死刑或坐牢一輩子、說謊——後果可能……、打架……、推撞人……。

寫好後，大家分享自己如何安排，以及他們自認的行為後果。

活動 8

設定目標。

目　標

1. 學會設定合乎實際的目標。
2. 學會達到目標的具體步驟。

過　程

當學會了安排問題的優先順序，並做了最好的選擇後，就專注於所要完成的事，步驟如下：

(1) 設定合理的目標：說明合理且實際的，可能完成的。團體討論當目標不合實際會發生什麼。

(2) 決定合理的時間表——即時達到目標的時間表——何時開始，如何做……（要具體）。

(3) 蒐集所需的資料——先要計畫如何預先蒐集所需的資料，否則工作中會被打斷（如：打電話、到圖書館）。

(4) 選定一個合適的地方——工作地方應注意安靜不被打斷，能集中精神之處所。

(5) 決定是否準備好並開始工作——回頭看看前面幾個步驟，以確認每步驟都完成了。

假如工作是困難的或複雜的，則將它分成幾個步驟來完成，一次專注一個工作（步驟）。如艱難的報告可分段完成。

活動 9

自我酬賞。

目　標

1. 學會如何自我酬賞。

2. 增進技巧的維持與類化。

過　程

1. 決定你是否完成一件值得酬賞的事，領導者可和成員一起以腦力激盪方式，列出值得酬賞的事有哪些。

2. 決定為酬賞自己可以說什麼？

3. 討論自我讚賞的方式——說什麼話。

4. 決定能做什麼來酬賞自己。

5. 列出酬賞：如，買禮物、看電影、吃大餐、玩電動等。

6. 酬賞自己——從中選擇一項酬賞自己——以語言或實物或喜愛的活動。

領導者與成員討論酬賞原則：

(1)儘量在完成一件工作或任務後，立即酬賞自己。

(2)做得愈好，酬賞愈大。

(3)酬賞可由他人、父母或教師給予。

以上雖然只列出九種活動單元，但為能更熟練技巧九次可能不夠，有些活動單元可增加聚會（上課）次數，例如：熊大姊信箱就可分成幾次進行。讓學生更熟悉解決問題或做決定的過程／熟能生巧。希望兒童從小就能學會做決定／解決問題技巧，最好能變成一種習慣——平日碰到問題或需要做決定時，能循著過程——確認問題、列出可行方法、分析和評估每種可行方法的後果（考慮自己的價值觀，避免全受到主觀感覺的影響，依客觀的

資料）、做抉擇，最後設定合乎現實的目標，決定實施的時間表──何時開始，如何開始，當然每次完成一個任務或工作要給自己酬賞，才能維持這個新行為（技巧）。

摘要

解決問題／做決定技巧是兒童期的重要需求和發展任務。它也是重要的情感教育和社會技巧中不可缺的領域。

人生離不開問題和做決定。學會此技巧對兒童的生活適應，自我概念──自尊是有幫助的。同時今日的兒童活在一個日趨複雜的世界，他擁有更多的選擇機會，協助他們做決定和解決問題是學校輔導的重要課題。

與做決定／解決問題課程有關的技巧有：腦力激盪和價值澄清。這兩項在本課程訓練前先要練習。腦力激盪有助於「列出可行方法」，而價值的了解有助於做決擇。因此本節有概略說明「價值澄清」和「腦力激盪」活動。

本課程的要點在於熟悉做決定／解決問題的過程，本節提出兩種過程模式。

最後介紹本課程九種活動單元。每個單元可增加聚會（上課）次數，才能使兒童更熟練，並藉著家庭作業、自我酬賞使其成為一種生活習慣。

第**21**章
「自尊」諮商聚會活動

　　多年來諮商員和諮商教育專家都強調，我們需要協助個體發展正向的自我概念（Miller & Neese, 1997）。也就是學校要應用各種策略，發展兒童正向的自我概念，以提升兒童的自尊。Keat（1974）認為「了解」與「接受自我」是重要的兒童輔導學習之一。兒童有時遭受困難，往往是由於對自己沒有充分的了解，而對「自我」有合乎現實的期待。

　　自尊是個體對自我總體知覺的評價，包括能力和價值兩重要元素。自尊愈來愈受到重視。它似乎與兒童的心理衛生、行為問題、學業成績，與社會適應有關（Kokenes, 1974）。

　　從本書第一部分中，可看出學者（Adler, Maslow & Dreikurs）皆強調自尊對經常性不端行為的重要。因為低自尊常是兒童失功能行為的潛在因素。從心理衛生的觀點，負向的自我概念常與內向性問題行為有密切關係。同時，自我的強化是社會化過程所要達成的兩個重要目標之一。因此，不論從兒童的心理健康，問題行為的預防與矯治，建立正向的自我概念和提升自尊是重要的課題。

自我概念的定義與結構

有關自我概念（self-concept）的定義，學者的觀點如下：

1. Shavelson（1976）：指身體外表、情緒處理、人際關係和學業能力的自我形象的綜合知覺（圖片及說明請參考本書第一部分）。

2. Shaffer（1985）：個人獨得的屬性、價值和行為綜合體的總知覺。

3. Purkey & Schmidt（1997）認為它是有組織的、動力的、一致的、可修正的和學來的。

總之，自我概念是穩定的人格特質、對自我的總知覺。它會因經驗而改變。同時其發展受到認知發展的影響。

自尊與自我概念的關係

兒童很早對自我就形成一種形象或圖像。這種形象或圖像，一般被認為是兒童的「自我概念」，而它大體上是建立在其重要他人如何對待他。這些人平日透過其對孩子的反應——有關他自己和其行為。由此，孩童發展對自己正向或負向的態度。

我們必須強調「自我概念」與「自尊」是不同。孩子對自我的形象或圖像就是其自我概念。換言之，它是孩子如何看自己。對這個形象所附加的價值就是自尊。因此，自尊是表示個體對自己重視的程度（Geldard & Geldard，1997）和應付周遭問題能力的評

估。

很重要的，輔導兒童時要能區分「自我概念」和「自尊」的不同。雖然很多兒童有正向的自我概念也將有高自尊。但並非全如此。一些兒童認為自己有很多正向的屬性——成績好、擅長運動、語言能力好，會擁有正向的自我概念。然而，他們可能不重視這些屬性，而可能有低自尊且感到自己不好。一些很能幹的孩童，對自己有高的期待，當他們的表現未能達到自己抱負，就認為不成功和沒價值。他們害怕失敗而引發焦慮，同時自尊受到威脅。另一種相反的情況是，一些兒童，認為自己不聰明、運動和語言能力都不好，然而他們安於現狀，同時擁有高自尊。

自尊的重要性

兒童對自我概念的附加價值和判斷，就是其自尊程度。自尊無可避免的會影響兒童的適應功能，如，他的信念、想法、態度、情緒感覺、行為、動機、興趣和參與活動，以及對未來的期待等，皆會受到其自尊程度的影響。另外，兒童的涉入和維持其重要關係的能力，也受到自尊的影響。

低自尊兒童比較會感到焦慮、不快樂和生理症狀，但其與社會互動、學習的因果關係，可能需要進一步探討，因為可能牽涉到其他因素，如能力。但是，最近，Baumeister，Amart，& Boden（1996）的研究挑戰了傳統的觀點——低自尊是暴力行為的主因。這些研究者認為暴力的發生，是因為高自尊者的「自我」受到威脅導致的。總之，行為的原因是複雜的，衝動本身也是其中的一個因素。

高自尊的特性

Geldard & Geldard（1997）認為高自尊具有下列的特性：
- 比較有創作能力。
- 在其社會團體內，較可能採取主動角色。
- 比較少自我懷疑、害怕、衝突。
- 比較可能直接的、合乎現實的導向個人目標。
- 比較能接受自己和他人在學業成績、同輩關係、體能上的不同。同時比較不煩惱身體外表的不同。他們能接受這些不同，而仍然對自我有正向的感覺。

很多孩子尋求諮商並未具有上述的特性。相反的，他們感到無助、自卑、無力改善他們的情境、同時相信沒有資源去減少他們的焦慮，他們有低自尊。

低自尊的兒童，當他們繼續接受負向反應和回饋時，常以過度順從或假裝自信（實際沒有）努力獲取社會讚許。

一般而言，兒童的自尊能維持幾年的穩定性。然而，透過適當的調適，能直接或間接的影響自尊。

自尊的調適

Coopersmith（1967）說明了影響自尊的四種因素：
1. 孩子對他人對待他的重視程度。
2. 孩子的成功經驗。
3. 孩子對成功與失敗的界定。
4. 面對他人負向回饋的反應格調。

　　另外，環境的因素，如，父母的楷模、限制和強求皆會影響孩子自尊的發展。近來 Miller & Neese（1997）強調學生應用在課堂所學的，做社區服務是提升自尊的方法之一。由此可見，兒童自尊的調適包括直接與間接兩種方式。

　　首先直接加強自尊的調適方法是，平日成人應用讚美與鼓勵和正向回饋去改善孩子的自我概念與自尊。雖然這種直接的調適是有用，但非是改善自尊的最有效的方法。另外，我們可使用間接的方法。間接方法強調改善特殊領域，例如，學業表現、同輩關係或其運動表現。無疑的，假如兒童能在這些領域獲得能力和信心，則其自尊較可能改善。

　　以團體方式提升自尊是有用的，透過團體調適過程，兒童能合乎實際的評估自己。透過練習和活動，發展各領域的技巧為目標。雖然團體方式是加強自尊的有效方法，一些兒童可能具有自我力量（ego-strength）的行為特徵，能滿意的參與團體過程。另些兒童可能來自一種環境——缺少愛和成功經驗，以及被支配、拒絕、嚴重處罰——以致嚴重傷害到其自我概念。他們可能變得很服從和退縮，或另一種極端，攻擊和支配。這種兒童不適合團體，他們的自尊需求的滿足，需要透過一對一諮商較合適。因為這些兒童較會逃避討論有關能力、各種短處和焦慮。

　　有些自尊輔導計畫強調的焦點是，協助兒童去認識和接納他們的屬性、優點和限制。就好像是說：這些是你所有的，充分利用它們。雖然此方法是有用的，但那不足夠。

　　我們強調兒童接納其所有的特質，包括正向和負向的。想像人家給你一個老舊畫箱，裡面有些畫筆，並附有一紙條，寫上：這些你都可用。

　　儘量去畫一張圖畫。相反的去想像，你也得到相同的一個箱

子，只是紙條寫著：這些是你的，你可擁有。儘量去畫一張圖。後者表示的是——「可擁有」，隱約的會改變使用者的態度、責任和承諾。這兩種情況下都可能選擇畫一張圖。然而，第二種情況下，你可能會照顧和改善畫箱和畫筆，以便將來作更大的用途。相同的，我們相信，強調孩童屬性的擁有，即幫助兒童更完全的發現自己。如此，對於那些負向屬性，他較能發展策略去改變、去管理。

假如一個孩童準備去接受和擁有他的優點和限制，則他可能去接受責任——發展和學習改善和管理他的限制，相信只有他自己是改變的負責人。

自尊受到孩童是否能有效的與他人互動的能力的影響，也就是社會技巧對自尊是重要的（Geldard & Geldard, 1997）。

自尊諮商活動的重要元素

從上面的討論，為加強孩童的自尊，不但只認識自己、接受自己的優點與缺點，建立合乎實際的自我觀點，還要能突破自己，越過障礙，實現所設立的目標。因此，有關自尊輔導活動的設計皆包括下面三要素（Geldard & Geldard, 1997 & Jongsma, Mark & Mclnnis, 1999）：

- 發現（探索）自己，以便有一個較合乎現實的自我概念。
- 認識和了解他們的優點和限制。
- 為將來建立目標，並設計與實施達到目標的計畫。

🎵 自尊輔導活動課程(一)

本節介紹三種自尊輔導活動課程，它適用於「個別」與「團體輔導」。

表 21-1

主　題	單　元	活動名稱
發現（探索）自己	1	・我能做任何事情
	2	・我在哪裡？
	3	・我的選擇
優點和限制	4	・裡——外
	5	・新聞大標題
	6	・越過欄杆（障礙）
建立未來目標	7	・平衡你的生活
	8	・這些是你的願望
	9	・你的圖像（想像你自己）

資料來源：Counseling Children（Geldard & Geldard, 1997）。

🎵 主題與活動解釋

發現自己

這些活動是為幫助兒童發現自己，使他們有更合乎現實的自

我概念。下面是這些活動要做的事：

- 表達各種他們能做的事。
- 檢視他們自己的哪一部分，是他們願意表達給他人的，以及哪些部分是要隱藏的。
- 探索他們如何決定他們所做的一切。
- 探索他們如何能決定，何時獨自做事，何時與他人一起做。

本主題包括三個活動：1.我能做任何事；2.我在哪裡？3.我的選擇。

我能做任何事

本活動是要刺激團體去討論，在不同時間和不同情境，他們感到能自在的表達他們哪些部分。例如，某孩童與他的同輩一起時，感到強壯與有力。而在父母面前則很順從。使用此活動時，討論的焦點可以是：在不同情境可以表現不同，且探討有需要採用適當行為並尊重他人。

實例 1

活動目標

1.激發討論每人在不同情境能做什麼？

2.每人可以在不同情境表現不同，但要適當，替人設想。

活動過程

1.從個人的體力、智力、權力、勇氣等不同面，以及在不同情境之下，想一想自己能做什麼？

2.填寫下面的空格。

圖 21-1　我是無敵鐵金剛

我能用一只手舉起一座橋

我還能＿＿＿＿＿＿＿＿＿＿＿＿＿＿＿＿＿

我是個聰明人，稱為＿＿＿＿＿＿＿＿＿＿＿＿＿＿＿

我能＿＿＿＿＿＿＿＿＿＿＿＿＿＿＿＿＿＿＿＿＿＿＿

我是皇帝（皇后）＿＿＿＿＿＿＿＿＿＿＿＿＿＿

我能＿＿＿＿＿＿＿＿＿＿＿＿＿＿＿＿＿＿＿＿＿＿＿

我是沈默的，稱為＿＿＿＿＿＿＿＿＿，我能＿＿＿＿＿＿

我是勇敢之神，他們稱我為＿＿＿＿＿＿，我能＿＿＿＿＿

我是多才多藝的，我能＿＿＿＿＿＿＿＿＿＿＿＿＿＿

實例 2

活動目標

1.鼓勵孩童在想法上要有彈性，考慮做冒險。

2.發現何事妨害他做新的、不同的選擇。

活動過程

1.告訴成員改變主意是可以的。

2.改變主意的意思是指，發現那些妨礙你探討新的與不同的經驗和做新的與不同抉擇的阻力。

3.對下面三組活動做選擇，並說明原因。

越過障礙

你寧願爬過一個長又黑漆漆的隧道而到世上最有趣的公園

或者與一個友善的獅子玩耍

你寧願駕駛（坐）飛機

或者在寬廣的道路上開車

你寧願坐在有活蝸牛的桶子上

或者走過有（無害）蛇洞的狹窄橋上

圖 21-2

我在哪裡？……

讓孩童發展一個視覺圖像，並指出哪些部分（特質）願意讓別人看到，哪些他喜歡隱藏起來？進一步探討若將隱藏部分表露給他人，會有哪些冒險。將特質連結到樹的某部位，並鼓勵成員探討可能性——隱藏部分可能長在樹上讓人看到並欣賞。

我的選擇……

此活動鼓勵孩童以他從事的各類活動去看他的生活。邀請他們去確認項目內的各種活動，並創造自己的圖像。此圖像幫助他發現他花多少時間在某一種活動，並決定是否要做一些改變。鼓勵成員做一些決定或選擇去改變他們的圖像。

優點和限制

此部分是有關優點和限制的活動設計。下面是為幫助兒童達到的目標：

- 確認優點和限制。
- 發現自我內在資源，以便使用來增強他們的自尊。
- 確認關於自己的一些想法和自挫信念——妨礙自我改變為更強壯的個體。
- 探討如何照顧自己。
- 承認錯誤是學習和改變的機會。

有關優點和限制的活動包括： *1.*裡——外，*2.*新聞大標題，*3.*越過障礙。

裡——外

此活動讓兒童認識自我的三個不同部分：他的身體，他的情緒感覺，他的思想。幫助兒童發現關懷身體、情緒感覺和想法的新方法。同時幫助孩童認識妨礙他獲得優點的自己的行為。

新聞大標題

此活動強調孩童生活中所犯的一件錯誤事件。它讓兒童有機會去處理一件負向經驗，但焦點在此經驗的正向結果。

越過障礙

此活動鼓勵兒童在其想法上要有彈性，考慮冒險和發現阻礙他做新的與不同選擇的事件（issues）。

未來目標

努力做計畫和實現目標是自信的標示。此部分鼓勵兒童將他們的願望和夢想與現實結合。為達到此目標，設計有三個活動：1.平衡你的生活，2.這些是我的願望，3.想像你自己。

平衡你的生活

以各種活動項目來看他們每日的生活。即他們的生活是怎麼分配的。他提供資訊——花太多時間學習，太少時間放鬆。然後鼓勵他們想出改變每日生活的方法，達到各種活動項目的平衡。

這是我的願望

讓孩童去想像他的生活並想一想現在他喜歡什麼？最近的未來喜歡什麼？長程未來喜歡什麼？作答時儘可能有創造力和想像力。

想像你自己

透過檢視其過去，看看現在，讓兒童為其未來的圖像作計畫，以實現願望和夢想。鼓勵孩童確認目前獲得的成就，將來要成就什麼，以及誰或需要什麼以幫助他達到目標。

🍂 自尊輔導活動課程(二)

本課程譯自 Brief Child Therapy HOMEWORK PLANNER（Jongsma, Petterso, & Mclnnis, 1999），它本來是提升自尊的家庭作業，筆者認為它可作為聚會的諮商活動。

活動一：哈利克服他的害怕

活動目標

1.提升自尊。

2.確認並執行某特殊任務或活動以提升自尊。

3.認識個人的不安全感——妨礙執行新任務或從事適合年齡的活動。

4.減少害怕、被拒或批評。

443

5.了解他人對你有信心的益處──給你自信。

活動過程

1.聆聽故事：哈利克服他的害怕。（請看圖書治療）。

2.回答故事中的問題。

活動二：從錯誤中學習

活動目標

1.改善自尊。

2.承認失敗可能變成有價值的學習經驗。

3.為克服錯誤或達到想要的目標，必須採取步驟。

4.認識失敗經驗的因素。

活動過程

1.說明失敗是生活的一部分，長期而言，它是有益處的，不會讓你失去重要性。

2.寫下三項失敗經驗，寫之前先看看問題，一個經驗寫一頁，可分三次討論。

3.回答問題。

活動三：改變自己的三個方法

活動目標

1.提升自尊。

2.增進自我察覺以及確認改善自我形象的方法。

3.確認正向改變必須採取的步驟。

4.團體的開始階段，必須先建立良好的關係。

活動過程

　*1.*要求成員畫出（不准用書寫）他願意改變的三個圖像（如，天分、技巧、興趣）——人際關係、外表、性格、課外活動等。

　*2.*畫完後，一個一個討論，可分三次。

　*3.*討論時，（先由領導者猜猜圖像）協助他們確認正向改變的方法。

　*4.*在圖畫下面回答三個問題：理由？他人怎麼看出我已改變？我如何表現？

活動四：我的三個願望

活動目標

　*1.*增加確認和表達需求的能力

　*2.*確認滿足需求的步驟

　*3.*建立良好的關係

活動過程

　*1.*要求兒童畫出最重要的願望。記住放鬆、有趣並做自己。

　*2.*願望有可能是某東西——玩具、獨自完成技術或對他人的要求。

　*3.*領導者只能猜圖三次，每一次討論一種圖——願望、理由。

・以上兩種輔導活動課程原本皆為工作單，但筆者認為它們可作為團體或個別聚會的討論刺激。

・在課程的活動三與四可分幾次團體聚會完成。

自尊輔導活動課程(三)

　　以下是另一種自尊輔導活動，是筆者設計的。它適用於個別與團體的諮商聚會活動。

表 21-2

聚會	活動名稱	活動目標	活動過程
活動 1	詩的使用(一)：自我之六行詩	1.接觸自我概念 2.增進自我了解與認同	寫下有關自我的六行詩： 1.第一行：全名 2.第二行：兩個身體特徵形容詞 3.第三行：三個喜歡做的事 4.第四行：三個個性形容詞 5.第五行：兩個給他人印象形容詞 6.第六行：綽號 7.分享或朗誦
活動 2	詩的使用(二)：以前……現在……	1.意識到自我過去、現在與未來 2.從整合中，獲得更清楚的自我概念	1.詩的形式：我以前……但現在…… 2.不超過十行 3.朗誦、分享
活動 3	鏡子的使用(一)：照鏡子	1.了解自我、自我成長 2.增進自我概念	1.每人照一下鏡子 2.分享第一眼看到自己是什麼樣子？ 3.分享鏡中最喜歡的自己是什麼？ 4.分享鏡子知道你有多少？

聚會	活動名稱	活動目標	活動過程
活動4	鏡子的使用(二)：未來的鏡中人	1. 發現自我的優點、缺點 2. 改善自我的缺點	1. 可再照一次鏡子 2. 談談自己未來想變成什麼樣子？ 3. 改變的短、長期目標為何？如何改變？
活動5	魔術箱的使用	1. 促進喜歡自己 2. 強調每人的獨特性與重要性	1. 準備一紙箱，內放一鏡子 2. 講一則有關每人是獨特與重要的故事 3. 告訴孩子最特殊的人在箱中 4. 每人輪流看箱子，不許講話 5. 將所看到最特殊的人畫出 6. 畫的上方寫著：我是特殊的人，你也是，並展示在走廊
活動6	鼓勵自己與他人	1. 減少對「錯誤的重視感」 2. 尋找自己與他人的優點	1. 討論「優點是什麼？」 2. 列出自己的優點 3. 形成小團體，分享自己的優點並由他人補充之，整理五項 4. 合成大團體，討論哪種容易？說出自己或告訴他人優點？
活動7	鼓勵	1. 喜歡「我是我」 2. 增加自我價值感	1. 談談自己的小成就 2. 舉例「自己如今能獨自完成或敢嘗試的一件事」
活動8	超人披風	1. 增進自我價值與能力感 2. 增進喜歡自己與喜歡他人 3. 利用長處突破障礙	1. 將超人披風圖貼在每人背後 2. 每人輪流寫上好特質、優點、長處、擅長、能力等 3. 分享披風上優點 4. 探討如何越過最大的障礙

• 不論是個別或團體諮商，在團體正式開始前要先設計以促

使彼此熟識、建立關係。同時要說明團體結構與規則。

・為使團體達到最大效果，要使用增強制、與家庭作業，尤其是兒童諮商。

・領導者要鼓勵兒童從人際關係、情緒處理、身體外表或特徵、課外活動與學業等各方面去尋找優點、長處或資產。

摘要

　　自尊是人們對自我形象與知覺的總評估，自尊的兩個重要元素是「價值」與「能力」。自尊與自我概念有密切關係，要改變自尊先要從自我概念開始。自尊是穩定的人格特質，它對兒童的影響是多面性的，尤其是心理健康、人際關係與學業表現。

　　本章探討自尊與自我概念的關係、高自尊的特性、自尊的調適。最後提出提升自尊的三種輔導活動課程。每一輔導活動在聚會「活動名稱」、「活動目標」與「活動過程」都有說明。

第**22**章
「攻擊兒童」諮商聚會活動

　　攻擊行為不但是學齡兒童最常有的問題之一，而且日益嚴重（Loeber, 1990）。

　　攻擊行為和反社會行為兒童，常是被轉介接受輔導的個案。因為他們是教師和父母最感困擾的問題。攻擊或分裂行為的後果小自擾亂上課，影響其人際關係、自我概念，大到造成他人的傷害，社會付出極大的成本。因此攻擊兒童的調適與矯治是不容忽視的課題。

　　學校諮商員和教育學者常被要求處理生氣的學生。在學校有關調停、衝突解決方法和生氣管理訓練計畫愈來愈普遍，其目的是要處理學生的生氣與攻擊行為。希望他們不要為生氣所控制，而影響他們的學習與發展（Leseho & Marshall, 1999）。

　　有關外向性行為問題，尤其是分裂或攻擊行為的界定、造成因素、其短期與長期的後果、以及調適的大方向等，在本書第一部分與第二部分都有詳細的說明。本章是應用社會技巧訓練，從認知──情感的觀點，提出具體的「輔導活動計畫或課程」以矯

治兒童或青少年的攻擊行為。

兒童攻擊行為輔導計畫

　　本節先要介紹「STAR Program」（Students Taking Assertive and Responsible Action, Hughes, 1992）。此計畫是 Hughes（1992）擴展並修訂 Lochman（1992）的 "Anger Coping Program"。它不但教導攻擊兒童應用自我控制，和解決問題技巧於生氣的情境，並解釋攻擊與如何界定問題有關，尤其是錯誤的解釋線索。Slaby & Guerra（1988）研究發現，在解決問題的調適中，改善最顯著的是，兒童改變如何界定問題以及改變攻擊適當性的信念。

　　Star Program 的獨特性是它還包括「建立關係」，和「建立自尊」的活動。因為團體假如是溫暖的、關懷的、尊重的，問題解決技巧的教導較會有效。但是領導者的態度也應是溫暖的、非判斷性的、同理的，這些對攻擊兒童技巧訓練的成功是關鍵因素。這治療性關係對於攻擊的孩子尤其重要，因為他們覺得被接納、被重視，較能有學習的動機，增加自尊，甚至當他們以新技巧替代舊習慣處理衝突時，產生的挫折也較能忍受。總之，Star Program 包括：建立關係、增強自尊、情緒管理（尤其生氣）、問題的界定與解決問題步驟練習等重要的活動。另外要加強「增強制」的實施，讓孩子知道在團體內哪些可做，哪些不可做，以及有關的酬賞是什麼。其計畫包含的活動項目如表 22-1。

Star 的結構

　　參與的成員是四至五個國小二、三年級的攻擊兒童。他們是在「學校行為檢核表」中的「攻擊分量表」評估後，其分數超過一個標準差（SD）為教師所指定的攻擊兒童（Miller, 1977）。他們有獲得父母的許可。團體共十二週，每週兩次，每次聚會四十五分鐘。團體有一個領導者及一個協同領導者。

聚會活動包含的重要元素

建立關係與加強自尊

　　團體正式開始前，即當團體成員報到時，就開始建立關係與自尊。先與他們有三次聚會，為增進自尊，領導者問每一小孩，說說讓他們感到高度自尊或低自尊的事情。首先，領導者用氣球說明自尊。告訴孩子，談談某些讓你有好的感覺，同時感到驕傲，可抬頭挺胸的事情。有這些事時就讓你的氣球上升。若發生的事讓你生氣或傷心時，就讓氣球下降。此時領導者要同理的傾聽，讓孩子體會他是被接納的與被了解的。領導者不在此時解決孩子的問題，可將它們留在後頭討論或角色扮演來解決。

表 22-1　Star Program 輔導聚會活動計畫

聚　會	技巧／概念
1.人有個別差異 　規則／增強制／團體結構	
2.給人恭維	
3.確認感覺	
4.辨識生氣感覺	
5.平撫生氣的自我語言	
6.問題的界定：注意構成問題的證據（線索）	
7.問題的界定──三步驟 　(1)某人有生氣的感覺 　(2)兩人間有發生問題 　(3)問題必須要解決	
8.問題解決步驟 1──界定問題： 　(1)察看你是否有生氣的感覺 　(2)行動前先停下想一想 　(3)陳述問題是什麼 　(4)決定要達到的是什麼目標	
9.當你有生氣感覺時，使用平撫生氣的自我語言	
10.分辨「平撫生氣」和「激發生氣」的自我語言	
11.設定目標	
12.解決問題步驟 2──想想解決問題的不同方法	
13.再一次練習解決問題步驟 2	
14.解決問題步驟 3──進一步分析各種方法的後果	
15.解決問題步驟 4──採取行動	
16.解決問題步驟 5──評估你做得如何？	
17.偵察線索的技巧（想想為何人們選擇那樣做，注 　意所有的線索）	
18.～23.整合並應用問題解決五個步驟	
24.表達對團體的感覺	

資料來源：Teaching Social Skills to Children and Youth （Cartledge & Milburn, 1995）。

團體規則與增強制

兒童較屬於外控的，尤其是攻擊兒童。因此增強制的實施特別重要。第一次聚會就要訂定團體規則，包括「要做」與「不可做」的規則，並做成海報張貼著。

1.「要做」的規則如下

‧傾聽和專注。

‧坐好。

‧不理他人的搔擾。

‧參與討論。

‧不離題。

2.「不許做」的規則包括

‧身體攻擊。

‧語言叫罵。

‧擾亂團體。

以上主要是團體內行為規範，另外還要遵守不遲到、不早退、全程參與的一般團體規則。並要求守密的團體倫理原則。領導者要示範且舉例說明每條規則。

孩子遵守「要做的」就獲得點數（記在卡片上）。犯規，就接受一個「警告」，若繼續犯，就失去一分。身體攻擊或毀壞財物立即扣一分（不先警告）加上暫停。具體的作法是，每次聚會發一張卡片，或由協同領導者統籌記錄。每次聚會從 5 分扣起，全遵守就得滿分（5），分數可每次統計，或每週統計一次。增強

物的給予依分數給予小禮物，或累積點數將來兌換大的增強物。

　　增強物的實施，可採個別或團體方式。成員每週點數加起來，若進步，給予團體酬賞（如，冰淇淋或糖果）。如此也可增加彼此合作與鼓勵。

強化確認感覺

　　行為與情感有密切關連。因此，在情緒管理方面要設計一些活動或練習，

　　以達到確認他們自己和他人的感覺。有關這些活動在情感教育和社會技巧訓練課程都可參考。只是更強調生氣的確認與表達。同時，領導者可幫助孩子在他們經驗高、低自尊時（前三次聚會），教導他們標示各種感覺。

問題界定／線索偵察

　　設計一些活動讓孩子練習問題的界定是重要的。要求成員注意對方是否有敵視的證據或線索。攻擊兒童對線索常有錯誤的解釋，可能他們只注意某些線索而忽視某些證據，因而衝動做錯誤的判斷，尤其當行為的敵意線索不明確時，將意外事件錯認為是故意的，而引發攻擊行為。此時可設計劇本作練習，或以錄影帶呈現社會互動情境，幫助兒童正確的解釋情境。

平撫生氣的「自我語言」

　　生氣時除了以身體活動發洩外，自我語言，即對自己說一些

平撫情緒的話，也能達到控制衝動的效果。領導者可提出一些實例，如某人撞倒我，此時告訴自己什麼話，會更激怒生氣，相反的告訴自己什麼話會平撫生氣。總之，幫助孩子了解「自我語言」和「生氣感覺」的關係是重要的。教導他們在碰到問題而生氣時使用自我語言，「忍耐一下，就過去了」、「不要衝動」等。

問題解決技巧

問題解決技巧對攻擊兒童的諮商是很重要的。首先，教導兒童如何去辨識他們面對一個問題。告訴兒童，問題使人生氣、問題涉及兩個人且問題必須解決。教導認識問題，和解決問題步驟可使用故事、玩偶、錄影帶和現場的角色扮演。最大困難之一是界定問題和敘述問題（問題解決步驟第一步）。教導時，張貼一張海報，上面寫著：

- ·察看自己是否有不高興。
- ·行動前，先停下並想想。
- ·敘述你的問題是什麼。
- ·敘述你的目標是什麼。

首先領導者先做示範——扮演問題的主角。例如某人插隊。領導者演出此情境。

1. 我感到生氣。

2. 採取行動前我先停下想想。

3. 我的問題是，我等了很久應該先輪到，他人不應插隊。

4. 我的目標是要他排在後面。

解決問題步驟2、3、4、5的練習皆依類似方法進行教導。步驟2：儘量想出可行的解決方法。步驟3：評估各方法的後果，步

驟4：選擇最好的方法並實施。步驟5：評估做得如何。領導者要
舉例並說明每一步驟的重要性，及做角色扮演。然後由成員做角
色扮演，領導者做回饋——對或錯。技巧的熟練要靠多練習。並
應用家庭作業，將所學的應用到日常生活中。訓練後期，他們製
作正確的解決問題角色扮演錄影帶，秀給他們的教師或全班同學
看。

設定目標

設定目標是指，要每一個成員選擇一個教室或在家行為，作
為改善的標的。

此行為目標要經過教師批准，並記錄每週達成的目標情況。
還要負責帶目標卡片或下面的自我監視表到教室。目標達成就有
酬賞（給點數）並受到領導者的讚賞。若未達到目標就在解決問
題聚會中討論。

綜合解決問題步驟與 「停，想和行動」練習

攻擊兒童常有注意力不足和過動現象，他們常缺少好的判
斷，同時對行為的後果不做考慮。他們常常沒停下來，想想行動
的後果，就衝動行事，而導致對己、對他人負面的結果。此練
習，是基本的問題解決策略，以幫助他們控制衝動。個案首先選
一個問題，然後依問題解決步驟去做。此練習除了應用在過動兒

外，還可應用在難控制衝動的兒童或一般兒童。

活動目標

　　1. 發展因應策略，避免衝動反應。
　　2. 增加察覺衝動行為，導致對自己和他人負面結果。
　　3. 確認問題，並探討決定採取行動以前的各種可行方向。
　　4. 學習評估自己的行為，及行為如何影響自己和他人。

活動過程

　　1. 下面是解決問題的步驟。遵循這些步驟你會發現較不會惹麻煩。且較會感到自己好。

　　解決問題首先是發掘問題的存在。開始階段，確認面對的問題是什麼，或選擇一個你要解決的問題。

　　確認你的問題：

_____

_____

_____

　　2. 在確認問題後，考慮三種可能因應問題的方法。列出每一種可行方法的好處與壞處。

第一種可能採取的行動

_____

_____

好處_____

壞處 _____

_____

_____

_____

第二種可能採取的行動

_____

_____

_____

好處 _____

_____

壞處 _____

_____

_____

_____

第三種可能採取的行動

_____

_____

好處 _____

_____

壞處 _____

　3.察看上面每一種行動的好處與壞處。然後與輔導員、教師、父母、朋友等商討，選擇一種行動計畫。

4.確認要選的行動計畫。

_____

_____

5.什麼理由（因素）影響你選擇這個行動？

_____

_____

_____

6.別人有無提出意見影響你的決定？

_____

_____

_____

7.現在是實施你的行動計畫的時候了。下面的空格用來描述你如何實施你的行動計畫。

_____

_____

_____

目前你已做到四個步驟：確認問題、考慮不同行動、做抉擇、實施行動計畫。以下是最後的評估結果階段。

8.行動計畫實施結果如何？

_____

_____

_____

9.你對實施結果的感覺如何？

_____

_____

_____

10.實施結果對你、對他人有何影響？

_____

_____

_____

11.從這個經驗你學到什麼？

_____

_____

_____

12.假如將來你面對相同或類似問題，你是否會採取不同的做法？

_____

_____

_____

家庭作業：自我監視與簽訂契約

　　一般而言，攻擊兒童比較缺乏自我控制，他們較衝動。因此要達到輔導目標只依賴團體內的輔導是不夠的，需要家庭作業的配合，才能將團體內所學的應用到日常生活上。藉著確實實施自我監視、且與他們訂立行為改變契約是重要的。自我監視是記錄他們的行為。選定他們要增加或減少的行為。選定的行為和實施對象與地點都要具體。

　　契約的實施更能幫助兒童達到輔導效果。契約內容包括三要

點：改善的具體行為、酬賞物和要獲得酬賞的條件。行為契約所以有效是因為小孩直接參與決定所要改變的行為，以及酬賞系統。而且雙方都知道表現多好才能獲得酬賞。最後契約要合理且是可達成的。

行為契約形式例子

表 22-2

1.行為目標	(1)不脅迫他人。 (2)留在教室。 (3)完成指定的工作。
2.酬　賞	只要得到 60 到 70 分可享受 30 分鐘打電動一次。若得到 75 分以上可上網 45 分。
3.學　生	只要每天每一堂課達到上述三行為目標，就獲得三分。每天清算一次。每天最多 15 分（五堂課）每週 75 分。每星期四檢討契約，契約目標可增加或減少，本契約有效期間為一年。
學生簽名＿＿＿＿＿＿＿＿＿	教師簽名＿＿＿＿＿＿＿＿＿
父母簽名＿＿＿＿＿＿＿＿＿	領導者或輔導員簽名＿＿＿＿＿＿

攻擊兒童輔導聚會活動

　　筆者根據上述的理論與學者的觀點，設計以下的攻擊兒童具體的聚會輔導活動。在此課程中，不僅列出活動名稱，更重要的是，活動目標與活動過程的描述。

表 22-3　攻擊兒童聚會輔導活動

聚　會	活動目標	活動過程簡述
1.氣　球	1.建立溫暖、支持、接納的團體氣氛。 2.建立成員自尊，使成員感到受到被重視、被接納。	1.每人發一氣球並吹氣。 2.談談近幾天發生的事情——自己感到驕傲、高興時，就讓氣球上升。 3.發生的是讓自己感到生氣或悲傷的事時就讓氣球往下降。 4.諮商員及成員表示出接納態度，暫不解決問題。
2.氣　球	同上	同上
3.氣　球	同上	同上
4.感覺輪	1.認識感覺與事件的關連性。 2.認識感覺形容詞。 3.養成尊重他人的感覺。	1.發下感覺輪，內圈 12 種較強烈而外圈 12 種較平常的感覺。 2.領導者唸出幾種情境，成員指出其感覺。 3.強調感覺與個人經驗有關，感覺無對、錯之分。
5.感覺溫度計	1.察覺每人對同一事件生氣程度的不同。 2.減少生氣程度。	1.將畫有溫度計的海報貼在黑板，其刻度分為：0、30、60、90 度。 2.提出學生常有的衝突事件，分組演出，觀察者指出其生氣的溫度。 3.分享並講出理由。

聚　會	活動目標	活動過程簡述
6.「自我語言」與「生氣的平撫」㈠	1.認識自我語言與情緒平撫的關連性。 2.比較平撫與生氣的自我語言。 3.學到有效的平撫生氣的自我語言。	1.發下一張衝突情境的漫畫圖（圖22-1），並在泡泡圈內填下一自我語言，以平撫生氣。 2.角色扮演情境，比較每人的自我平撫語言。 3.重新發下一張相同的漫畫圖，填一句「激發生氣」的自我語言。 4.角色扮演情境，並比較激發生氣的語言。
7.「自我語言」與「生氣的平撫」㈡	1.熟練自我語言的使用。 2.減少生氣並避免衝動。	1.分組，討論幾種他們日常常有的衝突情境，並演出及提出有效的自我語言以平撫生氣。 2.另一組可提出他們的自我語言做比較。
8.解決問題步驟㈠	1.學會正確的界定問題。 2.應用在日常生活中。	1.發下一張上面寫著界定問題的要點：⑴我是否生氣、⑵停、想、做、⑶敘述問題、和⑷要達到的目標。 2.領導者先示範：如，他人插隊，令我生氣，停、想，我應比他先輪到等。 3.分組，討論兩種衝突事件，並清楚的依界定問題的要點演出。

聚　會	活動目標	活動過程簡述
9.解決問題步驟(二)	1.學會問題解決的方法不只一種。 2.養成腦力激盪，列出多種解決問題方法的習慣。	1.領導者說明問題解決是有多種方法。 2.以實例「如，小明罵小華白痴」說明腦力激盪，全體提出小華的因應方法。 3.分組，各以一實例，激盪出問題解決的各種方法，上臺報告，他組補充之，或以競賽方式進行。
10.解決問題步驟(三)	更熟練應用在日常生活上。	1.發一張紙，上面印有團體前三次學生經驗到的問題（高、低自尊）。 2.全體逐條列出問題可解決的方法或分組競賽方式進行，列出越多可行方法者獲勝並獲酬賞。
11.解決問題步驟(四)	1.學會評估各種解決方法的後果。 2.學會以每種方法的「好處」和「壞處」做分析。	1.領導者舉例如何做「好處」與「壞處」的分析，如：整晚打電動的好、壞處有哪些，一一列出。 2.發下印有多種實例紙張以供成員練習，或以分組競賽方式進行。 3.團體前三次聚會成員經驗的問題。

聚　會	活動目標	活動過程簡述
12.解決問題步驟㈤	選擇最好的方法並採取行動。	1. 領導者舉出一問題、想不同的解決方法、評估方法的後果、最後選擇最好的一種，採取行動。 2. 練習選擇好處最多，而壞處最少的方法去做。
13.解決問題步驟㈥	學會評估做得如何？	1. 領導者可詢問每人前一週作業做得如何？或契約實行得如何？ 2. 做得不好，可選另一種方法。
14.線索察看技巧	1. 加強注意所有線索。 2. 舉出為何對方為何如此做的理由。	1. 設計一個敵視動機不明確的情節，讓成員看看或尋找主角為何這麼做的理由（線索），是無意或故意的？ 2. 給每人一張卡，正面寫故意、反面寫意外，他們根據線索排練。 3. 情節如，美術課你畫了一張圖，但還溼溼的。你留在教室等待乾了帶回家而去上體育課。但回來時被弄糊了。下課時只見小明留在教室。 4. 領導者唸出一系列線索，如小明跟你爭執過、他手指上有塗料、教師曾要他移動桌子、他喜歡幫助他人。

聚　會	活動目標	活動過程簡述
15.問題解決步驟的綜合練習	1. 達到更熟練問題解決技巧。 2. 達到自我控制，避免衝動。	參閱上一節的「綜合解決問題步驟」與「停──想──做」練習。
16.恭維他人	1. 做個優點尋找者。 2. 促進喜歡自己與他人。	1. 發下一張印有全體團體成員名字。 2. 寫下每人的優點或長處或任何資產。 3. 領導者指導兒童從身體特徵、課外活動、交友能力、人格特質和學業等多方面去尋找。 4. 分享，最後自己整理出五種優點。
17.結束團體	1. 表達對團體的感覺。 2. 整理之，從活動學到什麼？	1. 每人表達對團體的感覺。 2. 談談影響自己最深的活動。 3. 團體手拉手，彼此講一句祝福或鼓勵的話，領導者先示範。

圖 22-1　活動 6

🌸 摘要

　　兒童或青少年的攻擊行為，或稱外向性行為（也指反社會行為、行為偏差、抗拒、分裂、不服從等）已變成學校和父母最困擾的問題之一。其理論與調適方向在「兒童與攻擊行為」與「外向性偏差行為」已做了詳細的討論。本章只強調實際的輔導計畫。

　　首先，介紹美國的 Star Program。它是為攻擊兒童而設計的，幫助兒童如何以自我肯定和負責的行為處理衝突情境。其次討論到輔導攻擊兒童或青少年輔導計畫中要包含的重要元素。如，建立關係、提升自尊、解決問題步驟、偵察線索、正確的解釋線索、確認感覺、平撫憤怒的自我語言、家庭作業──自我監視與行為契約，以及學會尊重他人感覺、恭維他人等概念。總之，計畫包括情感與認知──行為策略。

　　最後筆者提出一個「攻擊兒童的輔導聚會活動」。每一次活動都列出「活動名稱」、「活動目標」與「活動過程」的說明。

第 **23** 章
「單親兒童」諮商聚會活動

　　在學校實施家庭變故的兒童輔導是需要的，它能改善問題，避免干擾學習是很明顯的。家庭的穩定性日漸減少，而失功能家庭日漸增加，這些家庭的改變以離婚為最普遍，而使國小的單親兒童總數日益增多。學校實施此類的兒童團體輔導是有迫切的需要，藉此滿足來自失功能家庭大量學生的需求。家庭變故的兒童團體是一種有效的預防調適策略，它提供支持給有困擾的學生，並增進他們學習。對家庭改變的兒童，不論是團體或個別輔導都希望達到下列的目標：

- 團體提供某些正常化效果（normalizing effect）──分享類似問題。
- 做決定和衝突處理（具體建議）、危機調適和壓力管理。
- 因應能力的改善並發展較合乎實際的期待（有關失功能家庭和未來婚姻）。
- 應用所學的不僅應付危機情境，也作為預防之用。

家庭的改變包括的範圍很大，諸如父母酒癮、毒癮或長期生

病而住院等皆導致家庭改變。但其中以日益嚴重的父母離婚、分居對兒童的影響最大。每個學校的單親兒童愈來愈多。學校應為這些特殊母群，提供預防性與矯治性的輔導。因此本章的家庭變故的輔導，是以離婚導致的單親兒童為主。但是筆者所提出的單親兒童輔導聚會活動，其對象包括由於父母離婚、分居、離開與死亡（意外或生病、年老）導致的單親兒童。

2 單親兒童輔導的重要性

近年來，由於高離婚率或其他家庭發生變故，導致家庭逐漸失去其穩定性和功能性。使得一部分的小孩必須在單親、繼父母或認養家庭度過他們的童年和青少年時期。而這些家庭系統產生的困擾，可能對兒童導致很多不良結果。尤其在低自尊、情緒和行為上的問題。

很多研究顯示，離婚家庭的孩童常是行為問題的高危險群，同時他們較常是身體和性虐待的受害者。他們在教室有較多的分裂（擾亂）行為、常缺課和成績低落，甚至產生攻擊、敵視的不當行為。這些因為家庭變故原因而造成的發展性、情緒性和行為問題會干擾他們的學習。因此必須輔導員提供協助，才能讓孩子走出家庭陰影而健康長大。因此學校為離婚家庭孩子，必須設計並實施調適計畫以減少不良後果的產生。

從研究發現，學校的情緒支持，協助他們因應情境是有效的（Cowen, Pedro-Carroll & Alpert-Gillis, 1990）。一個有效的調適計畫應包括哪些元素？目前正在實施的調適計畫和研究都應用多種元素。這些元素包括：要考慮孩童的發展階段、父母與教師的參

與，結構性活動──畫畫、故事、棋盤遊戲和技巧訓練等。下面檢視一些最好的調適計畫，以供參考並描述其調適計畫目標與效果。

2 離婚對兒童影響的變相

當評估離婚對兒童的影響有多大時，要考慮很多變相。其中要包括，離婚時兒童的年齡、性別以及離婚多久等元素。

兒童的年齡

六至八歲的孩童，了解離婚的認知能力是有限的。六歲孩童常表現出──焦慮、攻擊、坐立不安和發脾氣（Hodges, 1986）。較小的學齡兒童，不僅看出傷心，情緒痛苦且害怕，而且有罪惡感，他們認為離婚是他們的緣故（Freeman & Couchman, 1985; Sanders & Riester, 1996）。另外，他們會想到他們的忠誠被分割。雖然未受到父母壓力，但他們仍感到必須做選擇的壓力。

九至十二歲由於認知能力的改變，影響對離婚的反應。這些孩子經驗到喪失、被拒、無助和害怕，如較小孩童一樣，有強烈的生氣，但其生氣指向父母，父母要為他們自己的離婚負責（Cantrell, 1986）。

性 別

離婚後的適應有性別差異。同年齡時，女孩比男孩較不受影

響。專家也發現女孩對環境壓力似乎較具韌性。

時間影響

離婚當時和離婚初期被描述為危機時期。危機的初期，小孩感到驚嚇、生氣和焦慮。當聽到父母要離婚時，孩子經驗到中度的嚴重困擾。幾個月或幾年後，他們仍感到混淆、傷心或生氣（Furstenberg & Cherlin, 1991）。長程影響的研究，出現不同結果。長程影響與年齡、性別和時間的久遠有關連。男孩可能顯示六年之久的行為問題。青春期初期女孩經驗各種社會情緒問題，成人期，他們自己較可能也會經驗離婚。

2 學校角色

離婚比其他的家庭危機受到的社會支持較少。離婚時，社會支持系統都離開。但其他如，家人死亡、受到天然災害時，朋友、鄰居會協助他們。離婚危機時，朋友害怕被迫去選擇一邊，鄰居認為不關他們的事。當家庭結構解體時，孩子常被疏忽、得不到應有的情緒支持。

家庭分裂時，透過學校調適計畫的實施，能改善兒童的經驗。尤其對於如何有效因應和對新情境的適應。

2 學校的調適計畫

下面介紹四種優秀的調適計畫。這些實徵性研究設計都考慮到年齡、父母和教師的參與，以及文化和背景的不同。

Goldman and King（1985）

Goldman and King（1985）設計的調適計畫包括，團體活動、教師的訓練和父母的參與。調適計畫要考慮下面要點：

- 年輕人可能經驗長期、高度的一連串壓力事件。
- 年輕人可能經驗一連串的非直接關連的變化，如喪失家庭、學校或鄰居的變化等，增加家庭分裂的壓力。
- 年輕人可能同時失去家人的支持，且需要有同理心成人的養育和照顧。
- 年輕人因應壓力的能力依賴其性別、年齡、發展層次、氣質和解決問題技巧。

這個調適計畫是為國小和國中生而設計的。團體聚會每週一次，每次五十至七十五分鐘，共六至十二週。持續期間最好是依學校行事曆。理想上是一週一小時，共十次。

活動的實例如下：

第一次

畫出好的和壞的家庭改變圖。兒童先畫出好的家庭改變圖，然後是壞的改變圖。這些畫能顯示，孩子對離婚或監護權爭執的感受。

第二次

猜猜感覺——演出並確認不同的感覺。每一小孩給一張感覺卡片，如生氣、快樂、傷心、嫉妒等。陸續演出直到對方猜對為止。

第三次

介紹家庭內改變的概念。畫出去年家庭內好的改變與壞的改變。

較後的聚會：介紹父母的訪問與各種因應技巧。目標是，透過描述好與壞的訪問，讓訪問變得愉快些。最後一次：發給小孩一張因應技巧證書。證書捲起來，上面印著，當父母開始爭執（打架）時，因應方法的各種建議。

父母的參與包括：與領導者多次聚會、回答問卷、一次全體聚會。教師被要求做前、後的評估。領導者與教師討論有關轉介的建議。研究者認為累積的諮詢效果是大的。

研究者發現，剛經驗離婚的兒童，比離婚超過兩年的兒童改善較大。而且，發現剛離婚（去年），孩子幼小的父母比較熱忱參與。95%兒童對團體的反應是正向的，尤其獲得團體內同輩的支持。此調適計畫在 1988 年進一步擴大。

Stolberg and Mahler（1989, 1994）

此團體輔導時間為期十四週，包括三個主要元素。對象為國小三、四年級學生和他們的父母。成員分派到組別為 1.支持組、2.支持加技巧訓練組、3.支持、技巧加轉介組，和4.控制組（只有父母接受訓練）。團體領導者為臨床心理研究生、學校輔導諮商員和副校長。

技巧訓練元素，主要是幫助孩子不僅標示感覺，還要指認感覺和事件的關連，以及表達對事件的感覺。技巧轉介的元素還加

上四次父母工作坊，以及指定閱讀兩本書——" Kidbook " and " Parentsbook "，兩本書彼此配合並用在學校聚會上。

Stolberg and Mahler（1994）的研究結果：在技巧訓練方面獲得重大的適應效果，內向和外向性行為偏差也減少。支持組減少嚴重問題的發生，減少臨床症狀。

Sanders and Riester Model（1996）

此調適計畫每週一次，一次三十分鐘，共十週。團體成員為五年級學生，領導者是具有十九年經驗的諮商員。團體目標主要為強化學生了解離婚，洞察自己對離婚的想法和感覺。另外目的是學習因應與離婚有關問題的方法。

研究者強調：離婚是什麼？為何人們會離婚？感覺和經驗，因應感覺，罪惡感、忠誠的分割，家庭的改變，監護權、新生活的安排和繼家庭。

研究效果：改善同輩關係；較被社會接受，感覺離婚不是那麼嚴重——幫助了他們在友伴互動時較自在和有自信。

Pedro-Carroll, Alpert-Gillis, and Cowen（1997）

The Children of Divorced Intervention Program（CODIP）首次的父母離婚兒童調適計畫是在 1992 年，為國小四至六年級學生設計的。它是預防性調適，認為父母離婚使很多小孩經驗到情緒與行為問題。此計畫的具體目標如下：

・提供支持性的團體環境。
・幫助兒童確認和表達感覺。

- 增加對離婚有關概念的了解，澄清離婚有關的錯誤概念
- 發展解決社會問題的技巧、有效的溝通、尋求支持，和適當的表達生氣。
- 加強兒童對他們自己，和他們家人的正向看法（知覺）。
- 培養親子溝通。
- 維持支持性使團體平順的結束。

研究者在其 1992 年的修訂本中，增加對特殊母群、種族、背景、窮困、家庭暴力的考慮。

前四次聚會的焦點為情感元素──讓兒童感到安全，分享離婚的感覺和經驗。正常化離婚有關的感覺。第五至七次聚會焦點在加強適應性因應技巧，和復原力的強化──目的是應用社會問題解決技巧於問題情境。這些技巧的獲得能幫助兒童減少離婚過程的壓力。

最後的聚會（第 12 至 14 次）焦點是處理自尊和團體的結束。最後兩次建立並察覺優點、資源和成就。最後一次，鼓勵他們確認並找出某人作為求助的對象。當然，需要時，諮商員會繼續幫助他們。

效果評估方面，主要發現兒童的適應力獲益最顯著。另外焦慮、對自我和家人的負向看法減少。對能或不能控制的情境，他們有較合乎實際的看法。

最近，Pedro-Carroll and Alpert-Gillis（1997）發表一份研究，檢視五至六歲兒童對同一計畫實施的結果，發現適應力有改善。

2 建 議

　　首先，調適計畫必須要有兒童支持系統的參與。包括，父母、教師與同輩——做行為評估（問卷調查）、開會、親子或師生互動與溝通。友伴在支持上是很重要的，有了同輩的支持，他們較易正常化離婚經驗。

　　第二是，技巧的建立是焦點。包括：表達感覺、因應技巧、人際關係技巧、解決問題技巧。這些技巧能有效的獲得適應力、減少壓力、增強控制情境的能力、減少無助感；學到用另一種方式表達感覺、確認支持系統和處理與父母衝突的方法。

　　最後的建議是，調適計畫要有彈性。為了要包容不同的性別、種族和社會地位，另外彈性也表現在語言、過程等元素的變更（Richardson & Rosen, 1999）。

2 單親兒童團體／個別諮商聚會活動

聚會活動 1.：氣球或我喜愛的動物或名字遊戲

活動目標

1. 相互熟識。

2. 了解團體結構。

3. 建立關係。

活動過程

1.每人介紹自己的名字，並以一句話形容自己，如我是一個害羞的人。

2.說出有關自己家庭的三件事。

3.分享、傾聽並記住。然後，每人輪流說出他人的名字及事件。

4.介紹團體結構與規則：聚會時間、地點、持續時間。遵守不遲到、不缺席、舉手輪流發言、傾聽等規則。

5.介紹增強制。

6.團體結束時大家圍成圓圈，彼此搭肩，手拉手，大聲說出下面的座右銘。

座右銘（每次都以此種方式結束聚會）

團體的座右銘：
單親不是我造成的
我不能讓父母復合
我無法控制父母的分離
但是我會因應得好

- 「喜愛的動物」是要求孩子畫出最能描述自己的動物，並在紙的反面寫出兩個理由。要求彼此記得動物與理由，促進團體的熟識。
- 「氣球」是要求成員談一件令他感到驕傲、高興的事，此時，令氣球上升。若過去幾天發生的事是令他感到沮喪、傷心時，則讓氣球下降。領導者要表達同理心、接納與關懷，但此時不解決問題。此活動促進自尊的提升。

聚會活動2.：創造一本「記憶相簿」

活動目的

1. 透過畫畫或藝術作品講出「喪失」的故事。

2. 透過「藝術治療」表達對失去的人的感覺。

3. 對喪失進行一種健康的憂傷過程。

4. 在一種支持的環境中與諮商員或重要他人建立信任關係。

5. 「記憶相簿」能作為與失去者關係的紀念品或記憶的物品。

活動過程

1. 要求學生畫出幾副畫並蒐集，以創造一本對某人的紀念相簿。

2. 然後與團體成員分享你對喪失者的感覺與經驗。

3. 依照下面的指示來畫。

(1)畫全家人，包括與喪失者一起活動的情況。

(2)畫出三次與喪失者一起做喜歡的活動。

(3)畫出一次他以你為驕傲，或你以他為驕傲的活動。

(4)畫出他生前曾經令你很傷心，或很生氣的事。

(5)畫出當你最初發現他生病、死亡或離去時你的感覺。

(6)畫出他離開你的那一天的感覺。

(7)殯葬情況。

(8)畫出能幫助你減輕悲傷或喪失感的活動。

・此活動較適合因父母死亡造成的單親兒童。

・你可以選擇畫一些你喜歡跟他一起做的活動或經驗。

・你可自由的畫出你認為是重要的。

・畫完給每一張畫命名。

聚會活動 3：感覺和臉譜

活動目標

1.催化對父母分居或離婚的感覺表達。

2.對父母分居或離婚的憂傷處理。

3.列出可以幫助兒童確認和表達感覺的支持者和合作者。

4.引導感覺能量或投入其他健康的活動。

活動過程

1.說明表達對父母離婚的感覺的重要性，避免壓抑或以負向方式表達（如，打人或踢人，或對小事或無關的事哭鬧）。

2.要求成員確認感覺，然後以臉譜表示之。

3.看一下，下面的各種感覺，這些可能是你父母剛離婚時你的感覺。勾出五樣不同的感覺（分離後曾經有的感覺），也可加入或勾出更多。

	悲傷（傷心）		安慰
	生氣		挫折
	孤單		罪惡感
	窮困		滿意
	焦慮		不被需要
	不安		忽視
	快樂		

4.發下每人五個空白的臉譜給成員。

5.選出你經驗過的不同感覺後，請在臉譜上畫出該感覺。

6.畫完後，分享每一張臉譜，有關你對父母離婚曾有的感覺，也可與父母、親戚、教師、朋友或可信任的人分享。

感覺與臉譜
男　孩

感覺 _____

寫出你對父母離婚有_____感覺的情況

_____
_____
_____
_____

感覺與臉譜

女 孩

感覺＿＿＿＿＿＿＿＿＿＿＿＿＿＿＿＿＿＿＿＿＿＿＿＿＿＿＿＿＿＿

寫出你對父母離婚有＿＿＿＿＿＿感覺的情況

＿＿＿＿＿＿＿＿＿＿＿＿＿＿＿＿＿＿＿＿＿＿＿＿＿＿＿＿＿＿＿＿

＿＿＿＿＿＿＿＿＿＿＿＿＿＿＿＿＿＿＿＿＿＿＿＿＿＿＿＿＿＿＿＿

＿＿＿＿＿＿＿＿＿＿＿＿＿＿＿＿＿＿＿＿＿＿＿＿＿＿＿＿＿＿＿＿

＿＿＿＿＿＿＿＿＿＿＿＿＿＿＿＿＿＿＿＿＿＿＿＿＿＿＿＿＿＿＿＿

7.最後，分享目前對離婚的感覺。

聚會活動4：憂傷的信（Grief Letter）

活動目標

1. 協助兒童確認和表達想法和感覺。

2. 處理憂傷的過程。

活動過程

1. 找一個安靜地方寫一封信給離去你的人。

2. 寫信前，說明下面問題可以引導你組織你的想法和感覺。

3. 先回答下面問題（並非每一題），最後將它包括在你的信中。

4. 你可自由選擇問題，及哪些想法要加入你的信內。

• 當你知道＿＿＿＿＿＿人會死或離開你時，你的感覺是

＿＿＿＿＿＿＿＿＿＿＿＿＿＿＿＿＿＿＿＿

• 你想念他或她的一些好事是＿＿＿＿＿＿＿＿＿＿＿

＿＿＿＿＿＿＿＿＿＿＿＿＿＿＿＿＿＿＿＿

• 他給你的一些問題或失望是＿＿＿＿＿＿＿＿＿＿＿

＿＿＿＿＿＿＿＿＿＿＿＿＿＿＿＿＿＿＿＿

• 你是否向他說過或做過什麼而感到後悔或罪惡感，若有，
  但願你當初要如何說或做（在他死或離去前）＿＿＿＿

＿＿＿＿＿＿＿＿＿＿＿＿＿＿＿＿＿＿＿＿

• 對死去的或喪失者，你認為與你有關嗎？若有，請描述為
  何你覺得有責任＿＿＿＿＿＿＿＿＿＿＿＿＿＿＿＿

＿＿＿＿＿＿＿＿＿＿＿＿＿＿＿＿＿＿＿＿

• 你與他之間曾經發生一些事，讓你覺得抱歉之事嗎？描述：

_____

• 他的死或離去有影響你現在的生活嗎？_____

_____

• 你現在是否有重要事件，想與他分享的？_____

_____

• 你對自己未來有何夢想或目標，想要讓他知道？_____

_____

• 他對今日的你會有何感覺？_____

_____

• 他可能會要你過怎樣的生活？_____

_____

• 他曾經讓你傷心嗎？解釋_____

_____

• 還有其他你要表達的想法和感覺（要包括在信內的）嗎？

_____

5.重新看看你所有的回答，然後開始寫信。信可回家寫，完成後下週帶來團體分享或只與領導者討論信的內容。分享或討論後你可以毀壞或丟到垃圾筒。

_____

_____

_____

_____

_____

_____

聚會活動5：表面行為／內在感覺

活動目標

1. 認識自挫、抗拒行為是由情緒的痛苦所引發的。
2. 確認傷心和痛苦的感覺導致抗拒。
3. 描述自己的抗拒行為。
4. 確認可信任的資源人物以便與之分享感覺。

活動過程

1. 了解兒童常以生氣或暴躁、發脾氣來掩飾憂鬱感覺。
2. 分析故事，主角以生氣、自挫行為隱藏被拒和缺少養育的痛苦。
3. 從故事主角的分析反思自己的行為。

　　有時表現在外的感覺並不一定正確反應其內在的情緒。你可能看起來生氣，其實你是沮喪的（depressed）。當你感到被拒、無助和失望時，你可能表現出對朋友、功課、家人缺少興趣。由於內在積壓的混淆的、混亂的、痛苦的情緒，會讓你的行為惹麻煩。假如你能分享你的感覺並整理之，生活會過得更好。

　　閱讀下面的故事，一個感到混亂的男孩——威利，他表現出的感覺是生氣，但他內在有很多不同的感覺。

悲傷看起來像生氣

　　威利對他六年級的老師——傑生，大叫：「閉嘴，不要管我，我已厭煩你常告訴我要抬頭、注意聽講。假如我低下頭，關你什麼事。我又沒騷擾別人。反正我做

什麼，也沒人在乎。」傑生先生為威利突發、不禮貌的行為驚嚇到。他通常是禮貌的，且合作的，但最近他是退縮的、且心好像不在功課上。由於威利生氣拒絕傑生，傑生不得不送他到校長室，討論他對權威的不尊重。

威利緩慢的站起來，走向門口。其他學生竊竊私語，不安的移動座位。他們從未看過威利這種表現。威利眼睛看地板、頭低下離開教室，走往要到校長室的通道上去。

威利感到既悲傷又生氣。近來他感到混亂；生氣時，他眼淚快掉出來，但又強忍住。他也不知道為什麼向傑生老師謾罵，他一向對自己很好又公平。但是威利近來很累，且對功課不像以往那麼關心，他甚至感到其他同學不像以前那麼喜歡和接納他。

當威利轉彎，走向校長辦公室的走廊時，他想校長一定會打電話叫母親來討論此事件。威利不要他母親知道他的問題。

自從一年前父母離婚後，母親要處理的事已夠多了。他在醫院的咖啡廳的工作必須改為專職，每天六點下班。母親為了付各種帳單，隔週的週六也上班。威利不喜歡母親工作那麼久，同時更討厭下課後到安親班去，因為母親要到六點二十分才能到家。而且母親常常很累的攤在沙發上，和他一起看電視而睡著了。

現在再一個轉彎，就可看到校長辦公室。耐持先生是個高大、講話聲很堅定且低沈的人，他會要求別人注意聽他的每一句話。威利緩慢的進入，害羞的對祕書說：傑生先生要我來見校長。」他是窘困的，但也感到有些

麻木和悲傷。祕書回答：「年輕人，請先坐一下。」

　　威利先坐在校長室外，臉朝窗外看，雖然看不見什麼。他想到昨天應該是父親來接他，帶他去奶奶家吃晚餐的日子。週六父親打電話說：「我明天會在三點鐘去接你。」威利打電話問他為什麼連續五週沒來看他，父親解釋：一直很忙，且要陪琳達。琳達是父親的新女朋友。威利並不喜歡她，因為她命令父親要常在她身邊，且認為威利是他們之間的妨礙。

　　星期天，當接近三點時，威利躺在床上，他常花大部分時間孤單的躺在那兒。在3：15時他感到胃不舒服，然後3：30，父親仍未出現。當4：00時，威利很生氣，忍不住開始哭泣。眼淚滴溼枕頭，幾分鐘過後，他作了深呼吸，嘗試想能做什麼能讓父親不要自己。當他感到既生氣又傷心時，他的眼睛是灼熱的，心臟怦怦作響。他開始想逃跑，或許他可以到幾公里遠的奶奶家。

　　正在想昨天的事時，突然被打斷思緒，校長開門說：「威利，我很訝異看到你在我的辦公室。」校長以和藹和關心的口吻說：「一定發生是什麼事了，讓你被送到這兒。進來，我們來談談。」當威利進入辦公室時，悲傷替代了生氣，眼淚掉了下來。

回答下面的問題

1. 當威利對老師生氣時，其實他內在真正的感覺是什麼？

2.為何威利感覺到傷心？

_____

_____

3.什麼理由引起你傷心和受到傷害？

_____

_____

4.談談一件你曾有的經驗，外表顯示的感覺和實際內在的感覺是不同的。

_____

_____

5.誰值得你信任，你會告訴他你真正的感覺？

_____

_____

6.當我們實際上感到悲傷和受傷害時，我們有時會做傷害自己的事，會讓自己惹麻煩的事（不服從、逃跑、與人打架）。寫下你曾做過的實例：

_____

_____

_____

_____

聚會活動 6：生命線

活動目標

1.澄清生命過程中成員的重要關切事件。

++

出生　　　3歲　　　5歲　　　7歲　　　9歲　　　11歲　　　13歲

圖 23-1　生命線：點出重大事件發生的大約時刻

2.分享對家庭變故的正、負向感覺。

3.透過分享使感到不孤單，並正常化他們的感覺。

活動過程

1.從圖 23-1（生命線）點出從你出生到現在發生的家庭重要事件。

2.重大家庭事件：如，

(1)父母離婚或分居。

(2)家人的自殺。

(3)搬家。

(4)家人死亡。

(5)家庭暴力——身體虐待或性虐待。

(6)親生父母拜訪。

(7)適應繼父母。

(8)住在不安全的房子。

(9)家人生大病。

(10)親生父母第一次拜訪。

3.指出對所列出事件的感覺，下面是有關的感覺：

(1)悲傷。

(2)生氣。

(3)孤單。

(4)窘困。

(5)焦慮。

(6)不安。

(7)害怕。

(8)快樂。

(9)安慰。

(10)挫折。

(11)滿意。

(12)疏忽。

(13)不被愛或不被需要。

(14) 其他＿＿＿＿、＿＿＿＿。

4.成員從上面選擇事件與感覺（可以符號表示或寫出感覺）。

5.分享影響自己最大的事件與感覺。

聚會活動 7：價值澄清（信念）

活動目標

1.幫助成員澄清對家庭改變的態度或信念。

2.感覺自己並不孤單。

活動過程

1.請對下面的問題表達同意或不同意，同意打（○），不同意打（×）。

2.或對下面問題，指出最困擾的三個項目。

(1)父母再婚（多次結婚）。

(2)父母外遇。

(3)父母很少在家。

(4)父母要求孩子站邊（父或母）或彼此批評。

(5)父母來拜訪（但孩子不願見）。

(6)讓父母知道你關心或了解。

(7)繼家庭的相處是困難的。

(8)離婚後，經濟不如從前。

(9)家人難以適應分離後的生活。

(10)分居或離婚後的生活，困難更多。

(11)父母與孩子的衝突更多。

3.分享每人的觀點，並討論。

4.綜合之，列出團體最同意與最不同意的或最困擾的前三或五項。

聚會活動 8：安迪遠離悲傷的旅程

活動目標

1.營造支持的氣氛，以助於對親人哀傷歷程的進行。

2.講述有關親人過世的故事。

3.確認和表達對失去者的感覺。

4.指出死者的正向特質，以及這些事如何記憶下來。

5.如何重新投入能量和天分於適當活動和開始建立其他關係。

活動過程

1.「安迪遠離悲傷旅程」是講一隻小鵜鶘鳥失去父親的故事。他努力要結束憂傷過程，並以逃跑來逃避他的痛苦情緒。最後，他的旅程使他回到家，他開始他的新生活。

2.當唸此故事給孩子聽以前，要先建立輕鬆的氣氛。先花幾分鐘聊天，孩子自由的坐著。

3.治療者要事先閱讀此故事，熟悉它。如此，可幫助你講起來更有生氣或更自然。

4.聽完故事後，問些有關孩子的哀傷經驗。治療者要積極傾聽，並有同理心。

5.下面一些可當作引導問題，你也可加入其他問題。不必強迫孩子回答每一個問題。你可挑選你認為重要的問題給孩子回應。

(1)當＿＿＿＿＿＿＿死時，你感覺怎麼樣？

＿＿＿＿＿＿＿＿＿＿＿＿＿＿＿＿＿＿＿＿＿＿＿＿

＿＿＿＿＿＿＿＿＿＿＿＿＿＿＿＿＿＿＿＿＿＿＿＿

(2)談一談導致死亡的事件或原因。

＿＿＿＿＿＿＿＿＿＿＿＿＿＿＿＿＿＿＿＿＿＿＿＿

＿＿＿＿＿＿＿＿＿＿＿＿＿＿＿＿＿＿＿＿＿＿＿＿

＿＿＿＿＿＿＿＿＿＿＿＿＿＿＿＿＿＿＿＿＿＿＿＿

(3)目前，你最強烈的感覺是什麼？何時會有這些感覺？

＿＿＿＿＿＿＿＿＿＿＿＿＿＿＿＿＿＿＿＿＿＿＿＿

＿＿＿＿＿＿＿＿＿＿＿＿＿＿＿＿＿＿＿＿＿＿＿＿

＿＿＿＿＿＿＿＿＿＿＿＿＿＿＿＿＿＿＿＿＿＿＿＿

(4)故事中，安迪感謝他的父親教他怎樣飛和抓魚，你有什麼要感謝死者的事？

＿＿＿＿＿＿＿＿＿＿＿＿＿＿＿＿＿＿＿＿＿＿＿＿

＿＿＿＿＿＿＿＿＿＿＿＿＿＿＿＿＿＿＿＿＿＿＿＿

＿＿＿＿＿＿＿＿＿＿＿＿＿＿＿＿＿＿＿＿＿＿＿＿

(5)安迪在他父親死後變得很容易被激怒，對其他小鳥脾氣暴躁。在死者死後，你如何與家人、朋友和同儕相處？

＿＿＿＿＿＿＿＿＿＿＿＿＿＿＿＿＿＿＿＿＿＿＿＿

＿＿＿＿＿＿＿＿＿＿＿＿＿＿＿＿＿＿＿＿＿＿＿＿

＿＿＿＿＿＿＿＿＿＿＿＿＿＿＿＿＿＿＿＿＿＿＿＿

(6)安迪離開特拉島，因為在那地方他有很多對父親痛苦的記憶。你對死者有哪些痛苦的記憶嗎？

(7)故事的結尾，安迪回到家，他以教導其他小鳥飛翔與抓魚
來紀念父親。你能做什麼好事以紀念死者呢？

_____

_____

_____

(8)你記得死者還有什麼好處（優點）讓你感覺很好的？

_____

_____

_____

安迪遠離悲傷的旅程

　　想像在溫暖的地中海上的一個熱帶小島，名叫特拉
島。或許你和你的親戚已經來過此地方，假如沒來過，
沒關係。你就輕鬆的坐著，你就要到特拉島旅行。這個
地方的陽光溫暖了友善的創造物，且溫柔的季風提供了
清爽的點心。它是所有生物棲息的好地方，尤其為鵜鶘
鳥。鵜鶘鳥在特拉島生活得很好。潔淨的海灘，白色的
沙子，海中有各種魚類，如鮪魚、竹筴魚、紅鯛魚和鯖
魚。

　　有一次在正月時，特拉島受到強風的襲擊。從西方
來的暴風與輕柔的季風相遇，造成旋轉風，使強壯的鵜
鶘鳥都難以飛翔。想像在這樣的旋轉風學習飛行有多難
呀！的確是，對大部分的小鵜鶘鳥來說是艱難的任務，

甚至對安迪這隻小鳥更難。因為他的翅膀比一般的鳥短。安迪很努力的學飛行，但是愈是努力愈難停留在空中。例如，有一次，安迪被風吹起，飛了幾十公尺，然後掉落在大椰子樹上，又跌落在地上，同時兩棵椰子鬆了，掉落在他的頭上。

一群鵜鶘鳥，包括他的五個兄弟姊妹，看他跌跌撞撞，都暴笑了起來。他的父親剛好看到兒子的努力，以他巨大的雙翅帶起了兒子，並小心的教他飛行的藝術。父親告訴他，他需要讓空氣從他的翅膀下滑過，並告訴他不要太用力拍打翅膀。安迪傾聽父親溫柔的聲音並被鼓勵再去試一次。很快的，當他讓空氣在羽毛下滑過，就飛向了天空。他向父親大叫：「看！父親，我飛了！」他的父親微笑了，並點頭表示讚嘆。

安迪很快學到了飛行，不一會他又感到飢餓。所以，現在他要學第二課──找魚和抓魚。父親教他要注意水流顏色的變化，且教他尋找水流動呈現深色陰影處，因為那可能會有一群魚在下面游。找到一群魚並不難，但抓到魚卻不容易。安迪觀察其他鵜鶘魚俯衝抓魚的姿式，傾聽父親的教導和觀察其他鵜鶘魚後，安迪決定自己試試看。鼓起勇氣，安迪飛離水面很高，然後很快的像一隻火箭筆直的俯衝下去。安迪以極快速度，並大叫的衝向水面，但在最後一刻他害怕了，稍微往上拉起，這使安迪肚子拍打到水面。他大叫，水濺了全身，且所有的魚都嚇跑了，然後他感到肚子很痛。他父親趕來安慰他，說：「你必須筆直俯衝進入水中，假如你稍微往上拉，那每次都會拍打到肚子。」那時，安迪有點想要放棄，

但他決定繼續嘗試。他的父親秀給他看如何俯衝抓魚。安迪又失敗了兩次，但最後他的肚子不會拍打到水了。最後在他第三次嘗試時，安迪直接俯衝入水中，且上來時抓住了兩條魚。他的父親高興叫了起來，而安迪也感到很驕傲。

安迪日益強壯，他變得善於抓魚。他喜歡飛得高高的，然後俯衝抓到每餐所需的魚。然而，他最愛聽父親說祖先的故事。在每天太陽正要下山時，他的父親常聚集兒子、女兒們說故事。安迪傾聽著父親的故事，此時正下沈的陽光反射，猶如一顆閃爍的鑽石在水上蕩漾。這是安迪一天中最喜愛的時間。

時間一天天的過去，安迪出海的旅程愈來愈遠。安迪的父親告訴安迪因為自己老了不能和他一同遠行。安迪也注意到父親變得較虛弱。安迪原以為父親會改變初衷，再次跟他出海。但幾個星期後，父親顯得更疲累和虛弱。安迪最後問父親：「怎麼啦？」他的父親帶著悲傷的眼神告訴說：「他得了鵜鶘鳥的病。」安迪感到害怕，但勇敢的說：「我了解你，父親，你很堅強，你很快就會好起來，跟我們一起到處飛翔。」但他的父親沒有復原，卻愈來愈虛弱。

父親聚集兒女們，告訴他們他在特拉島的日子就要結束。他悲傷的告訴他們他很快就會死，他要到一個較平安的島—天堂島去。安迪哭了，說：「不，父親，請不要離開我們。」父親緩慢的回答：「我已過了美滿的一生，我的生命將要結束。我將到一個更平安的地方，不要煩惱，安迪！我的聲音將與你永遠在一起。記得鵜

鵬世襲的財產，我們祖先的遺產是教導小鵜鵬鳥如何飛翔和抓魚，就如我教你一樣，你要教其他小鳥。」說完後，父親就閉上眼睛，嚥下了最後一口氣。

安迪哭得很傷心，他不了解為什麼父親必須要死。他很想念父親，以致感到心痛。安迪又開始肚子痛了，心中充滿悲傷和孤單。安迪不再像往常一樣快樂，當他孤單和想念父親時就哭。他發現自己變得易怒，與其他鳥常爭吵。當其他鳥侵入他的飛行領空時，他就呱呱叫。特拉島似乎不再是他的快樂熱帶天堂。這個島充滿了他對父親的記憶。黃昏時，他感到特別傷心，尤其看到太陽下山，像一顆鑽石舞動在水中時，這些都痛苦的提醒他父親的死亡。

後來，安迪決定要離開特拉島——他學習飛翔和抓魚的地方。他向家人告別並往東方飛去。他飛了一天半，來到一個孤島，叫波果島。海灘不是那麼白，水中也沒各種魚。雖然環境不是那麼好，安迪決定留下來，以此作為他的新家。

安迪在波果島停留了一星期。他想可以去除所有失去父親痛苦的想念。但是他還是不能忘懷，他發現自己在勘查島上環境時或吃飯時，都還是想到父親。然而，他卻發現飛翔時，不太會想到父親。所以他決定一直飛、繼續飛。他讓溫柔的季風帶他飛離。安迪飛著直到發現一個奇怪的景點，他決定停下察看，從高處撲下看個究竟。當他著路時，發現一隻小鵜鵬正在為晚餐找食物。安迪對他喊叫：「你在做什麼？」小鵜鵬很挫折的回答：「我在努力的抓魚，但你看到了，我不太會抓魚。」

安迪心中突然聽到父親的聲音，他父親溫柔的告訴他說：「記得你祖先的遺產。」安迪回應其內在聲音：「照顧幼小的鵜鶘」。安迪飛過去，並教這個幼小的鵜鶘鳥抓魚的藝術。這個小鵜鶘仔細的聽，三次嘗試後，他第一次抓到魚。他謝謝安迪的協助，但是注意到太陽就要下山了。他告訴安迪在太陽下山以前要回家。安迪問：「你家在哪兒？」小鵜鶘說：「我住在一個神奇的地方，叫特拉島。」這個熟悉的島名，讓安迪的心飛回了老家。他臉上掛著微笑的問小鵜鶘：「你介意我跟你一道回去嗎？」小鵜鶘回答：「不介意，我很喜歡。」

安迪回到特拉島的家看到家人和朋友。回老家後，他仍對父親的死感到傷心，但是發現悲傷比起父親剛死時少很多，且維持不長，所以決定要像他父親一樣教小鵜鶘如何飛和抓魚。這樣做，會提醒他父親對他的愛。對父親痛苦的思念和回憶逐漸變成父親對他的愛的回憶。每天太陽下山時，安迪會聚集幼小的鵜鶘們圍繞身邊，並講鵜鶘祖先的故事給他們聽。當鑽石蕩漾在水上時，幼小的鵜鶘仔細傾聽著安迪溫柔的聲音。

聚會活動9：鮭魚岩石，打架導致孤單

活動目標與活動過程，請參閱「圖書治療」的實例。

聚會活動 10：衝突處理

活動目標

1. 學會與父母的「雙贏衝突解決」策略。

2. 學會其他策略。

活動過程

1. 每人發給一張紙條。

2. 要求成員寫上與父母最常衝突的事件或情境。

3. 折疊好，放入預先準備好的袋子中。

4. 領導者抽出一張匿名紙條，並唸出。

5. 由成員角色扮演或以「玩偶」，每一張紙條全部演完。

6. 以角色扮演練習「雙贏的策略」。

7. 以角色扮演練習其他的解決衝突方法。

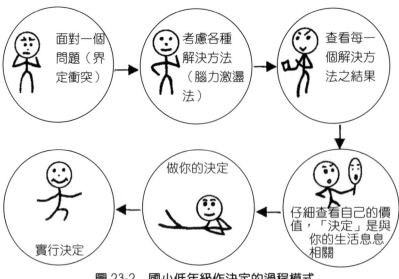

圖 23-2　國小低年級作決定的過程模式

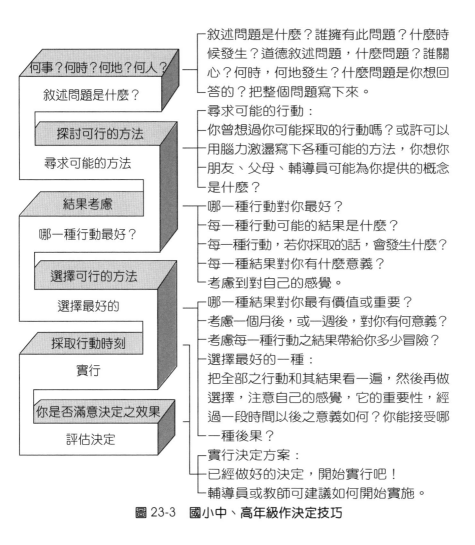

何事？何時？何地？何人？
敘述問題是什麼？

敘述問題是什麼？誰擁有此問題？什麼時候發生？道德敘述問題，什麼問題？誰關心？何時，何地發生？什麼問題是你想回答的？把整個問題寫下來。

探討可行的方法
尋求可能的方法

尋求可能的行動：
你曾想過你可能採取的行動嗎？或許可以用腦力激盪寫下各種可能的方法，你想你朋友、父母、輔導員可能為你提供的概念是什麼？

結果考慮
哪一種行動最好？

哪一種行動對你最好？
每一種行動可能的結果是什麼？
每一種行動，若你採取的話，會發生什麼？
每一種結果對你有什麼意義？
考慮到對自己的感覺。

選擇可行的方法
選擇最好的

哪一種結果對你最有價值或重要？
考慮一個月後，或一週後，對你有何意義？
考慮每一種行動之結果帶給你多少冒險？

採取行動時刻
實行

選擇最好的一種：
把全部之行動和其結果看一遍，然後再做選擇，注意自己的感覺，它的重要性，經過一段時間以後之意義如何？你能接受哪一種後果？

你是否滿意決定之效果
評估決定

實行決定方案：
已經做好的決定，開始實行吧！
輔導員或教師可建議如何開始實施。

圖 23-3 國小中、高年級作決定技巧

雙贏解決衝突策略

1.停，冷靜下來。

2.雙方表達對衝突事件的感覺，如，這件事使我感到生氣、或無助。

3.雙方反映彼此表達的感覺，如，你感到很生氣、無助。

4.雙方反省你對此衝突該負的責任，如，其實我不應該這麼

小氣、或大聲吼叫。

5.雙方提出解決的建議，如，我們用輪流的好了。

6.雙方握手說「我們仍然是朋友」。

- 其他策略：協議、輪流、傾聽、道歉、延遲、分散注意、放棄、幽默、機率（丟銅板）、分享、妥協（個別放棄部分利益）、求助他人
- 避免負向策略，如，暴力攻擊（語言與肢體）、逃避（把衝突留到下次）
- 要求成員依雙贏策略以及其他策略，再次以角色扮演練習其衝突事件

聚會活動 11：解決問題與做決定

活動目標

1.熟練解決問題步驟與做決定。

2.學會依步驟解決自己的問題。

活動過程

貼上並說明解決問題和作決定的步驟（以大字報或海報）。

問題例子

1.母親或父親常在我面前講對方的壞話，或不喜歡看到母親或父親的男友或女友。

2.然後每人以匿名方式寫一封信給熊大姐，告訴她你的問題或困擾並投入袋子中，或以成員最困擾的家庭事件為例。

3.領導者抽出一張信，依問題解決步驟解決問題。

4.最好每人的問題都依步驟練習。若時間不夠，可再增加一次聚會。

家庭作業

1. 發下「停、想和行動」的工作單。

2. 說明工作單，以及如何酬賞。

聚會活動 12：交朋友

活動目標

1. 學會交朋友的技巧。

2. 學會維持友誼的方法。

活動過程

1. 領導者說「有人能告訴我『朋友是什麼嗎？』」。

2. 兩人一組，討論朋友應該是什麼？寫下來。

3. 報告討論的結果或寫在黑板，哪一組最好有獎。

4. 領導者綜合之，並補充：

・微笑。

・跟人打招呼。

・參加活動。

・提出邀請。

・交談技巧（注意話題、輪流講）。

・分享和合作。

・恭維他人。

・身體外表和修飾（刷牙、洗臉、衣著整齊、乾淨）。

・幫助人。

・忽視他人的捉弄與閒話。

・傾聽他人的問題。

家庭作業

1. 發下「社會技巧自我監視」與「社會技巧契約」。

2.說明工作單，以及如何酬賞。

聚會活動 13：超人披風

活動目標

1.提升自尊。

2.喜歡自己與喜歡他人。

活動過程

1.領導者預先用紙製作「超人披風」，剪下，每人一件。

2.將披風掛在每人的背部。

3.每人輪流在他人的披風上面寫優點、長處或成就。

4.完成後卸下披風，自己也可加上他人不知的優點或長處與成就

5.分享，並整理出自己最重要的五項，大聲說出。

‧畫上超人披風圖：

聚會活動 14：「絨絨與刺刺」、「我很好，你也很好！」

活動目標

　1. 讓兒童更了解自己，鼓勵兒童常給別人「絨絨」招呼，以增進友誼

　2. 讓兒童了解每個人都是獨一無二，是重要的

活動過程

　1. 以黑板畫或海報畫四張，包括「我是絨絨」、「我是刺刺」、「永遠記得你好！我也很好。」、「常給人絨絨的招呼，讓自己很好，也讓別人很好。」

圖 23-4

2.錄音或閱讀「讓小朋友了解自己」這本書的第二章「絨絨與刺刺」給學生聽，講解它在人際關係中的重要性。加強「我們都需要得到別人的招呼（尤其是「絨絨」招呼），給別人愈多，自己得到的招呼也愈多。」

3.閱讀「讓小朋友了解自己」的第七章「我很好，你也很好」。強調「很好」的感覺會使你自己覺得是個獨特又重要的人物，覺得活著實在很過癮。

4.最後要求學生永遠記住並請大家複誦圖片上的話：

- 「你好，我也很好！」
- 「我是絨絨，不是刺刺！」
- 「常給人絨絨招呼，讓自己好，也讓別人很好。」
- 「永遠記得你好！我也很好。」
- 「不要忘了每天除了同學外，要給母親或父親絨絨。」

家庭作業

1.記下兩或三件，你給他人「絨絨」或得到「絨絨」的感覺與事件。

2.每天起床第一件事是告訴自己：我很好，別人也是。

解釋名詞

招呼：交流就是招呼。換言之，招呼是別人讓你知道他在你身旁的各種動作：如，微笑、誇獎、扮一個鬼臉、對你擁抱、突然嚇你一跳。總之，生活中，許多別人對我們做的事，都會讓我們有感覺，這些都稱之為招呼。

絨絨：讓你感覺很好的招呼，我們叫它為絨絨，因為絨布摸起來很舒服、很溫暖。它的種類很多，如，身體接觸以外，告訴他人優點、長處、小成就。

刺刺：那些讓你感覺不舒服的招呼，我們叫它刺刺。因為摸起來會痛、不舒服，如一個巴掌、被罵、捉弄。雖然刺刺比絨絨不好，但總比沒有招呼來得好。

免費式招呼：是我們最喜歡的，是不必刻意追求的，或特別努力求得的，如考一百分、穿漂亮的衣服等，只因為你就是你，所得到的絨絨招呼，才是最好的、最重要的招呼。因為我們就是我們自己，而得到招呼。

刻意式招呼：努力去得到絨絨，如幫助人、勞動服務。這些並非不好，因為我們必須要有絨絨，才能快樂過日子。有時向爸媽要絨絨，如：跟他們撒嬌「你喜歡我？」、「喜歡我給你按摩？」也沒什麼不好。

很好：是當你得到絨絨的感覺，覺得自己是重要、有信心、有能力、獨特的、每人都很好：每人生下時已經是「很好」、「重要的」。因為世上只有一個你！你是獨特的。爸媽生氣時會要你「滾開！」，那只是一時的氣話而已。

聚會活動 15：團體結束

活動目標

1. 團體結束。
2. 頒發因應技巧建議書。
3. 祝福信札。

活動過程

1. 告訴成員這是最後一次聚會，每人發表學到什麼或最喜歡

的活動。

　　2.領導者複習重要的因應技巧：

　　‧當父母爭吵時，建議的因應行為是什麼？

　　‧當你生氣時，傷心時如何因應？

　　‧當你與父母衝突時，如何因應？

　　‧領導者說明建立個人支持系統，危機時尋求社區資源的重
　　　要性。舉出社區資源機構電話。

　　3.發給每人一張紙，上面寫給＿＿＿＿＿＿（名字）的祝福與
鼓勵，祝福或鼓勵用畫的來表達。完成後，每人解釋其圖代表的
意義。

　　4.每人說出對參與這次團體的感覺。

　　5.頒發因應技巧建議書，紙捲起來，用彩帶綁著。

　　6.領導者給每人一個擁抱，說句鼓勵的話。

　　7.最後一次大家圍繞一圈，手拉手並說「我的座右銘」。

　　團體的座右銘：
　　單親不是我造成的
　　我不能讓父母復合
　　我無法控制父母的分離
　　但是我會因應得好

　　8.團體結束。

　　以上是筆者為單親兒童團體或個別諮商／輔導設計的 15 次聚
會活動。活動 2、3、4、5、8、9 編譯自 Jongsma, Peterson &
McInnis，1999 的書。在此輔導活動計畫中，所包含的元素有情

感、認知與行為三要素。而所應用的諮商技術包括：

- 藝術治療（畫圖）。
- 圖書治療（故事）。
- 角色扮演。
- 家庭作業。
- 訂立行為契約。
- 自我監視。
- 增強制的應用。
- 玩偶的使用。

單親父母的參與──父母團體

從文獻探討發現，單親兒童輔導團體要達到成效，父母、教師與同輩的參與是重要的，尤其是父母的參與。離婚對父母的衝擊也很大，可能他們對於「愛情、親密關係、死亡與失去和生活意義與價值」等主題需要做澄清、反思或藉著彼此分享，激發他們正向改變或從新做抉擇。另外學習有關情緒的適當表達與衝突的因應技巧也很重要。

單親父母成長團體聚會活動實例

活動主題㈠：親密關係

活動過程

*1.*一般而言，在你的親密關係中，你如何因應衝突？請選擇。

＿＿＿＿＿公開對談

_____逃避

_____爭吵與打架

_____妥協

_____請他人幫助

列出其他處理衝突的方法

_____

_____

_____

2.你對處理衝突的方法曾經改變過嗎？請列出。這些改變如何影響你們的關係？

_____

_____

_____

3.你們對關係的認同有多大程度的不同？你需要（或依賴）對方有多大？想像一下，當他從你生活中消失時，你的生活可能會有哪些不同？

_____

_____

_____

4.成功（美滿）的親密關係最重要的事是_____

_____

_____

5.對我而言，承諾是指_____

_____

_6.在親密關係中，我最害怕的是_____

_____

_____

7.親密關係中，不合實際（現實）的期待是_____

_____

_____

8.當親密關係變得無趣時，我往往_____

_____

_____

_____

回答上面的問題時，請以腦中第一個反應作答，不必思索太

多。

活動主題㈡：死亡與失去（loss），生活意義與價值

活動過程

_1.反思一下以下的問題：

・當「失去」時，我容許自己感到悲傷和哀傷嗎？

・當別人悲傷或沮喪時，我是否努力要他快樂、振作起來，
　而不讓他們經驗他們的感覺。

・假如我想哭，我會讓自己哭嗎？

・我壓抑某些情緒嗎？我隱藏不安全感、害怕、依賴、溫柔、
　生氣、無聊的感覺？

・我有知己朋友當我的情緒資源嗎？

・此時，我的生活有意義和有目標嗎？這意義和目標給我生

活方向嗎？

2.完成下列問題，以想到的第一個反應作答。

(1)當你死時，你要親近的人，做何反應？

_____

(2)你所愛的人的死，會如何影響你對生活和對自己死的感覺？

_____

(3)我父母影響我的價值是

_____

(4)我希望我的孩子擁有的價值是

_____

(5)假如以一句話描述「我是誰？」我會說

_____

(6)我如何逃避寂寞？請打勾

____埋首於工作

____尋求與朋友在一起

____喝酒與吸毒

____安排工作，減少想到自己

____看電視聽音樂逃避

____不斷的吃

____睡覺以逃避生活壓力

____過度投入助人工作

____我專心於玩樂

____其他

摘要

最後筆者以「失去的一角」，作為本章的結束，並互相勉勵，追求做個完整的人而非無缺口、完美的人生。

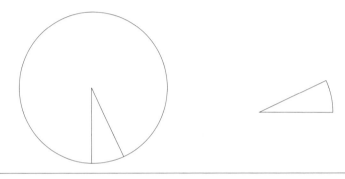

圖 23-5　失去的一角

「失去的一角」是 Shet Silverstein 所說的「缺一角的圓」的故事。一片大的三角鍥形被切除。這個「圓」想要完整無缺，所以它到處尋找那失去的一角。圓因為不完整，所以滾動的很慢，使它能欣賞路旁的野花，與蟲蟲閒聊，同時享受陽光。他發現路旁許多不同的碎片，但都不適合它的缺口，所以都讓它們留在路旁，繼續尋找它失去的那一片。

後來有一天，它找到一片完全吻合它缺口的鍥形。它非常高興。它將那一片塞進缺口並開始滾動。現在它是一個完整無缺口的圓了。因為是一個完整的圓，所以它能滾動很快，太快了而不注意道路旁的花，或與昆蟲講話。當它察覺滾動這麼快時，世界好像變得很不一樣時，他就停止滾動，將找到的那一片丟棄在路旁，且緩慢的滾動離開。

　　這個故事是要告訴我們，很奇怪的，當我們失去某些東西時，反而有更完整的感覺。一個人什麼都有，在某方面來說反而是個窮人。他不知道渴求、希望、夢想的實現是怎麼樣的感覺。他也無法經驗到，他所愛的人，給他一直他想要而要不到的東西的感覺。完整的人能妥協於他的極限，有足夠的勇氣放棄其不合實際的夢想，且這麼做不覺得是一種失敗。完整的人，是夠強壯走過一個悲劇且存活過來。他可能失去親人或所愛的人，而仍然覺得是完整的人。

　　當我們接受「不完美」是人的一部分，且當我們能繼續滾動過生活並欣賞它時，我們將會達到一個完整，這個完整是他人僅能渴求的。因此，我相信上天（神）不要求我們「做完美的人」、「不能犯錯的人」，但要求做個完整的人。最後，假如我們有足夠的勇氣去愛，足夠的勇氣去寬恕，足夠的慷慨為他人的幸福而高興，以及有足夠的智慧去察覺，我們周遭有足夠的愛，那麼，我們能獲得滿足，這個滿足將是其他生物無法體會的。

附　　錄

小團輔──
社會技巧訓練效果評估

緒　言

　　終生學習、志工服務與認輔制度，是今日政府極力在提倡的活動。因此如何將這些力量結合，應用於兒童的輔導工作上，應該是一種有利的重要社會資源。它能補充學校輔導室人力的不足。

　　社會技巧訓練從 1980 年代以來，是所有技巧訓練的總稱。它是一種結構性學習。這種結構性概念應用在團體輔導與諮商時，團體必須有預先訂立的目標及具體目標，並藉幾個活動達到具體目標，同時強調學習遷移。每次的活動都包括：活動主題、活動目標、活動過程和家庭作業。它適合教師或認輔志工媽媽學習，且它更適用於國小學童。有關社會技巧的理論，請看本書其他章節。

　　本研究在 1999 年 9 月，實施於民族國小與胡適國

小。筆者最初被光寶文教基金會邀請，協助兩校的愛心認輔志工媽媽作團輔訓練。筆者給這些充滿熱誠的認輔志工媽媽作完整的社會技巧訓練。其中包括社會技巧的理論，和實務的講解與演練。在學校、各班教師、認輔志工媽媽們和光寶文教基金會的強烈配合意願下，筆者提議對社會技巧的訓練的效果作評估，因此有了以下的評估結果。

團體結構

有關社會技巧訓練課程共花十次，每次兩小時的時間。前兩次講解社會技巧理論，及團體領導者的基本態度與領導技巧。後八次做活動的說明與演練。活動共有十八次（單元）（改編自 Geldard & Geldard，1997）。當活動開始講解與演練後，志工媽媽就以兩人一組開始帶小團體輔導。一組六人組成，團體每週兩次，每次四十分（安排在上課前或中午時間），認輔志工共十週完成此訓練。受輔兒童由各班級教師推薦，從中隨機安排實驗組與控制組兩組成員。

本效果評估是由學生自評、班級教師和成員的父母，做團體前與團體後兩次測驗評估。評估工具──社會技巧訓練評量表，是由筆者根據十八次活動目標而編成。其內容如下：

社會技巧評量表

姓名：_____性別：_____年___班級任老師：_____

指導語

各位同學、教師和家長，這不是考試，與學生的成績無關。所以請根據你自己過去到現在的實際觀察結果作答，不要考慮太久，儘快完成。從下面各項目選出最適當的，並以「打勾」作答。

五點量表的說明

「**從不**」：表示行為從未出現。

「**很少**」：表示行為的出現間隔很久（約一個月一次）。

「**有時**」：表示行為偶而才出現一次（約一週一次）。

「**常常**」：表示行為比「有時」更常出現（約一天一次）。

「**總是**」：表示行為比「常常」更常出現（約一天一次以上）。

	從不	很少	有時	常常	總是
1. 注意到我的各種感覺，並表達出來	☐	☐	☐	☐	☐
2. 注意到引起感覺的事件或情境	☐	☐	☐	☐	☐
3. 注意到他人情緒表達的肢體語言（如臉部表情）	☐	☐	☐	☐	☐
4. 注意到他人（成人）的各種感受	☐	☐	☐	☐	☐
5. 以適當方法發洩「生氣」（如，肌肉活動）	☐	☐	☐	☐	☐
6. 以適當方法因應「害怕」	☐	☐	☐	☐	☐
7. 交談時，選擇適當的話題（尤其初次，如開學）	☐	☐	☐	☐	☐
8. 會適當因應「被邀一起說閒話」，或「被說閒話」	☐	☐	☐	☐	☐
9. 會適當的處理「被拒絕」或「被冷落」	☐	☐	☐	☐	☐
10. 以「打架」處理衝突事件	☐	☐	☐	☐	☐
11. 以「退縮」因應衝突情境	☐	☐	☐	☐	☐
12. 以適當方法解決衝突事件（如，表達感覺、妥協）	☐	☐	☐	☐	☐
13. 決定前，我會做「停──想──做」以避免衝動行事	☐	☐	☐	☐	☐

	從不	很少	有時	常常	總是
14.解決問題或做決定時，會列出各種可行方法	☐	☐	☐	☐	☐
15.做決定前，會先分析行為的「好處」和「壞處」	☐	☐	☐	☐	☐
16.會考慮「壞」行為的後果或可能得到的處罰	☐	☐	☐	☐	☐
17.對不合理的要求時，我會適當的說「不」	☐	☐	☐	☐	☐
18.注意到自己做過或說過的好事，並酬賞自己	☐	☐	☐	☐	☐

十八次聚會活動內容

十八次聚會活動分成三個次單元：1.確認感覺與表達感覺，2.與他人做有效的溝通，和3.自我管理，十八次的領域目標、活動目標與活動名稱請看下表：

表附-1

次領域目標	活動目標	活 動
確認與表達感覺	確認自己的感覺	1.尋找感覺 2.小明煩惱（焦慮）什麼？
	確認他人的感覺	1.猜猜他人的感覺 2.察覺肢體語言
	表達感覺	1.火山 2.與美美一起抵抗害怕
與他人做有效溝通	交朋友	1.開始交談的話題 2.？？問題？？
	處理被冷落	1.給吉姆的勸言 2.說閒話
	衝突處理	1.打架 2.泰利、泰倫和我
自我管理	冷靜（三思而後行）	1.先看看再跳下去 2.多種選擇與選項
	考慮行為後果	1.假如——好處——壞處 2.犯罪與處罰
	支持或維護自己的權利	1.從容向他人說「不」 2.酬賞你自己

社會技巧訓練評估結果

民族國小研究結果

表附-2　研究樣本分配表

組　別	實驗組	控制組
各組人數	民族國小 27 名	民族國小 28 名

學生自評部分

表附-3　社會技巧評量總分及三分測前後側之共變數分析摘要表

變異來源	SS	Df	MS	F	Sig
1.總分：					
實驗處理	141.426	1	141.426	2.812	.100
誤差項	2614.906	52	50.287		
2.三個分測：					
(1)確認與表達感覺					
實驗處理	2.095	1	2.095	.134	.716
誤差項	814.152	52	15.657		
(2)與他人有效溝通					
實驗處理	85.145	1	85.145	11.760	.001*
誤差項	376.485	52	7.240		
(3)自我管理					
實驗處理	2.177	1	2.177	.214	.645
誤差項	527.838	52	10.151		

*P<0.05

父母評估部分

表附-4　社會技巧評量總分及三分測前後側之共變數分析摘要表

變異來源	SS	Df	MS	F	Sig
1. 總分：					
實驗處理	145.11	1	145.111	2.303	.135
誤差項	3276.241	52	63.005		
2.三分測：					
(1)確認與表達感覺					
實驗處理	29.296	1	29.296	2.075	.156
誤差項	734.001	52	14.115		
(2)與他人有效溝通					
實驗處理	4.502	1	4.502	.484	.490
誤差項	484.002	52	9.308		
(3)自我管理					
實驗處理	31.787	1	31.787	3.238	.078
誤差項	510.527	52			

教師評估部分

表附-5　社會技巧評量總分及三分測前後側之共變數分析摘要表

變異來源	SS	Df	MS	F	Sig
1. 總分：					
實驗處理	26.500	1	26.500	.368	.547
誤差項	3741.395	52	71.950		
2.三分測：					
(1)確認與表達感覺					
實驗處理	36.155	1	36.155	3.369	.072
誤差項	557.982	52	10.730		
(2)與他人有效溝通					
實驗處理	1.501	1	1.501	.131	.718
誤差項	593.911	52	11.421		
(3)自我管理					
實驗處理	8.952	1	8.952	.682	.413
誤差項	682.785	52			

胡適國小研究結果

表附-6　研究樣本分配表

組　別	實驗組	控制組
各組人數	胡適國小 36 名	胡適國小 7 名

學生自評部分

表附-7　社會技巧評量總分及三分測前後側之共變數分析摘要表

變異來源	SS	Df	MS	F	Sig
1.總分：					
實驗處理	53.517	1	53.517	.638	.429
誤差項	3355.857	40	83.896		
2.三分測：					
⑴確認與表達感覺					
實驗處理	4.105	1	4.105	.298	.588
誤差項	550.689	40	13.767		
⑵與他人有效溝通					
實驗處理	19.037	1	19.037	1.024	.275
誤差項	632.566	40	15.814		
⑶自我管理					
實驗處理	14.842	1	14.842	.860	.359
誤差項	689.991	40	17.250		

父母評估部分

表附-8　社會技巧評量總分及三分測前後側之共變數分析摘要表

變異來源	SS	Df	MS	F	Sig
1.總分：					
實驗處理	76.303	1	76.303	.060	.808
誤差項	50850.370	40	1271.259		
2.三分測：					
(1)確認與表達感覺					
實驗處理	231.954	1	231.954	.209	650
誤差項	44350.702	40	1108.768		
(2)與他人有效溝通					
實驗處理	16.508	1	16.508	1.166	.287
誤差項	566.265	40	14.157		
(3)自我管理					
實驗處理	.232	1	.232	.020	.888
誤差項	459.497	40	11.487		

教師評估部分

表附-9　社會技巧評量總分及三分測前後側之共變數分析摘要表

變異來源	SS	Df	MS	F	Sig
1.總分：					
實驗處理	.00754	1	.00754	0.00	.990
誤差項	2073.990	40	51.850		
2.三分測：					
(1)確認與表達感覺					
實驗處理	.006305	1	.006305	.006	.936
誤差項	389.718	40	9.743		
(2)與他人有效溝通					
實驗處理	3.690	1	3.690	.367	.548
誤差項	402.392	40	10.060		
(3)自我管理					
實驗處理	2.299	1	2.299	.292	.592
誤差項	315.370	40	7.884		

研究結果的討論

民族國小部分

社會技巧訓練在民族國小的評估結果顯示，在學生自評上，在表附-3 只有在三分測之⑵「與他人有效溝通」得到顯著差異（P=.001）。而在總分，和其他另兩個分測皆未達到顯著差異。這表示訓練結果，實驗組對與他人作有效溝通有顯著的進步。換言之，學生在交朋友、處理被冷落、和處理衝突有顯著的成效。

有關父母評估方面，在表附-3 只有分測之⑶「自我管理」上獲得邊緣的顯著差異（P=.078）。而總分，和另兩分測皆未達顯著差異。這表示父母觀察到實驗組成員在自我管理上有進步。換言之，學生表現冷靜、考慮行為後果、支持與維護自己權利方面有進步。

有關教師評估結果顯示，學生接受訓練後在表附-5 的分測⑴「確認和表達感覺」上達到邊緣的顯著差異（P=.072）。總分和其他兩分測皆未達顯著差異。這表示教師觀察到學生在確認和表達感覺有進步。換言之，學生在確認自己和他人的感覺，和表達感覺有進步。

總之，社會技巧訓練在民族國小的評估結果，學生自己、父母和教師的觀察評估結果是有差異的。這可能是教師與父母的觀察重點不同。而兒童的成效表現在與他人溝通最顯著，達 P=.001。

胡適國小部分

從表附-7、表附-8、表附-9 顯示，不論是學生自評或教師與父母在總分或三個分測驗的評估結果，皆未得到顯著差異。這表示社會技巧訓練，對胡適國小實驗組成員未有顯著的成效（以上均以 P< 0.05 為準）。

　　團體成功的影響因素很多，領導者本身的領導技巧與經驗是其中因素之一。其他，如每次的家庭作業是否徹底實施、增強制是否恰當，父母與教師觀察與評估的真實性或重點的偏頗，另外，測驗工具編製的缺失，未建立信度與效度，同時有些項目不易作外在觀察。這些因素皆會影響研究結果。甚至有些變項是我們難以控制的。筆者認為志工媽媽們在有限的訓練與經驗下，第一次正式帶小團輔有此成績應該受到肯定。

參考書目

一、英文部分

Abrums, R.

　　(1992) When Parents Die. London: Charles Letts

Achenbach, T. M.

　　(1982) Developmental psychopathology (2nd. ed). New York: Wiley.

Adcook , M. and White, R., (eds)

　　(1985) Good-enough Parenting: a Framework for Assessment. British Agency for Fostering and Adoption.

Adlam, D.

　　(1977) Code in context. London: Routledge & Kegan Paul.

Adler, .A.

　　(1931) What life should mean to you. New York: Capricorn Books.

Alessi, G. J.

　　(1988) Direct observation methods for emotional / behavioral problems. In E. S. Shapiro & T. R. Kratocwill, (eds.) Behavioral assessment in schools. Conceptual Foundations & Practical Applications (pp. 156-195). New York: Guilford Press.

Ally & Bacon. Seligman L.

　　(1987) Appraisal services. In C. Humes (ed.) Contemporary Counseling,

Muncie, IN: Accelerated Development.

American Association for Counseling and Development.

(1988) Ethical standards. (rev. ed.) (Alexandria, VA: Author)

American Psychiatric Association.

(1992) Childhood disorders Brochure.

American School Counselor Association.

(1981) ASCA role statement "The Practical of Guidance & Counseling by School Counselors" The School Counselor, 29, 7-12

American School Counselor Association.

(1990) Professional Development Guidelines for Elementary School Counselors: A self-Audit (Alexandria, VA: Author).

Anyon, J.

(1983) Intersections of gender & class: Accommodation of resistance by contradictory sex-role ideologies. In, S. Walker & L. Barton. (eds.) Gender Class & education (pp. 21-37).

Asher S. R., & J. D. Coie. (eds.)

Peer rejection in childhood. New York: Cambridge University Press.

Asher, S. R., & Tayler, A. R.

(1981) The social outcomes of mainstreaming: Sociometric assessment & beyond. Exceptional Children Quarterly, 1, 13-30.

Axline, V.

(1947) Play therapy. Boston: Houghton Mfflin.

Baker, S. B. & Popowiez, C. K.

(1983) Meta-analysis of career education interventions Vocational Guidance Quarterly, 31, 178-186.

Bandura, A.

(1977) Social learning theory. Englewood Cliffs, NJ: Prentice-Hall.

Baumeister, R. F., Smart, L. & Roden, J. M.

(1996) Relation of treatment, egotism to violence and aggression: The dark side of high self-esteem. Psychological Review; 103, 5-33.

Bayer, D. L.

(1986) The effects of two methods of affective education on self-concept in seventh-grade students, The School Counselor.

Berlin, G., & Sum, A.

(1988) Toward a more perfect union: Basic shills, poor families & our economic futures. New York: Ford Foundation.

Blocher, D. H.

(1987) The professional counselor. New York: Macmillan.

Block, J. H. and Block. J. H.

(1980) 'The role of ego control and ego resiliency in the organization of behavior ' in W. A. Collins (eds.), Development of Cognition, Affect, and Social Relations. The Minnesota Symposia on child Psychology (vol. 7) , Hillsdale: NJ: Lawrence Erlbaum Associates.

Bloom, B. S.

(1976) Human characteristics & school learning. New York: McGraw-Hill.

Bradley, F. O., & Stone, L. A.

(1983) Parenting without hassles: Parents and children as partners.Salt Lake city: Olympus.

Brammer, L. M.

(1994) The helping relationship: A process & skills. (5th , ed.) Englewood Cliffs, NJ: Prentice Hall.

Brighouse, t.

(1993) " Management of curriculums and teaching methods" Pupils" behavior in School. Harlow: Longman.

Brown, D, & Srebalus. D. J.

(1988) An introduction to the counseling profession. Englewood Cliffs,

NJ: Prentice-Hall.

Brown, D., Pryzwansky, W. B., & Schulte, A. C.

(1991) Psychological consultation: Introduction to theory & practice. Boston: Ally & Bacon.

Brown, G.

(1971) Human teaching for human learning: An introduction to confluent education. New York: Viking Press.

Bundy, M. L., & Poppen, W. A.

(1986) School counselors' effectiveness as consultants: A research review. Elementary School Guidance & Counseling, 21. 215-222.

Cairns, E.

(1994) Children and political violence . International Journal of Behavioral Development, 17 (4), 669-74.

Campbell, C:

(1993) Counseling through play: An overview. Elementary School Guidance & Counseling, 28, 2-25.

Campbell, S. B., & Werry, J. S.

(1986) An attention deficit disorder (hyperactivity). In H. C. Quay & J. S. Werry. (eds.) Psychopathological disorder of childhood (3rd. ed., pp. 11-144). New York: Wiley.

Cantacuzino, M.

(1997) 'When time is the only healer' The Guardian, 3 September, pp. 8-9.

Cantrell, R. G.

(1986) Adjustment to divorce : Three components to assist children. Elementary School Guidance and Counseling, 20, 163-173.

Cantwell, D. P.

(1990) Depression across the early life span. In M. Lewis & S. M. Miller (eds), Handbook of developmental psychopathology. (pp. 293-309). New

York: Plenum.

Caplan, G.

(1970) The theory & practice of mental health consultation. New York: Basic Books.

Carkhuff, R, & Berenson, B.

(1967) Beyond counseling & therapy. New York: Holt, Rinehart & Winston.

Cartledge, G. & Milburn, J. M

(1995) Teaching social skills to children and youth,(3rd. ed.) Allyn & Bacon.

Cattanach, A.

(1992) Play therapy with abused children, London: Jessica Kingsley Yorke, C.

(1982) Psychoanalytic psychology of normal development. London: Hogarth Press

Cecil, J. H., Deck, N. D., & Comas, R. E.

(1989) School counseling strategies for enhancement. Alexandria, VA: American Association for Counseling & Development foundation.

Center for the Preventive of School Violence.

(2000) A vision for safer schools. Rateigh. NC: Authur.

Cicchetti, D., & Toth, S. L.

(1991) A developmental perspective on internalizing & externalizing disorders. In D. Cicchetti & S. L. Toth (ed.) Internalizing & externalizing expressions of dysfunction (pp. 1-19). Hillsdale, NJ: Lawrence Erlbaum Associates.

Cohn, D. A., Patterson, C. J., & Christopoulos, C.

(1991) The family and children's peer relations. Journal of Social and Personal Relationships, 8, 315-346.

Coleman, J. and Warren-Adamson, C.

(1992) Youth Policy in the 1980s. London: Routledge.

Compas, B. E., Malcarne, V. L.. and Fondacaro, K. M.

(1988) ' Coping with stressful events in older children, young adolescents',
Journal of Consulting and Clinical Psychology, 56(3): 405-411.

Compbell, C. A.

(1992) The school counselor as consultant: Assessing your aptitude. Speci-
al issue: Consultation. Elementary school Guidance & Counseling, 26(3),
237-250.

Cook-Gumperz, J.

(1973) Social control & socialization. London: Routledge & Kegan Ppaul.

Coopersmith, S.

(1967) The antecedents of self esteem. San Francisco: Freeman.

Coopersmith, S.

(1975) Studies in self-esteem. In readings from Scientific American. San
Francisco: W. H. Freeman.

Corey, D., & Corey, M. S.

(1982) Groups: Process & practice, Brooks / Cole.

Corsini, R. J., & Wedding, D.

(1989) Current psychotherapies, (4th. ed.) Illinois: Peacock.

Cowen, E. L., Pederson, A., Babigan, H., Izzo, L. D., & Trost, M. A.

(1973) Long-term Follow-up of early detected vulnerable children. Journal
of Consulting & Clinical Psychology, 41, 438-446.

Cowen, E. L., Pedro-Carroll, J. L., Alpert-Gillis

(1990) Relationships between support and adjustment among children of
divorce. Journal of Child Psychology and Psychiatry, 31 (5), 727-735.

Cowie, H. & Sharp.S.(eds.)

(1999) Peer counseling in school: A time of liston. London: David Fulton.

Cox

(1978) Stress. Basingstoke: Macmillan Education.

Dale, F. M.

(1990) The psychoanalytic psychotherapy of child with emotional & behavioral difficulties, in V. P. Varma (ed.), The management of children with emotional & behavioral difficulties. London: Routledge.

Dalrymple, J. and Hough , J.

(1995) Having a voice : an exploration of children's Right and Advocacy. Birmingham: Venture Press..

Darla Ferris Miller.

(1990) Positive child guidance. Delmar Publishing Inc.

Dazda, G. M., Childers, W. C., Brooks, D. K. Kr.

(1987) Foundation of counseling & Human services. New York: MC Cram-Hill.

De Shazer, D.

(1985) Key to solution in brief therapy. New York: Norton.

Dean, A. L., Malik, M. M., Richards, W.., & Stringer, S. A.

(1986) Effects of parental maltreatment on children's conceptions of interpersonal relationships. Developmental Psychology, 22, 617-626.

Demetriades, A.

(1996) ' Children of the storm : Peer Partnership', in H. Cowie & S. Sharp (eds.), Peer counseling in school: a time to listen, London: David Fulton.

Dent, A., Condom, L., Blair, P. & Fleming, P.

(1996) 'A study of bereavement care after a sudden & unexpected death', Archives of disease in Children. 74: 522-6.

Dinkmeyer, D.

(1967) The counselor as consultant to the teachers. The School Counselor, 14, 294-298.

Dinkmeyer, D., & Dinkmeyer D. Jr.

    (1982) Developing understanding of self & others (rev, ed.) Circle Pines, M. N.: American Guidance Services.

Dinkmeyer, D., & McKay, Garry, D.

    (1982) Systematic training for effective parenting: Parent's handbook, Circle Pines, MN: American Guidance Service, Inc.

Dinkmeyer, D., Dinkmeyer, D., Jr. & Sperry, L.

    (1987) Adlerian counseling & psycho-Therapy. (2rd. ed.) Columbus. OH: Merrill.

Docking, J.

    (1993) ' The management of behavior in primary schools' in Ved P. Varma (ed). Management of behavior in schools. Harlow : Longman.

Dougherty, A. M.

    (1990) Consultation practice & perspectives. Pacific Grove. CA: Brooks / Cole.

Dreikurs, R.

    (1968) Psychology in the classroom, (2rd. ed.) New York: Harper & Row.

DuPaul, G. J.

    (1992) How to assess attention-deficit hyperactivity disorder within school Settings. School Psychology Quarterly, 7, 61-74.

Dyregrov, A.

    (1991) Grief in children. A handbook for Adults: London: Jessica Kingsley.

D'zurilla, T. J., & Goldfried, M. R.

    (1971) Problem solving & behavior modification. Journal of Abnormal Psychology, 78, 107-126.

Eckerson, L., & Smith, H.

    (1966) Scope of pupil personnel services. Washington. DC: Office of Education, U. S. Department of Health, Education, & Welfare.

Elliott, S. N., & Gresham, F. M.

    (1987) Children's social skills: Assessment & classification practices. Journal of Counseling & Development, 66, 96-99.

Epstein, J. L.

    (1991) Pathways to partnership: What we can learn from Federal State, District, & School initiatives, "Phi Delta Kappen," 72(5), 344-349.

Erk, R. R.

    (1990) The evolution of attention deficit disorders terminology. Elementary School Guidance & Counseling 29, 243-248.

Eron, L.

    (1987) The development of aggressive behavior from the perspectives of a developing behaviorism. American Psychologist, 42,435-442.

Fall, M.

    (1995) From stages to categories: A study play therapy process. Manuscript submitted for Publication.

Faust, V.

    (1968) The counselor-consultant in elementary school. Boston: Houghton Mifflin.

Fitts, W.

    (1972) The self-concept & psychopathology. Nashville, TN: Counselor Recording & Tests.

Forehand, R., & McMahon, R. J.

    (1981) Helping the noncompliant child: Clinician's Guide to Parent Training. New York: Guilford Press.

Freeman, R., & Couchman, R.

    (1985) Coping with family change: A model for therapeutic group counseling with children and adolescents. School Guidance Worker, 40, 44-50.

Freud, A.

(1928) Introduction to technique of child analysis, trans. L. P. Clark. New York: Nervous & Mental Disease Publishing.

Fugua, D. R., & Kurpius, D. J.

(1993) Conceptual models in organizational consultation. Journal of Counseling & Development, 71. 609-618.

Furstenberg, F. F., & Cherlin, A. J.

(1991) Divided families: What happens to children when parents part. Cambridge, MA: Harvard University Press.

Garfield, S. L., & Bergin, A. E.

(1986) An electic psychotherapy. In J. C. Norcross. Hand-book of electic psychology. N. Y. Brunner/Mazel.

Garmezy, N. & Rutter, M. (eds.)

(1983) Stress, Coping and Development in Children. New York: McGrow-Hill.

Gartrell, D.

(1994) A guidance approach to discipline. Delmar Publishing Inc .

Gazda, G. M.

(1989) Group counseling: A developmental approach (4th. ed.), Boston: Alley & Bacon.

Geldard, K, Geldard, D.

(1997) Counseling children: A practical introduction. SAGE Publications Ltd.

Gelso, C. J., & Fretz, B. R.

(1992) Counseling psychology. William Games Contennial Services.

George, R. L., & Cristiani, T. S.

(1990) Counseling: Theory & practice. (2nd. ed.) Englewood Cliffs. NJ: Prentice-Hall.

Gibson, R. L.

(1990) Teacher opinions school counseling & guidance programs: Then & now. The School Counselor, 37, 248-255.

Gibson, R. L., & Mitchell, M. H.

(1991) Introduction to counseling & guidance. (3nd. ed.) MacMillan Publishing Company.

Gil, E.

(1991) The healing power of play. New York: Guilford Press.

Ginott, H. D.

(1961) Group Psychotherapy with Children. New York: McGraw-Hill.

Ginter, E. J., Sealise, J. J. & Presse, N.

(1990) The elementary school counselor's role-perceptions of teachers. The School Counselor, 38, 19-23.

Gladding, S. T.

(1991) Group work: A counseling specialty. New York: Harper & Row.

Goldman, R. K., & King, M. J.

(1995) Counseling Children of divorces. School Psychology Review, 14 (3), 280-290.

Goldstein, A. P.

(1981) Psychological skill learning New York: Pergamn Press.

Goldstein, A. P., Carr, E. G., Davidson, W. S., & Wehr, P.

(1981) In response to aggression. N. Y.: Pergamn Press.

Goldstein, A. P., Gershaw, N. J., & Sprafkin, R. P.

(1993) Social skills for mental health: A structured learning approach. Allyn & Bacon.

Goldstein, A. P., Sprafkin, F. P., & Gersham, N. J.

(1976) Skill training for community living: Applying structured learning therapy, New York: Pergamn Press.

Goleman, E.

(1996) Emotional Intelligence. London: Bloomsbury.

Goodell , K.

(1972) Field report: Shapers at work. Psychology Today, 6(6), 53-63, 132-138.

Gresham, F. M.

(1986) Conceptual issues in the assessment of social competence in children. In P. Strain, M. Guralnick, & H. Walker. (ed.) Children's social behavior. Development, Assessment, & Modiflcation (pp.143-179), New York: Academic Press.

Gresham, F. M., & Reschly, D. J.

(1987) Issues in the conceptualization, classification, and assessment of social skills in the mildly handicapped In T. Kratochwill (ed.) Advanced In School Psychology. (pp. 203-264). Hillsdale, N. Y.: Lawrence Erlbaun.

Gressman, H. J. (ed.)

Classification in mental retardation. Washington DC: American Association on Mental Deficiency.

Gum, M.

(1979) Training for developmental guidance in elementary school. Pupil Personnel Services Journal, 8, 187-194.

Gumaer, J.

(1984) Counseling & therapy for children. The Free Press.

Hall, A. S. & Lin M. J.

(1994) An integrative consultation framework: A practical tool for elementary school counselors. Elementary School Guidance & Counseling. Vol. 29.

Hanson, J. C., Himes, B. S., Meier, S.

(1990) Consultation: concepts & practices. Englewood Cliffs, NJ: Prentice-

Hall.

Harter, S.

(1990) Issues in the assessment of the self-concept of children & adolescents. In A. M. LaGreca (ed.) Through the eyes of the child.(pp. 292-325). Boston: Allyn & Bacon.

Hartup, W. W.

(1983) Peer relations, In E. M. Hetherington(ed.), Handbook of child psychology(vol. 4): Socialization., Personality. & Social Development. (pp. 103-108) New York: Wiley.

Hayworth, M.

(1989) 'Grief in children', in B. Word 9ed.), Good grief: Exploring Feeling, Loss & Death with Under lls. Good Grief, 19 Bawtree Road, Uxbridge, Middx, UB8, IPT.

Hendren, R. L.,

(1990) ' Stress in adolescence', in L., Eugene Arnold (ed.), Childhood Stress. New York: John Wiley.

Henry, J. P.

(1980) ' Present concepts of stress theory', in E. Ursdin, R. Kventnansky and I. J. Coping (eds.), Catecholemines and Stress. New York: Elsevies.

Hinshaw, S. P.

(1992) Academic under-achievement, attentive deficits and aggression: Comorbidity and implications for intervention. Journal of Consulting and Clinical Psychology, 60, 893-903.

Ho, B. S.

(2001) Family-centered, Integrated Services: Opportunities for School Counselors. ASCA, Professional School Counseling. 4:5 June.

Howes, D. J.

(1989) Communication between teachers & children: A consultant/ trainer model. Elementary School Guidance & Counseling, Vol. 24

Huber, C. H., & Blacklund, B. A.

(1992) The twenty minutes counselor. New York: Continuum.

Hutcher, J. N,

(1990) The MMPI-2 in psychological treatment. New York: Oxford University Press.

Hutchins, D., & Cole, C.

(1986) Helping relationship & strategies. Monterey, CA:Brooks/Cole. Morse, C. L., & Russell, T.(1988) How elementary counselors see their role. E. S. G. & Co., 23, 54-62.

Hymels, S.

(1983) Preschool children's peer relations: Issuess in socio-metric assessment, Merrill-Palmer Quarterly, 29, 237-260.

Ivey, A. E., & Simek-Downing, L.

(1987) Counseling & psycholtherapy: Integrating skills, Therapy & Practice. Englewood Cliffs: Prentice-Hall.

Ivey, M., & Ivey, A., & Simek-Morgan, L.

(1993) Counseling & psychotherapy-A mul-ticultural perspective. Needham Heights, MA: Simon & Schuiter.

Jacobs, E. E., Harvill, R. L., & Masson, R. L.

(1988) Group counseling: Strategies & skills. Pacific Grove, CA: Brooks/ Cole.

Jones, V. F.

(1980) Adolescents with behavior problem: Strategies for teaching. counseling, & parent involvement. Allyn & Bacon, INC.

Jongsma, Jr., L. Pettersons, L. M. & McInnis, W. P.

(1999) Brief Child Therapy HOMEWORK PLANNER. John Wiley & Sons, INC.

Kauffman, J. M.

(1989) Characteristics of behavior disorders of children & youth (4th. ed). Columbus, OH: Merrill Publishing.

Kazdin, A. E.

(1982) History of behavior modification. In A. S. Bellock, M. Herson, & A. E. Kazdin. (eds.) International handbook of behavior modification and behavior therapy. New York: Plenum Press.

Kazdin, A. E.

(1988) Childhood depression. In E. J. Mash & C. G. Terdal (eds). Behavioral assessment of childhood disorders (2nd, ed. pp.157-195). New York: Guilford Press.

Keat, D. B.

(1974) Fundamentals of child counseling. Houghton Mifflin, Company.

Keat, D. B. (ed.)

(1978) Multimodal approaches (special issue). Elementary Scholl Guidance & Counseling. 13,1-80.(1990) Change in child multimodal counseling. Elementary School Guidance & Counseling. 24, 241-262.

Kirkwood, N.

(1989) ' A child's question about death', in B. Ward, Good Grief. Luton: White crescent Press.

Klein M.

(1932) Psychoanalysis of children. London: Hogarth Press.

Kraus, I.

(1998) A Fresh look at school counseling: A family-systems approach. Professional School Counseling, 1(4), 12-17.

Kupersmidt, J.B., Coie, J. D., & Dodge, K. A.

(1990) The role of poor peer relationships in the development of disorder. In S.R. Asher & d. J. Coie (eds.), Peer rejection in childhood. New York:

Cambridge University Press.

Kurpius, D. J.

(1985) Consultation intervention: Successes, failures, & proposals. The Counseling Psychologist, 13, 368-389

L'Abate, L., & Milan, A. M.

(1985) Handbook of social skill training and research. John Wiley & Sons Inc.

LaFountain, R. M., & Mustaine, B. L.

(1998) Infusion Adlerian theory into an introductory marriage and family course. The Family Journal, 6, 189-199.

Lazarus, A. A.

(1978) What is multimodal therapy? A brief overview, El & Co., 13,6-11

(1982) Multimodal group therapy. In G. M. Gazda (ed.) Basic approach to group psychotherapy & group counseling. (3rd. ed.) Springfield, Ill: C. Thomas.

(1990) Multimodal applications & research: A brief overview & update. Elementary School Guidance & Counseling, 24, 243-247.

Lebo, D.

(1955) Development of play as a form of therapy from Rousseau to Rogers. American Journal of Psychiatry, 112, 418-427.

Lendrum, S. & Syme, G.

(1992) Gift of Tears. London: Routledge.

Leseho, J. & Marshall, A.

(1999) Dealing with angry students: A qualitative study with implications for school counselors. ASCA. Professional School Counseling. 3:2, December.

Links, P. S., Boyle, M. H., & Offord, D. R.

(1983) The prevalence of emotional disorders in children. The Journal of

Nervous & Mental Disease, 77(2), 85-91.

Lochman, J. E.

(1992) Cognitive-behavioral intervention with aggressive boys: Three-year follow-up and preventive effects. Journal of consulting and Clinical Psychology, 60,426-436.

Lockhart, E. J., & Keys, S. G.

(1998) The mental Health counseling role of school counselors Professional School Counseling. 1:4, 1998 ASCA.

Loeber, K. C.,

(1990) Development and risk factors of Juvenile antisocial behavior and delinquency. Clinical Psychology Review, 10, 1-42.

Maccoby, E.E. , & Martin, J.

(1983) Socialization in the context of the family: Parent-child interaction. In E. M. Hetherington (ed.) P. H. Mussen. Handbook of child psychology : Vol. 4. Socialization, Personality, and social development. New York: Guilford.

MacGregor, R. R., Nelson, J. R. & Wesch, D.

(1997) Creating positive learning environments: The school-wide student management program. Professional School Counseling 1:2, 1997, ASCA.

Martin, B., & Hoffman, J. A.

(1990) Conduct disorders. In M. Lewis & S. M, Miller(eds.), Handbook of developmental psychopathology. New York: Guilford Press.

Maslow, A. H.

(1943) A theory of human motivation. Psychological Review, 50, 370-396.

Mason, J. W.

(1975) ' Emotions as reflected in patterns of endocrine integration', in L. Levi (ed.), Emotions: their Parameters and Measurement. New York: Raven.

Master, J. D., & Cloniger, C. R,

(1990) Comorbidity of mood and anxiety disorders. Washington, DC: American Psychiatric Press.

Mather, C. E.

(1989) Touching the lives of children: Consultation interventions that work. Elementary School Guidance & Counseling, 26, 190-201.

McMahon, L.

(1992) The handbook of play therapy. London: Routledge.

Medway, F. J.

(1989) Further considerations on a cognitive problem-solving perspective on school consultation. Professional School Psychology. 4(1), 21-27.

Merrell, K. W.

(1994) Assessment of behavioral, social, & emotional problems, Longman. Hranitz, J.R., & Eddowes, E. A.

(1990) Violence: A crisis in homes and schools.

(1994) Assessment of behavioral, social, & emotional problems: Direct & objective methods for use with children & adolescents, Longman Publishing Group.

Miller, G. M. & Neese, L. A.

(1997) Self-esteem and Reaching Out: Implications for Service Learning. Professional School Counseling. 1:2, December ASCA.

Miller, S. M., & Boyer B. A., & Rodoletz, M.

(1990) Anxiety in children. In M. Lewis & S. M. Miller.(eds.) Handbook of developmental psychopathology.(pp. 191-207). New York: Plenum Press.

Millman, H., & Schaefer, C. E.

(1977) Therapy for children. San Francisco: Tossey-Bass.

Morgan, C.

(1984) A curricular approach to primary prevention, 62, (18), 467-469.

Morgan, R. G.

(1980) Analysis of social skills: The behavior analysis approach In W. T. Singleton, P. Spurteon, L. R. Stammers. (eds.) The analysis of social skills. New York: Plenum Press.

Morrison, M., Forness, S. R., & MacMillan, D. L.

(1983) Influences on the sociometric ratings of mildly handicapped children: A path analysis. Journal of Educational Psychology, 75, 63-74.

Morse, C. L., & Russell, T.

(1988) How elementary school counselors see their role.Elementary School Guidance & Counseling, 37, 54-62.

Moustakas, C.

(1974) Children in play therapy. Ballantine Books, N. Y. Lazarus, A., & Fay, A. (1990) Brief psychotherapy: Tautology or dxymoron? In J. Zeig & S. Gilligam. (eds.) Brief therapy: Myths methods or metaphors, New York: Brunner/Mazal.

Mullis, F. & Edwards, D.

(2001) Consulting with Parents: Applying Family Systems Concepts and Techniques. ASCA. Professional School Counseling. 5:2 December.

Myrick, R. D.

(1993) Developmental guidance & counseling: A practical approach. (2rd. ed.) Minneapolis, MN: Educational Media Corporation.

Nelson J. R., Dykeman, C. Powell, S., & Petty, D.

(1996) The effects of a group counseling intervention on students with behavioral adjustment problems. Elementary School Guidance & Counseling. 3, 21-31.

Nicoll, N. G.

(1994) Developing effective classroom guidance programs: A integrative Framwork. The School Counselor, Vol. 41, 360-365.

Okun, B.F.

(1987) Effective helping: Interviewing & counseling techniques (3rd. ed.) Monterey, CA: Brooks/Cole.

Olweus, D.

(1979) Stability of aggressive behavior patterns males: A review. Psychological Bulletin, 86,852-875.

Otwell, P. S. & Mullis, F.

(1997) Counselor-led staff development: An efficient approach to teacher consultation. Professional School Counseling. 1:1 1997 ASCA.

Overholser, J. C.

(1992) 'Sense of humor when coping with life stress', Personality and Individual Differences, 13(7): 799-804.

Parker, J. G., & Asher, S. R.

(1987) Peer relations & later personal adjustment: Are low-accepted children at risks? Psychological Bulletin 102, 357-389.

Patterson, D. R.

(1986) Performance models for antisocial boys. American Psychologist, 4, 432-444.

Patterson, G. R.

(1984) The contribution of siblings to training of fighting: A microsocial analysis. In J. Block, D. Olweus, & M. Radke-Yarrow. (eds.) Development of antisocial & prosocial behavior. New York: Academic Press.

Patterson, G. R., & Bank, L.

(1986) Bootstrapping your way in the nomological thicket.Behavioral Assessment, 8, 49-73.

Patterson, G. R., & Dishion, T. J.

(1985) Contributions of families & peers to delinquency Criminology, 23, 63-71.

Pearlin, L. I.

(1991) ' The study of coping: an overview of problem and directions' , in T. Echsenrode (ed.), The social context of coping. New York: Plenum Press.

Pedro-Carroll, L., & Alpert-Gillis, L. J.

(1997) Prevention in interventions for children of divorce: A developmental model for 5 and 6 year old children. The Journal of primary prevention, 18, 5-23.

Peggy, J.

(1993) Win-Win: Conflict Resolution. Project Seed. Main Center for education Services.

Pierson, D. F., Bronson, M. B., Dromey, E., Swaartz, J. P., Tivanan, T., & Walker, D. K.

(1983) The impack of early education: measured by classroom observations & teacher ratings of children in kindergarter.Evaluation Review, 7(2), 191-216.

Pilkington, C.C., & Piersell, W.C.

(1991) School phobia: A critical analysis of the separation anxiety theory & an altemative conceptualization. Psychology In the School, 28, 290-303.

Plancherel, B. and Bolignini, M.

(1995) 'Coping and mental health in early adolescence', Journal of Adolescence, 18: 459-74.

Poppen, W. A., & Thompson, C. L.

(1974) School counseling-theories and concept. Professional Education Publications.

Pullatz, M., & Dunn, S. E.

(1990) The importance of peer relations, In M. Lewis & S. M. Miller (eds.), Handbook of developmental psychopathology. (pp. 227-235). New York:

Pergammon Press.

Purkey, W. W., & Aspy, D.

(1987) The mental health of students: Nobody cares? The personcentered review: A International Journal of Research, Theory & Application.

Purkey, W. W., & Novak, J.

(1984) Inviting school success. (2rd. ed.) Belmont, CA: Wadsworth.

Purkey, W. W., & Schmidt J.J.

(1987) The inviting relationship: An expanded perspectives for profession counseling. Englewood Cliffs, NJ: Prentice-Hall.

Purkey, W. W., & Schmidt, J. J.

(1996) Invitational counseling. Pacific Grove: Brooks Cole.

Quay, H. C.

(1986) Classification. In H.C. Quay & J. S. Werry (eds.)Psychopathology Disorders of childhood (3rd. ed., pp. 35-72). New York: Wiley.

Ramsey, M.

(1994) Student depression: Student depression: General treatment dynamics and symptom specific interventions. Elementary School Guidance & Counseling, 41, 256-262.

Reid, J.B., & Baldwin, D. B., Patterson, D. R., & Dishion, T.J.

(1988) Observation in the assessment of childhood disorders In M. Rutter, A. H. Tuna, & L. S. Lann (eds.) Assessment & diagnosis of child psychopathology, (pp. 156-195) New York: Guilford Press.

Reschly, D. J.

(1990) Best practice in adaptive behavior. In A. Thomas & Grimes (eds.) Best in practices in school psychology-II (pp. 29-42).Washington DC: National Association of School Psychology.

Reynolds, W. M.

(1992) Internalizing disorders in children & adolescents. New York: Wiley.

Rhodes, N., Rasmassen, D., & Heaps, R. A.

(1971) Let's communicate: A program designed for effective communication, presented at American Personnel & Guidance Association.

Rice, K. G., Herman, M. A. and Peterson, A. C.

(1993) ' Coping with the challenge in adolescence; a conceptual model and psycho-educational intervention', Journal of Adolescence. 16: 235-51.

Richardson, C. D. & Rosen, L. D.

(1999) School-Based Interventions for Children of Divorce. ASCA. Professional School Counseling. 3:1, October.

Richters, J. E. & Martinez, P.

(1991) Children living in the violent communities: An epidemiological analysis. Paper presented in the Biennial meeting of the society for research in child development, Seattle.

Riley, P. & McDaniel, J.,

(2000) School violence Prevention, Intervention, and Crisis Responses. ASCA . Professional School Counseling. 4:2, Dec. 2000.

Ritchie, M. H., & Partin, R. L.

(1994) Parent education & consultation activities of school counselors. The School Counselor, Vol. 41, 164-169.

Robins, L. N.

(1979) Follow-up studies. In H. C. Quay & J. S. Werry. (eds.) Psychopathological Research in Child Development, Seattle.

Rogers, C. A.

(1969) Freedom to learn. Ohio: Charles, E. Merrill.

(1958) Client centered therapy. Boston: Houghten Mifflin.

Rosenberg, M.

(1965) Society & the adolescent self-image. Princeton, NJ: Princeton University Press.

Rossi, P., & Wright, S.

(1977) Evaluation research: An assessment of theory, Practice, & politics, Evaluation quarterly.

Rossman, B. B. R.

(1992) ' School age children's perceptions of coping with distress: Strategies for emotion regulation and the moderation of adjustment', Journal of Child Psychology and Psychiatry, 8: 1373-97.

Ryan, K.

(1986) The new moral education. Phi Delta Kappan, 68(4). 228-223.

Ryan-Wenger, N. M.

(1990) 'Children's psychosomatic responses to stress'. In L. Eugene Arnold (ed.), Childhood Stress. New York : John Wiley.

Schaefer, C. E., & O'Connor, K. J. (ed.)

(1994) Handbook of play therapy-Advances & Innovations. New York: Wiley.

Schmidt, J. J.

(1996) Counseling in schools. (2nd. ed.)

Schrank, F. & Engles, D.

(1981) Bibliotherapy as a counseling adjunct: Research findings. Personnel and Guidance Journal, Nov. 143-147.

Schrank, F.

(1982) Bibliotherapy as an elementary school counseling tool. Elementary School Guidance and Counseling 16, 218-227.

Sears, S. J.and Milburn, J.

(1990) ' School age stress' in L. Eugene Arnold (ed.), Childhood stress. New York: John Wiley.

Seiffge-Krenke, I.

(1993) ' Coping behavior in normal and clinical samples: more similarities than differences?, Journal of Adolescence, 16: 285-304.

Sharp, S. & Cowie, H.

(1998) Counseling and Supporting Children in Distress. SAGE Publications.

Sharp, S., & Cowie, H.

(1998) Counseling and Supporting Children in Distress. SAGE Publications.

Sharp,S. and Thompson, D.

(1992) 'Sources of stress: a contrast between pupil perspectives and pastoral teachers' perspectives', School Psychology International, 15: 229-42.

Shaw, M. C.

(1981) A bibliography of primary prevention in the schools.Unpublished Paper. California State University in Chico.

Shein, E. H.

(1987) Process consultation (vol. 2). Reading, MA: Addison Wesley Schmidt J. J. (1996) Counseling in school. Ally & Bacon.

Shertzer, B., & Stone, S. C.

(1981) Fundamentals of guidance. Houghton Mifflin Company.

Skinner, E. A.

(1995) Perceived control, motivation and coping. Thousand Oaks.

Slaby, R.G., & Querra, N. G.

(1988) Cognitive mediators of aggression in adolescent offenders 1. Assessment. Developmental Psychology, 24, 580-588.

Sloves, R, & Belinger-Peterlin, K.

(1986) The process of time limited psychotherapy With latency aged children. Journal of the American Academy of Child Psychiatry. 25: 847-851.

Sloves, R. and Belinger-Peterlin, K.

(1994) " Time limited play therapy, in C. E. Schaefer and K. J. O'Connor.

(eds.) Handbook of Play Therapy- Advances and Innovations. New York: Wiley.

Sprinthall, U. A.

(1981) A new model for research in the service of guidance & counseling. Personnel & Guidance Journal, 59, 48-94.

Stattan, H., & Magnusson, D.

(1989) The roles of early aggressive behavior in the freequency, seriousness, and types of later crimes. Journal of Consulting and clinical psychology, 57, 710-718.

Stephens, T. M.

(1978) Social skill in the classroom. Columbus, OH: Park Press.

Stolberg, A. L., & Mahler, J.

(1989) Protecting children from the consequences of divorce: An empirically derived approach, Prevention in Human Services, 7, 161-176.

Stolberg, A. L., & Mahler, J.

(1994) Enhancing treatment gains in a school-based intervention for children of divorce through skill training, parental involvement, and transfer procedures. Journal of Consulting and Clinical Psychology. 62(1), 147-156.

Swisher, J. D., Monsted, J. W. III, Aide, R., Wilson, E. S. & Kirschenbaum, H.

(1981) Bibliography of outcome studies in humanistic education. University Ppark: Pennsylvania State University Center for research on human resource. Institute for policy Research.

Terkelson, C.

(1976) Parent-child communication skill program. Elementary School Guidance & Counseling.

Thomas, A., Chess, S., & Birch, H. G.

(1970) The origin of personality. Scientific American, 233, 102-109.

Thompson, C. L., & Rudolph, L. B.

(1983) Counseling children. Monterey, CA: Brooks/ Cole.

Thumpson, D. and Sharp,S.,

(1994) " The role of whole school policies in tackling bullying in school" in P. K. Smith and S. Sharp (eds.) School Bullying: Insight and Perspective, London: Routledge.

Tompson, R. A.

(1995) Being prepared for suicide or sudden death in school:Strategies to restore equilibrium. Journal of Mental Health Counseling. 17, 364-377.

Trad, P. V. and Greenblatt, E.

(1990) 'Psychological aspects of child stress: development and the spectrum of coping responses', in L. Eugene Arnold (ed.), Childhood Stress, New York: John wiley.

Vander, Kolk, C. J.

(1985) Introduction to group counseling & psychotherapy. Charles E. Merrell Publishing Company.

Walker, H. M., & Hops, H.

(1976) Increasing academic achievement by reinforcing direct academic performance &/ or facilitating nonacademic responses. Journal of Education Psychology, 68, 218-225.

Walker, H. M., McConnell, S., Halmes, D., Todis, B., Walker, J., & Golden, N.

(1983) The Walker social skill curriculum. Austin, TX: Pro-Ed.

Walter, J., & Peller, J.

(1992) Becoming solution focused in brief therapy. New York: Brunner/ Mazel.

Wass, G. A.

(1987) Aggressive rejected children: implications for school psychologists. Journal of school psychology, 25, 385-388.

Watkins, C.

(1995) Behavior Management, Institute of education School improvement Network (Research Matters series).

Weistein, G.

(1973) Self-science education: The trumpt. Personnel & Guidance Journal, 51, (May) 61.

Werner, E. E.

(1989) ' High risk children in young adulthood: A longitudinal study from birth to age 32', American Journal of Orthopsychiatry, 59(1): 72-8.

West, D. J. & Farrington, D P.

(1977) The delinquent way of life. London: Heinemann.

Worden, J. W.

(1991) Grief Counseling & Grief Therapy. London: Routledge.

Yamamoto, K., Suliman, A., Parsons, J. and Davies Jr., O. L.

(1987) 'Voices in unison; Stressful events in the lives of children in six countries.' , Journal of Child Psychology and Psychiatry, 28 (6); 855-64.

Yule, W. & Williams, R.

(1990) 'Post-traumatic Stress reactions in children', Journal of Traumatic Stress, 3 (2): 279-95.

Zins, J. E.

(1993) Enhancing consultee problem-solving skills in consultation interaction.

二、中文部分

程小危等合編

(1982)《兒童遊戲治療》，張老師出版社。

黃月霞

(1984)《兒童輔導與諮商》，桂冠圖書公司。

黃月霞

(1989)《情感教育與發展性輔導》，五南圖書出版公司。

黃月霞

(1993)《教導兒童社會技巧》，五南圖書出版公司。

國家圖書館出版品預行編目資料

兒童輔導與諮商／黃月霞著. ——二版.——
臺北市：五南圖書出版股份有限公司,
2022.06
面； 公分
ISBN 978-626-317-863-2（平裝）

1.CST: 兒童心理學　2.CST: 心理輔導
3.CST: 心理諮商

173.1　　　　　　　　　　111007638

1BR5

兒童輔導與諮商

作　　　者 ― 黃月霞（292）

企劃主編 ― 王俐文

責任編輯 ― 金明芬

封面設計 ― 王麗娟

出 版 者 ― 五南圖書出版股份有限公司

發 行 人 ― 楊榮川

總 經 理 ― 楊士清

總 編 輯 ― 楊秀麗

地　　　址：106臺北市大安區和平東路二段339號4樓

電　　　話：(02)2705-5066　　傳　　真：(02)2706-6100

網　　　址：https://www.wunan.com.tw

電子郵件：wunan@wunan.com.tw

劃撥帳號：01068953

戶　　　名：五南圖書出版股份有限公司

法律顧問　林勝安律師

出版日期　2002年8月初版一刷（共二刷）

　　　　　2022年6月二版一刷

　　　　　2024年9月二版二刷

定　　　價　新臺幣650元

經典永恆・名著常在

五十週年的獻禮 —— 經典名著文庫

五南，五十年了，半個世紀，人生旅程的一大半，走過來了。

思索著，邁向百年的未來歷程，能為知識界、文化學術界作些什麼？

在速食文化的生態下，有什麼值得讓人雋永品味的？

歷代經典・當今名著，經過時間的洗禮，千錘百鍊，流傳至今，光芒耀人；

不僅使我們能領悟前人的智慧，同時也增深加廣我們思考的深度與視野。

我們決心投入巨資，有計畫的系統梳選，成立「經典名著文庫」，

希望收入古今中外思想性的、充滿睿智與獨見的經典、名著。

這是一項理想性的、永續性的巨大出版工程。

不在意讀者的眾寡，只考慮它的學術價值，力求完整展現先哲思想的軌跡；

為知識界開啟一片智慧之窗，營造一座百花綻放的世界文明公園，

任君遨遊、取菁吸蜜、嘉惠學子！